AF405533

El miedo a los subordinados

Una teoría de la autoridad

Kathya Araujo

Lom
PALABRA DE LA LENGUA
YÁMANA QUE SIGNIFICA
Sol

Araujo, Kathya
El miedo a los subordinados: Una teoría de la autoridad
[texto impreso] / Kathya Araujo .– 1ª ed. – Santiago:
LOM ediciones; 2016.
240 p.: 21,5x14 cm. (Colección Ciencias Sociales y Humanas).

ISBN: 978-956-00-0648-6

1. Sociología – Chile 2. Sociología – Poder I. Título.
II. Serie

Dewey: 301.0983 – cdd 21
Cutter: A663m

FUENTE: Agencia Catalográfica Chilena

© **LOM EDICIONES**
Primera edición, marzo 2016
Impreso en 1.500 ejemplares

ISBN: 978-956-00-0648-6
RPI: 261.417

Todas las publicaciones del área de
Ciencias Sociales y Humanas de LOM ediciones
han sido sometidas a referato externo.

EDICIÓN, DISEÑO Y DIAGRAMACIÓN
LOM ediciones. Concha y Toro 23, Santiago
TELÉFONO: (56-2) 2688 52 73
lom@lom.cl | www.lom.cl

DISEÑO DE COLECCIÓN Estudio Navaja

Tipografía: *Karmina*

El miedo a los subordinados

Una teoría de la autoridad

Kathya Araujo

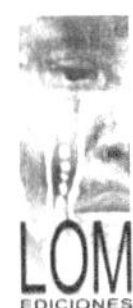

Sociología | CIENCIAS SOCIALES Y HUMANAS

Índice

Para D., por supuesto

Agradecimientos

Este libro no hubiera sido posible sin el apoyo recibido de la Comisión Nacional de Ciencia y Tecnología de Chile por medio del financiamiento al proyecto de investigación *Autoridad y democratización social del lazo social en Chile*, Fondecyt 1110733, el que fue desarrollado entre 2011 y 2014. En el contexto de esta investigación debo agradecer especialmente a un conjunto de jóvenes investigadores e investigadoras que nutrieron con su trabajo y sus discusiones las reflexiones que contienen este libro: Claudia Pérez, Mariana Valenzuela y, especialmente, Nelson Beyer, pero, también, Fernanda Ibáñez, Pablo Neut, Paula Subiabre y Macarena Valenzuela. Estoy muy reconocida por el entusiasmo, el cuidado y la dedicación que cada uno de ellos aportó. Pero, como es de rigor y en justicia, me es indispensable reconocer que este libro es principalmente el resultado de la generosidad de todas las personas que aceptaron contribuir con sus testimonios y experiencias en esta investigación.

Tampoco este texto, y sin duda, habría podido ver la luz si no fuera por el inmenso estímulo recibido de la institución de la que fui parte los últimos diecisiete años, la Universidad Academia de Humanismo Cristiano. Una y otra vez, mi reconocimiento por el espacio de libertad y confianza que he recibido, y por la enorme suerte que he tenido de estar rodeada de colegas de la calidad humana y del valor y consistencia intelectual como los del Instituto de Humanidades; en particular, Marcos Aguirre y José Fernando García. Este texto se benefició, además, grandemente de los cursos dictados en los últimos años en el Instituto de Estudios Avanzados (IDEA) de la Universidad de Santiago de Chile y de dos estadías de investigación en el extranjero. La primera en el 2012, en el marco del proyecto desigualdades.net de la Universidad Libre de Berlín, gracias a la invitación de Sérgio Costa. Fue una excelente ocasión para encontrar y desarrollar diálogos fructíferos con colegas de muchos países en el contexto de la tranquilidad que más le conviene a la tarea de investigación. La segunda estadía fue desarrollada en el Instituto de

Estudos Sociais e Politicos (IESP) de la Universidad Estadual de Rio de Janeiro, en la segunda parte del 2013, gracias a la invitación de Jose Maurício Domingues y Frédéric Vandenbergue. No hay palabras para describir la enorme experiencia que resultó el encuentro con los investigadores de este instituto, así como con los participantes del seminario que me fue encomendado. Un verdadero ejemplo de cómo la alegría y el rigor son excelentes compañeros. Me gustaría, además, agradecer a Enrique de la Garza, María Maneiro, Guillermo Nugent y Gonzalo Portocarrero por su disposición a compartir sus ideas y su trabajo en las diferentes instancias de encuentro que se desarrollaron en estos años en Santiago.

Finalmente, quisiera expresar mi agradecimiento, entrañable y fundamental, a quienes en los años en que este libro tomaba forma me han sostenido afectivamente con su amistad, con su presencia incondicional o con su amor. Yo sé, no preciso nombrarlos.

Introducción
Más allá de la crisis de la autoridad

[1.] Escribir un libro sobre autoridad no es cosa sencilla. Ello me ha resultado evidente incluso desde antes de comenzar la investigación que ha conducido a este trabajo. Cada vez que alguien que no dedicaba sus esfuerzos a las ciencias sociales oyó hablar de los planes que han derivado en este texto, reaccionó con un entusiasta juicio positivo acerca del interés del tema. Por el contrario, cuando la misma cuestión llegó a oídos de colegas de las ciencias sociales y con alguna cercanía a esta temática, el entusiasmo se transformó en un prevenido juicio acerca de la dificultad que inevitablemente habría que enfrentar. Todos han tenido razón. Posiblemente no hay un tema más apasionante que el de la autoridad. Seguramente, hay pocos tan difíciles. En todo caso, no hay texto que entre a lidiar con este tema que no parta por hacer este reconocimiento. Y éste no es una excepción.

Pero ¿por qué esta dificultad? Porque el estudio de la autoridad desde las ciencias sociales comporta por lo menos un triple desafío. Un reto conceptual, uno político y uno metodológico. Lo primero, porque el debate ha sido, curiosamente, relativamente escaso para la importancia que el tema tiene, lo que hace que, como muchos lo han subrayado, se encuentren vacíos y aun contradicciones muy importantes en su conceptualización (Mendel 2011, Revault D'Allones 2006). La noción de autoridad, lo segundo, ha sido lastrada por una disputa valórica y política respecto de su rol en la sociedad, oscilando entre ser considerada como garante positiva del orden o como mera careta de la dominación. Demasiado preciada como para ser siquiera puesta bajo interrogación, demasiado amenazante como para dejar sus pilares en pie. Finalmente, el tercer desafío proviene del hecho que la autoridad ha tendido a ser pensada teóricamente desde coordenadas intelectuales que corresponden y se construyeron a partir de sociedades noroccidentales y centrales, que poseen una historia y un entramado social muy distintos a los nuestros, y de los cuales estos teóricos extrajeron lo esencial del sustrato empírico para sus teorizaciones (Araujo 2012a). Como consecuencia, la mayoría de los diagnósticos, y los escasos trabajos empíricos que se han consagrado a la autoridad, han tendido a interpretar todas las sociedades desde una misma matriz teórica, desconociendo la especificidad de los fenómenos de autoridad para cada sociedad. Han producido, de este modo, diagnósticos monolíticos aplicables a todas ellas con la sola diferencia de la gradación o magnitud en que se presentaban ciertos fenómenos (más o menos individualización; más o menos diferenciación, etc.).

Este libro intentará afrontar todos y cada uno de estos desafíos. En esa medida, más allá de su voluntad de dar cuenta, desde una investigación empírica, de los modos propios del ejercicio de la autoridad en Chile, este escrito también tiene la intención de proponer, en última instancia, una manera de pensar la autoridad desde el sur. Es decir, se coloca a distancia de un uso no-crítico de las herramientas teóricas con las que habitualmente se aborda esta cuestión. Ellas son, sin duda, extremadamente valiosas, pero al no ser sometidas a revisión crítica, vía la contrastación con las evidencias empíricas particulares, conducen a una muy discutible homologación de realidades sociales muy distintas entre sí.

[2.] Pero, ¿qué es la autoridad? La autoridad es un fenómeno que está en acción en situaciones tan disímiles como cuando alguien no bebe al conducir porque una ley lo prohíbe; cuando se trata del gobierno político de un pueblo; cuando se está en una sala de clases dictando una materia; cuando se trata de expandir una opinión o una postura en un grupo o sociedad; o cuando lo que está en juego es la salida de un adolescente a una fiesta nocturna. La autoridad está en el corazón de la vida social. Ninguna sociedad puede subsistir o funcionar sin algún modo de influencia —digamos autoridad— sobre la conducta o ideas de otros, lo que a su vez necesariamente implica una facultad de poder sobre ellos. Ninguna sociedad puede pues subsistir, en rigor, sin autoridad. ¿Por qué? Porque, como lo ha señalado, entre otros, ya en el siglo XIX, un autor tan poco sospechoso de alianza con la dominación y el mundo tradicional como Friedrich Engels (1941), no hay organización sin autoridad. Toda organización social, cualquiera que sea su forma y sus objetivos, supone coordinación y la coordinación supone de una u otra manera la subordinación de una voluntad respecto de otra. La gestión del mundo del trabajo o el ingreso de una masa de personas a un estadio son ejemplos —al mismo tiempo dispares, banales y cotidianos— de este hecho. La autoridad es, pues, un fenómeno esencial para entender una sociedad porque participa en establecer las modalidades de gestión de las jerarquías, lo que constituye un componente indispensable para dar cuenta de las maneras en que una sociedad ha resuelto la cuestión del lazo social (Freud 1999): esto es, las formas de convivencia, así como las modalidades de enlazamiento que la caracterizan.

Pero el fenómeno de la autoridad resulta nuclear también, puesto que a través de él se ha buscado explicar por qué y sobre todo cómo una orden, una norma o una influencia sobre la conducta de otros puede ser impuesta sin recurrir a la mera fuerza bruta. Éste es, como se sabe, el núcleo del interrogante sobre la autoridad: una concepción no violenta del mando y la influencia de unos sobre otros, capaz de dar cuenta de manifestaciones de obediencia no directa o explícitamente forzadas, que son masivamente constituyentes de la vida social, tanto en situaciones de mando-obediencia como de reconocimiento-aceptación (Weber 1964, Arendt 1996, Kojève 2005, Gadamer 1997). Vale la pena subrayarlo: la autoridad no es el ejercicio de poder *per se*, sino el fenómeno que permite un *cierto* tipo de ejercicio del poder que se diferencia de la coacción por la fuerza física, pero, también, como lo ha subrayado Arendt, de la persuasión por argumentos. En las relaciones de autoridad lo que existe es una *jerarquía* cuya pertinencia reconoce tanto el que la ejerce como el que obedece (Arendt 1996, 102-3). Insistamos en la distinción que acabamos de introducir: la autoridad es siempre un fenómeno con por lo menos dos polos: la del que la ejerce o detenta y la de aquel que la acepta o está sujeto a ella (Lukes, 1987).

Realidad con dos caras, la autoridad ha sido analizada en su duplicidad desde tres grandes perspectivas que corresponden a tres grandes dimensiones de la misma. La primera es, quizás, la más simple: una posición, un lugar designado colectivamente para cumplir ciertas funciones que implican ejercer influencia y orientación en las acciones de otros (el lugar del presidente, el alcalde o el maestro, por ejemplo). La segunda dimensión es con certeza la más difícil de aprehender y la que más atención ha concitado: una investidura inmaterial, un atributo individualizado que funciona como un aura que sanciona a quien lo porta como digno del ejercicio de esa influencia u orientación (la autoridad de una persona justa o el aura de una estrella de cine). La tercera es la más visible y aprehensible y, por tanto, la vía más recomendable para el estudio empírico de la misma: un modo de ejercicio, la modalidad concreta de desempeño que lleva a que efectivamente se influencie u oriente las acciones o conductas de aquellos a quienes va dirigida la autoridad.

Si dejamos de lado la primera dimensión, que es más bien estructural, es posible considerar que la autoridad, en cuanto fenómeno, es, simultáneamente, una investidura de poder y su modo de ejercicio. La autoridad es una investidura inmaterial pero eficiente[1] que puede venir de afuera –como en el caso del juez que ocupa una posición pre-establecida– o de la persona misma –como en el caso de un individuo cuya opinión es altamente respetada en un círculo informal[2]–. Esta investidura subyace y explica el poder de mando o influencia de uno sobre otros; pero esta facultad es indisociable, algo que ciertos trabajos teóricos descuidan, de un modo de despliegue concreto[3]. El hecho de que la autoridad sea una solución encontrada por una sociedad para la gestión de las jerarquías, hace que toda definición abstracta de la autoridad resulte, como lo ha subrayado Horkheimer (2001), vacía. La autoridad está siempre históricamente determinada.

El carácter histórico de toda forma de autoridad obliga a abordarla cada vez como *una* solución para las asimetrías en la vida social, la que emerge, y esto es esencial, en el contexto del conjunto múltiple de coerciones estructurales y expectativas normativas que actúan en una sociedad o un grupo en un momento dado. La autoridad no tiene una expresión única, compacta y homogénea. Es decir, que la tesis histórica de la inevitable presencia de la autoridad en toda sociedad requiere ser adaptada e interpretada en función de contextos sociales muy diversos. Todavía más, la autoridad, en tanto que realidad social e histórica, tiene, dentro de una sociedad, y en un mismo momento, fuerzas y formas distintas en función no sólo de los diferentes dominios sociales, sino, también, entre los grupos sociales (Araujo 2012b).

Finalmente, pero en absoluto de manera menos importante, la autoridad en su despliegue en las sociedades modernas adquiere una característica extremadamente importante para su estudio: su carácter fuertemente alternante. En contra de modelos societales en los que

---

1   Bourdieu (2010) ha privilegiado esta arista de la investidura y la ha discutido, a su manera, bajo la denominación poder simbólico.

2   En términos de Simmel: (a) una personalidad superior (sea por su valor o energía) produce fe y confianza entre los que la rodean; (b) una potencia supraindividual confiere a una personalidad individual prestigio, poder de decisión, dignidad (1986, 149).

3   Es esta duplicidad la que se encuentra en la concepción de la autoridad que ha desarrollado Max Weber. En la construcción de los ideales-tipo de la autoridad el autor considera que las formas de legitimación son homólogas a las formas en que se estructura la autoridad en su despliegue concreto. Sólo que a diferencia de lo que será propuesto en este libro, este autor dará la preeminencia a las formas de legitimación por sobre las de su despliegue, debido al lugar básico y primario que le otorga a la creencia de los que obedecen para entender este fenómeno (Weber 2012). Una discusión detallada de ésta y otras cuestiones teóricas se encuentra en el quinto capítulo de este libro.

la autoridad está caracterizada por una fuerte rigidez posicional (del tipo aristocracia-pueblo), en nuestras sociedades modernas ésta se encuentra afectada por una importante alternancia. Lo anterior quiere decir que cada cual puede ocupar, en un momento u otro, el lugar de la autoridad o el de quien está sometido a ella. El problema del ejercicio de la autoridad no compete sólo a las élites; el problema de la obediencia no compete sólo al «pueblo».

[3.] El tema de la autoridad no es un problema social cualquiera. Su conceptualización es inseparable de una alta carga normativa y de una constante toma de posición política. En efecto, si la autoridad resulta indispensable para la vida social, en cuanto que su ejercicio supone capacidad para imponer la propia voluntad a la de otros, o la potencia para influir de manera activa en la orientación que éstos toman, la autoridad no logra nunca diferenciarse del todo de una modalidad de ejercicio de poder. En consecuencia, el delgado hilo entre ejercicio de poder, la autoridad y sus consecuencias para los estados de dominación (Foucault 1999), es una inquietud siempre presente. Esta cercanía ha llevado a que sea, y haya sido a lo largo de su historia, un tema altamente cargado, y hasta lastrado, de atribuciones valóricas y políticas, cuyas posiciones extremas las ocupan quienes consideran a la autoridad como un puro garante intrínseco del orden social y quienes tienden a considerarla como un mero instrumento de la dominación.

En este registro, la impronta normativa de la autoridad sobre su análisis, el estudio de esta noción, ha tenido un camino sinuoso. En el siglo XIX europeo, momento de la formación de las ciencias sociales, la autoridad estuvo asociada con las posiciones que Nisbet en su tipología ha llamado conservadoras (1996). Estas posiciones se aferraron a una defensa de la autoridad en un momento en que los arrestos de la Ilustración proponen, como lo ha formulado Gadamer, «la sumisión de toda autoridad a la razón» (1997, 346). Momento, además, en el que, de otro lado, los arrestos revolucionarios apuntan a desvirtuarla completamente. Esto explica, en buena medida, el hecho de que la noción misma de autoridad social fuera vinculada en ese momento con el modelo tradicional de ejercicio de poder y, por lo tanto, con el Antiguo Régimen (Nisbet 1996, 146-230). Desde las posiciones conservadoras, la noción de autoridad no sólo fue identificada con la autoridad tradicional, sino que, además, fue leída de manera radical como antinomia del poder. Una disputa política y moral se revela ya en el uso novecentista de la noción.

La gran virtud de un autor del cambio de siglo hacia el XX como Weber (1964), sin ninguna duda el autor más influyente en el debate sobre autoridad hasta nuestros tiempos, fue debilitar esta manera de entender la autoridad, y proponer una interpretación distinta. Lo hizo de dos maneras. Por un lado distinguiendo, entre diferentes formas de dominio que podían ser más o menos *legítimas*, es decir, que era posible, al contrario de lo que había sido la lectura del decimonono, articular autoridad con poder. Por el otro, desanudando la férrea asociación entre autoridad y tradición al agregar a este tipo de dominio legítimo otros dos tipos-ideales: el carismático y el racional-burocrático. Sin embargo, no obstante estas distinciones que lo distancian del uso de la noción de autoridad propia de las posiciones conservadoras, existe una continuidad con estas. Weber, al igual que Durkheim (2002) por lo demás, continuarán considerando, como los conservadores lo habían hecho antes, que la autoridad es la garantía más sólida de la estabilidad de todo orden social, y, por lo tanto, no sólo inevitable sino incluso, como en el caso de Durkheim, fundamental y deseable.

Durante el transcurso del siglo XX, la autoridad, de manera parcial pero certera, fue perdiendo estas cartas de nobleza. Fenómenos como el fascismo alemán y sus devastadoras consecuencias o, décadas después, los movimientos contraculturales que avanzan en los años sesenta (Cueva, 2007), van a empujar la discusión sobre este fenómeno a un segundo plano o, en su defecto, van a cargarla negativamente. Se trata de un conjunto de lecturas, muchas veces marcadas por el trabajo de los representantes de la Escuela de Frankfurt (Adorno et al. 1965, Marcuse, 1993). Pero ellas encontrarán inspiración, también, y sin duda más allá de las intenciones de la autora, en las reflexiones de Arendt (1966, 285-298) a partir del caso Eichmann, sobre la banalidad del mal y la obediencia como una vía posible para la abdicación del pensamiento, en una comprensión de la obediencia como amenaza a la autonomía, cuyos orígenes en el pensamiento occidental se pueden remontar a Kant (1988)[4]. Una perspectiva presente, por supuesto, en la investigación de Milgram (1980), y su famoso experimento en el que mostró que, en situaciones jerarquizadas, la obediencia primaba, aun cuando se tratara de cometer actos altamente destructivos y moralmente reprensibles, porque la

---

4   Vale la pena subrayar que, más allá de las recepciones que se hicieron, en ambos casos la obediencia es una amenaza en el caso del razonamiento. Pero para ninguno de estos dos autores está en juego poner en cuestión la autoridad en lo social. Para Kant (1988) son aceptables y necesarias las restricciones de libertad que están destinadas a la obediencia, a un automatismo, que hacen posible conseguir las metas de gobierno hacia fines públicos. En este sentido, la autoridad es el fundamento de lo social. Para Arendt, no sólo es base de lo social, sino fundamento de la responsabilidad intergeneracional, como lo muestran sus reflexiones sobre la escuela (1996).

vigilancia moral de los individuos se trasladaba del acto cometido al imperativo de la obediencia. Por intermedio de estas y otras fuentes, la autoridad, y su contracara, la obediencia, junto a su supuesta función de garantía del orden social, fueron puestas radicalmente en cuestión y colocadas bajo sospecha. Sigilosamente, el problema del autoritarismo toma el lugar de la pregunta sobre la autoridad. El rostro más feroz del ejercicio del poder opaca la faz pacificadora y estabilizante que le habían supuesto los clásicos.

Si bien desde muy temprano hubo posiciones que interrogaron fuertemente una tal dirección, y especialmente advirtieron, y aún advierten, de las consecuencias catastróficas de un debilitamiento de la autoridad[5], eso no impidió el éxito crítico de estas perspectivas. La autoridad se convirtió en un problema poco elegante para el pensamiento, especialmente aquel considerado progresista o, para decirlo de manera quizás más precisa, para el pensamiento que se vinculó con un horizonte de emancipación. Como consecuencia, si las discusiones sobre el poder y su capacidad de moldear nuestros actos no disminuyeron sino que ganaron cada vez más importancia, como lo revela el trabajo de Althusser (1992), Castoriadis (1975), Butler (1997) o, por supuesto, y de manera relevante, el grueso de la obra de Michel Foucault, nada de equivalente existe del lado de la autoridad. Los esfuerzos de conceptualización o bien no se detuvieron de manera especial en el fenómeno de la autoridad en sí[6], o bien subsumieron y tradujeron las cuestiones de la autoridad por las más generales sobre el poder. La suspicacia tiñe al problema de la autoridad.

En la actualidad, y sin que pueda desconocerse ni la ambivalencia intrínseca de la noción, ni su sinuosa historia social, se puede considerar que hay un cierto retorno de la autoridad como temática de interés en la sociedad, por supuesto, y en las ciencias sociales también. Sin embargo, este «renacer» del interés es difuso y no se refleja necesariamente en una acentuación y expansión del abordaje científico social de la autoridad. Los estudios que abordan directamente el tema desde una perspectiva sociológica siguen siendo relativamente escasos. Lo son a pesar de que la autoridad es una importante inquietud que recorre las sociedades. Lo son aun cuando, como será discutido en detalle más adelante, si hay algo que exige nuestra condición histórica, es decir, las modalidades en

---

5   Este aspecto será discutido más adelante.

6   Una excepción, que no es sin duda casual, son los estudios sobre el trabajo, tanto desde la perspectiva managerial como de la comprensión de los procesos del trabajo desde la perspectiva de la dominación (Burawoy 1982).

que se entraman la vida social y política de nuestras sociedades, es una profunda reflexión respecto a este fenómeno. Pero cuando ello se hace, cuando el foco se pone sobre la cuestión de la autoridad, no obstante, se encuentra un clarísimo punto de convergencia: el diagnóstico de un debilitamiento generalizado de la misma.

[4.] La autoridad en los diagnósticos contemporáneos va acompañada de una afirmación muy extendida aunque no nueva, porque ya estaba presente tan tempranamente como el siglo XIX (Nisbet 1996), pero vigente explícitamente al menos desde finales de los años cincuenta del siglo XX: la existencia de una crisis de la autoridad. Esta cuestión está muy presente en disciplinas tan distintas como la filosofía, la historia, la sociología o la psicología, y ha sido expandida por medios tan diferentes como el debate académico, los medios de comunicación o la vasta literatura de autoayuda o práctica pedagógica[7]. El centro de esta idea, en verdad, de esta preocupación, es que la autoridad enfrentaría un proceso de erosión de larga data, pero que se expresaría con particular virulencia en nuestros días. Las dificultades en la crianza de los niños, la creciente desconfianza y falta de afección por las instituciones políticas, el problema de la violencia en las escuelas, son todos ejemplos de fenómenos que son puestos a cuenta de la crisis de la autoridad de nuestro tiempo.

Para buena parte de estas versiones, la explicación para una tal crisis estaría vinculada con la puesta en duda generalizada del modelo societal tradicional. La historia occidental en los últimos siglos, pero de manera particularmente álgida en la época actual, habría estado caracterizada, como lo han señalado Wagner (1997) o Giddens (1990), por la expansión de procesos e ideales que han cuestionado las grandes bases de la autoridad. Entre los procesos más importantes: la secularización, la destradicionalización y la transformación de los sustentos materiales del poder; entre los ideales: la idea de democracia, el principio de igualdad y la noción de individuo. La cristalización combinada de estos y otros ideales normativos en principios institucionales y lógicas de sociabilidad, aun cuando incompleta, en el marco de los procesos arriba mencionados habrían tenido una consecuencia que es inherente a esta constelación: la puesta en cuestión de la jerarquía o, al menos, de un tipo de gestión de las jerarquías.

Por supuesto, este trayecto ha sido concebido de maneras distintas. Algunos lo han entendido como un camino hacia la erosión más bien

---

7   Dos ejemplos de esta copiosa literatura: Bacus 2006 y Osorio et al. 2009.

general del propio lugar de la autoridad. Una perspectiva particularmente presente en el psicoanálisis. Desde esta perspectiva, la condición disminuida de la autoridad tendría importantes consecuencias a nivel de la constitución psíquica de los sujetos, tanto en lo que se refiere a la aparición de las llamadas «nuevas enfermedades del alma» (Kristeva 1995) como para las formas, en general problemáticas, que toman las subjetividades contemporáneas (por ejemplo, con la expansión de personalidades narcisistas) (Zizek 2001, Miller y Laurent 2005, Mendel 2011). En otras versiones en la misma línea, el debilitamiento de la autoridad ha sido vinculado con la aparición de tipos de personalidades o complejos conductuales, asociados normalmente a modalidades de crianza o de gestión de la disciplina. Ejemplos destacados de este tipo de abordaje son, entre otros, el llamado «síndrome del niño rey», textos de apoyo pedagógico (Curwin et al. 2008), o una variada literatura de autoayuda.

Otros, en cambio, siguiendo a Arendt (1996), han vinculado esta erosión de manera más restringida al declive de *un* tipo de autoridad, a saber, el tipo de autoridad propio a los países occidentales (Renaut 2004, Tort, 2005). Aunque también en estos últimos casos el ocaso de este tipo de autoridad ha sido explicado por la pérdida de sus sustentos históricos, este proceso no ha sido equiparado, sin más, con la desaparición de la autoridad. Si en la primera versión la tendencia ha sido interpretar que nos encontramos ante una crisis sin retorno de la autoridad, en la segunda se trata, más bien, de un momento de radical transformación de la misma, cuyos destinos, es cierto, aún no se sabe cuáles serán. No obstante, en ambos casos, en última instancia, y a pesar de sus grandes diferencias, se ha interpretado la crisis como un debilitamiento de la autoridad en el mundo social.

Producto de este debilitamiento, desde estas perspectivas, un conjunto importante de tareas esenciales para el funcionamiento y mantenimiento de la sociedad se tornarían problemáticas. Para empezar, aparecería una dificultad en el mantenimiento y respeto por las normas comunes. Al encontrarse debilitada la autoridad de las reglas o de quienes estarían llamados a velar por el respeto de las mismas, garantizar la obediencia se convertiría en una tarea no sólo compleja sino difícil y, en algunos casos, incluso imposible. Esto conduciría, en las interpretaciones más radicales, a la amenaza de anomia en la sociedad, o, en versiones algo menos alarmistas, a interferencias serias en la coordinación de nuestras acciones. También este destino de la autoridad ha sido asociado con la reducción de la legitimidad del poder político. La crisis aquí estaría vinculada con un cambio profundo de las reglas de juego en la política (de las razones para la adhesión o de las formas de comunicación), lo que habría transformado no tanto las relaciones entre los actores políticos entre sí, sino lo que se juega en la relación con el resto de la sociedad. Esta erosión, resultaría, de este modo, en una potencial amenaza para el mantenimiento del sistema institucional, al menos tal como lo conocemos, pero, también, para la capacidad de gobierno, y obliga a una nueva reflexión sobre los fenómenos de la autoridad política en democracia (Monod 2012).

Otra tarea importante que resultaría interferida, según estos diagnósticos, sería la función de transmisión en la sociedad. Quienes tradicionalmente habían estado encargados de esta función, profesores o padres, habrían perdido el aura que los habría sostenido en el cumplimiento de sus funciones (Dubet y Martuccelli 1998). Esto afectaría, evidentemente, tareas como las de la educación en la familia o en la escuela, y, por tanto, pondría en cuestión la preservación del legado histórico de la humanidad estrechamente vinculado a las labores de naturaleza inter-generacional.

Las diferencias son sin duda mayúsculas entre estas perspectivas. Sin embargo, y más allá de sus importantes diferencias, todas ellas se acomunan en la idea de que lo que caracterizaría a las sociedades hoy es el debilitamiento de la autoridad. El lazo social se encontraría amenazado por esta erosión.

[5.] Nuestra tesis, en este libro, va a contramano de esta interpretación. En el caso de Chile, no nos encontramos frente a una crisis de la autoridad, si por ello entendemos el socavamiento generalizado de la misma. El lugar de la autoridad en Chile está preservado. El lugar de la autoridad se reconoce. Incluso más: la autoridad se espera, se llama, se celebra. La autoridad se necesita y se respeta.

Por supuesto, las personas pueden interpretar ciertos fenómenos sociales como resultado de la falta de autoridad, esto es, como consecuencia de un limitado poder para influir sobre los fenómenos o las conductas. Es éste el caso, por ejemplo, cuando la consideran el factor explicativo de la ineficacia en el control de la delincuencia o los desmanes públicos. Pero, esa no es, como lo veremos, la interpretación hegemónica. Y no lo es en dos sentidos. Por un lado porque ésta no es la interpretación ni más frecuente ni exclusiva que las personas hacen sobre lo que acontece en nuestra sociedad. Al contrario, y sin que esto deje a veces de coincidir de manera altamente problemática con la idea de su debilidad, para muchos la autoridad en la sociedad chilena se caracteriza por su exceso. No es, pues, la escasez de autoridad el problema. Por otro lado, porque incluso cuando el tema de la debilidad de la autoridad es evocado, no se trata de un tipo de interpretación que se aplique a todos los dominios de la vida social. Aún en aquellos casos en los que la falta de autoridad es denunciada, este juicio no se extiende usualmente a todas las esferas de la experiencia. Por supuesto, ella está muy presente en las maneras en que se juzga a las autoridades políticas o en la autocomprensión de la escuela y sus desafíos, pero la interpretación del debilitamiento de la autoridad no es una clave general de lectura sobre la sociedad. Con respecto a las experiencias en el trabajo, el debilitamiento de la autoridad es, por ejemplo, una afirmación mucho menos presente. El mundo laboral no es, como lo veremos en detalle, ni de lejos un mundo percibido como falto de autoridad.

Pero vale la pena subrayar algo esencial: incluso en quienes la debilidad de la autoridad es un juicio presente, éste aparece como discurso crítico en el momento de juzgar a los otros abstractos que ejercen la autoridad, pero no cuando se trata de pensar la autoridad en términos más concretos o más próximos, ya sea partiendo de sí mismos o de otros. En esos momentos, la interpretación varía sustancialmente, acentuándose siempre, tarde o temprano, de una u otra manera sus excesos.

En otros términos, en el corazón de la experiencia de la autoridad en Chile, lo problemático no es su debilitamiento o la amenaza de su desaparición; lo problemático, lo que no deja de ser problemático, es su ejercicio. Para las personas lo que no hay en Chile hoy es, como lo veremos, un «buen» ejercicio de la autoridad, y eso es visible en las dos caras del fenómeno, o sea tanto en el ejercicio como en la aceptación de la autoridad. El gran problema para las personas no reside, así, en que no exista autoridad sino en el tipo de ejercicio de la autoridad con el que se topan y que ellos mismos tienden a desarrollar: un tipo de ejercicio de la autoridad que tienden a designar, masivamente, como de tipo autoritario. Un tipo de ejercicio que rechazan normativamente pero, y aquí anida la paradoja, que practican de manera explícita.

En el meollo de la cuestión de la autoridad en Chile se encuentra, pues, una tensión. Por un lado, una conciencia generalizada de lo inadecuado del «autoritarismo», aun cuando ello se vincule con diferentes tipos de razones: razones morales, como, por ejemplo, en la evaluación de abuso que hacen de estas prácticas cuando juzgan las formas de actuación de las autoridades públicas; o razones estratégicas, como en las discusiones acerca de las formas de gestión en el mundo del trabajo, en las que prácticas autoritarias pueden ser concebidas como contraproductivas en el contexto de los nuevos modelos de gestión. En cualquier caso, desde la evaluación ambivalente hasta el decidido rechazo al mismo, lo que se juega aquí es un juicio que pone en cuestión al autoritarismo, especialmente si uno es atingido por él —o sea, cuando el individuo se emplaza imaginariamente en el lugar del subordinado—. Sin embargo, por otro lado, cuando se da cuenta del despliegue concreto de la autoridad, la convicción más asentada es que sólo un ejercicio discrecional y «fuerte», o sea «autoritario», permitiría garantizar de manera efectiva la propia función de autoridad, y esto cualquiera sea la esfera y el tipo de actor que la ejerza. Vale la pena notarlo: la visión de la autoridad se transmuta cuando el actor se sitúa imaginariamente en el lugar de aquel que debe ejercer la autoridad. Existe, de este modo, menos una indefinición de lo que sería deseable en términos de autoridad, que una profunda dualidad de miradas hacia el autoritarismo según la perspectiva desde la que se lo vea. Los individuos la «rechazan» si son el objeto del autoritarismo, e incluso lo condenan en términos abstractos, pero lo juzgan positivamente cuando lo enfocan como un modo eficiente para conseguir la obediencia o la anuencia de los otros.

Lo verdaderamente crucial, así, para entender la autoridad en Chile, no es, por tanto, simplemente identificar una tendencia al autoritarismo. Lo que es esencial, es explicar la fuerza de esta ambivalencia, sus motivos y su pregnancia a la hora de encarar el ejercicio de la autoridad. Las razones por las que a pesar de la extensión de una innegable visión crítica del autoritarismo, otras modalidades de ejercicio de autoridad parecen tan poco viables.

La respuesta que este libro ofrece es la siguiente: *en lo que concierne al ejercicio de la autoridad en Chile, el problema central, éste sí transversal y generalizado, es la presencia extendida de un fantasma social, el miedo a los subordinados*[8]. Éste es el fantasma del cual el autoritarismo extrae su fuerza y su continuidad, puesto que aparece como la única manera posible de ejercer la autoridad, como la única manera de lidiar, práctica e imaginariamente, con el temor de no lograr ejercer efectivamente la autoridad. Resulta muy difícil comprender el ejercicio de la autoridad en Chile si no se parte de él. Este miedo se especifica como un temor constante a ser desbordados por aquellos sobre quienes se debería ejercer

---

8   Usamos la palabra subordinados haciéndonos cargo de las limitaciones de este término. Aunque ella alcanza para nominar las situaciones de mando-obediencia más formalizadas, tiene dificultades para dar cuenta de relaciones de autoridad basadas en el reconocimiento o de tipo más laxo y con fronteras menos establecidas. La elegimos, a pesar de este límite, porque ella expresa un elemento central en las relaciones de autoridad: la asimetría constitutiva de los participantes en la escena.

la autoridad, en particular en situaciones de mando-obediencia, pero también en aquellas constelaciones ordenadas por el reconocimiento. Se trata del miedo a ser puestos en cuestión en la capacidad a ejercer la autoridad; el miedo a sentirse defenestrado y puesto en evidencia en su debilidad para realizar esta función. Por supuesto, en ambos casos la autoridad es abordada en su doble realidad –mandar u obedecer–, pero lo es desde acentos y miradas diferentes. En todo caso, como todo miedo fantasmático, el miedo a los subordinados no sólo es una pantalla a partir de la cual se interpreta la realidad, sino, también, funciona como una matriz a partir de la que se orienta la actuación propia (Lacan, 2012). En cuanto fantasma, aporta a conformar el conjunto de convicciones y acciones que diseñan el ejercicio de la autoridad.

El corazón del problema de la autoridad en Chile no es su declive generalizado, sino la fortaleza inusual del fantasma del miedo a los subordinados. Es este temor el que atraviesa a la sociedad y el que ordena las formas de interacción y gestión de las jerarquías para todos y cada uno en el momento que debemos asumir una posición de autoridad. Una cuestión central, si consideramos que en la vida social, exceptuando casos extremos, cada cual está exigido a ocupar de manera continua, de forma más o menos permanente y más o menos formalizada lugares de autoridad (como padres de nuestros hijos, como maestros, como dirigentes vecinales, como líder de un grupo de música o, incluso, como organizador de un paseo campestre). Un temor que puede ser rastreado históricamente, como lo discutiremos, pero que adquiere nuevas modalidades y bríos como resultado de que el país ha sido sacudido desde ya hace algunas décadas por procesos que presionan a la transformación de las formas de sociabilidad, las exigencias de civilidad y las condiciones para producirse como sujetos e individuos. Esto es, en el contexto de una recomposición mayor de las formas de los enlazamientos sociales cuyo destino está aún abierto, con todo lo que eso implica de esperanza y de incertidumbre. Es al enigma de la permanencia y vitalidad del fantasma del miedo a los subordinados, con toda la complejidad histórica y social que ello implica, a lo que está abocado el esfuerzo de este libro.

Regresaremos sobre este punto en detalle más adelante, pero vale la pena adelantar aquí que lo que encontramos para el caso de Chile, permite poner entre signos de interrogación lo que ha sido la versión hegemónica sobre autoridad en las ciencias sociales. Si en la teoría social clásica el problema de la autoridad ha terminado siendo abordado fundamentalmente desde la perspectiva imaginaria del subordinado y alrededor de las razones de su consentimiento, *lo que el caso chileno revela es que lo que prima es una interrogante que se organiza desde la identificación imaginaria con aquél que debe ejercer la autoridad.* Para decirlo claramente: uno de los grandes rasgos de la cuestión de la autoridad vista desde la perspectiva de una sociedad latinoamericana como la chilena reside en este trabajo implícito constante de identificación imaginaria, con el «Jefe», y con las dificultades que todos tienen a la hora de ejercer la autoridad.

Así, es la tesis que defendemos aquí, el miedo a los subordinados, más allá de la sola experiencia de la sociedad chilena, la que permite dar cuenta de la especificidad del ejercicio de la autoridad en sociedades que, como las latinoamericanas, están caracterizadas por el peso diferencial que le otorgan a la cuestión de la autonomía, y por un tipo de individualismo que les es propio en relación con sociedades noroccidentales. Lejos de un modelo de autoridad que encuentra su eje central en la legitimidad y en la obediencia conciliada, como lo ha propuesto la teorización noroccidental, de lo que se trata aquí es de la construcción de una perspectiva teórica, en lo que concierne a la autoridad, que pone el acento en la cuestión del mando eficiente y, por tanto, en su ejercicio concreto.

[6.] Para intentar responder a la interrogante de la autoridad en Chile, realizamos una investigación empírica entre 2011 y 2014, en torno a las formas de ejercicio de la autoridad. En la medida en que consideramos importante no partir de una idea compacta y homogénea de un tipo de autoridad transversal a todas las esferas de la sociedad, decidimos estudiarla poniendo el foco en diferentes ámbitos sociales. De ellos privilegiamos dos: la familia y el trabajo. Se realizaron 32 entrevistas semiestructuradas a hombres y mujeres de sectores medios altos y sectores de menores recursos[9]. Adicionalmente, se llevaron a cabo 12 Grupos de Conversación-Dramatización (Araujo 2009 y 2014a). En los dos casos, un requisito central para ser parte de la muestra fue que se encontraran en la franja etaria de entre 35 y 55 años y, dado que la investigación abordaba la cuestión de la autoridad de los padres y madres, en las entrevistas y en los grupos abocados al tema de autoridad y familia, que tuvieran hijos. El listado de la totalidad de las personas que participaron en este estudio (guardando su anonimato vía seudónimos) además de información adicional de los criterios utilizados para la selección de la muestra, se encuentra en el anexo.

---

9 Ver en Anexo las especificaciones pertinentes. Para facilitar la lectura, hablaremos de SM (sectores medios) y SP (sectores populares).

Las entrevistas semiestructuradas estuvieron destinadas a indagar sobre las experiencias de las personas en el ejercicio de la autoridad y la obediencia en sus vidas cotidianas. Especial énfasis se puso en la relación con sus hijos y las experiencias, tanto de mando como de obediencia, a nivel laboral. Se indagaron sus representaciones y sus juicios valorativos, así como también sus estrategias prácticas para enfrentar ambas situaciones.

Los Grupos de Conversación Dramatización (GCD), por su parte, fueron divididos según ámbito social a estudiar. Seis de ellos fueron enfocados en el ámbito del trabajo y seis en el de familia. Se realizaron grupos sólo de hombres, sólo de mujeres, y mixtos. Cada grupo estuvo conformado por entre 4 y 6 participantes[10]. Esta técnica fue implementada en complemento a las entrevistas porque permite superar ciertos obstáculos o resistencias a la hora de hablar acerca de la autoridad. Para empezar, las técnicas de dramatización asociadas al teatro y la performance posibilitan la generación de temas y momentos que no emergerían en entrevistas tradicionales, las que tienden a reproducir percepciones y actitudes normativas (Kaptani and Yural-Davis 2008). Al mismo tiempo, y gracias a la distancia entre el personaje y la persona, permiten a los participantes incorporar en primera persona comportamientos y actitudes que consideran negativas, represibles o desviadas respecto del ideal comúnmente aceptado. Asimismo, debido a la capacidad de las técnicas inspiradas en el teatro para producir conocimiento encarnado, dialógico e ilustrativo (Kaptani y Yural-Davis 2008), los Grupos de Conversación Dramatización (GCD) posibilitan capturar interacciones cotidianas en toda su literalidad y visualidad. Las expresiones lingüísticas, las gestualidades, la distribución espacial, el manejo de las distancias, los tonos de voz, la tonalidad corporal, la construcción de las frases, fueron todos ellos elementos que devolvieron en toda su riqueza el momento interactivo. Adicionalmente, la técnica de los GCD brinda la oportunidad de apreciar formas espontáneas de coordinación de la acción.

10   Los GCD resultan de una combinación de los grupos de discusión y la técnica de la dramatización aplicada a la investigación social, y se nutre de la estrategia metodológica de la investigación participante (Araujo 2009). Los grupos son acomodados en salas acondicionadas con sillas, grabadoras de audio y una cámara de filmación fija ubicada de manera visible. Las sesiones duran entre una hora y media y dos horas. Participan en cada ocasión dos miembros del equipo de investigación cumpliendo respectivamente las funciones de moderación y observación, más el encargado de la grabación del video. El desarrollo de los GCD se divide en cuatro momentos: (a) narración paradigmática; (b) producción de la escena; (c) dramatización; y (d) reflexividad. Para una presentación detallada, Araujo 2014b.

El diseño de investigación consideró de entrada estos dos procederes, sin embargo, rápidamente, ante los primeros resultados de la investigación, se impuso una doble necesidad. Por un lado, y a medida que la interpretación inductivamente forjada desde el material sobre el miedo a los subordinados tomaba forma, se hizo evidente que la investigación sincrónica requeriría de una lectura complementaria de esta tesis desde una perspectiva histórica. Esto nos llevó a un trabajo exigente de revisión de bibliografía secundaria con el fin de comprender, desde una perspectiva diacrónica, los fundamentos estructurales de este temor –un aspecto discutido especialmente en el capítulo 1–. Por otro lado, el miedo a los subordinados, y la fuerte especificidad de los interrogantes que su realidad plantea respecto a la autoridad, también obligó a reconocer la necesidad de proponer un ensayo de interpretación teórica de vocación más general sobre el problema de la autoridad –una cuestión tratada de manera particular en el capítulo 5.

Así, si la inquietud originaria por la autoridad llevó a efectuar una investigación empírica cualitativa, ésta no tardó en demandarnos, una vez delineada la hipótesis central, un esfuerzo de elaboración tanto histórica como teórica. En este marco, con el fin de conservar una dimensión razonable para este libro, hemos hecho, especialmente en estos dos capítulos, economía del recurso a la escritura intercalada de ilustraciones gracias a citas a nuestros entrevistados. Pero que ello haya sido decidido de este modo no debe, en ningún momento, llevar a descuidar el hecho de que se está en cada paso argumentativo en presencia de una investigación empírica.

[7.] Finalmente, la tesis principal de este libro, el miedo a los subordinados, sus razones y sus efectos para el ejercicio de la autoridad en Chile, será desarrollada y argumentada en cinco capítulos.

En primer lugar, buscaremos identificar, desde una perspectiva socio-histórica, los dos grandes ideales-tipo de la autoridad en Chile y su relación con la producción/reproducción del fantasma del temor a los subordinados. Un trabajo de enhebrado de los decantados de elementos históricos y sus formas de cristalización contemporáneas serán los modos de llevar a cabo este objetivo. En el segundo capítulo, se presentarán los grandes lineamientos y perfiles que toma este temor en la sociedad chilena actual, antes de pasar a analizar muy concretamente, en los capítulos 3 y 4, sus principales formas y expresiones contemporáneas, tanto en el ámbito familiar como en el mundo del trabajo. Estos capítulos tendrán la misión doble de, junto con sustentar la tesis de la acción transversal del miedo de los subordinados, poner en evidencia el hecho de que la autoridad, a diferencia de la homogeneidad que se la ha tendido conceptualmente a suponer, se despliega de manera diferencial en cada uno de los ámbitos sociales. En todos los casos, en ellos se procura situar los rasgos del contexto actual que aportan a establecer las condiciones y desafíos para el ejercicio de la autoridad y los modos en que ellos potencian o neutralizan al miedo de los subordinados y sus efectos.

Para terminar, en el quinto y último capítulo se tratará de establecer las consecuencias de los hallazgos empíricos para una comprensión teórica de la autoridad. En otros términos, se abordará el problema de lo que implica pensar la autoridad desde América Latina.

Capítulo 1
La cristalización de un temor

I. El autoritarismo como interpretación

Si existe una interpretación recurrente de la autoridad en las sociedades latinoamericanas, ésta es su carácter autoritario. La cultura del autoritarismo es una interpretación de la región cuyos orígenes se pueden encontrar ya en los debates del siglo XIX, pero ella atraviesa el tiempo llegando hasta nosotros en producciones tan diferentes como los ensayos de Octavio Paz (1999) y su afirmación de la incapacidad de los individuos de generar una evaluación crítica de las normas sociales; en los desarrollos de Gino Germani (2003) acerca de la existencia en nuestra región de un autoritarismo tradicional, con frecuencia populista; o, más recientemente, en un formato que pone el acento en la dimensión institucional (O'Donnell 2009). En cualquier caso, América Latina sería el teatro de prácticas autoritarias que se manifestarían en las diferentes esferas de la vida social (Nugent, 2010).

El autoritarismo en América Latina ha sido principalmente pensado desde el ámbito político, en una lectura en la cual la presencia de una tradición política caudillista (el peso del «jefe») y el quiebre repetido de los regímenes democráticos y de la legalidad han contribuido a afirmar su persistente presencia (O'Donnell 1984). En este marco interpretativo, lo que usualmente ha interesado ha sido distinguir la magnitud del autoritarismo de las culturas políticas entre diversos países o, a veces, distintas instituciones. Basándose usualmente en trabajos y encuestas sobre los valores, se concluye, así, por ejemplo, la presencia diferencial de una cultura autoritaria entre los distintos sectores sociales, siguiendo la línea establecida por algunos estudios clásicos, como el de Adorno (1965), en que se pone en evidencia la tendencia autoritaria de la pequeña burguesía, o en el de Lipset (1977), relativo a la clase trabajadora. Lo esencial: el autoritarismo es una «cultura», y, en este marco, el ejercicio de la autoridad aparece como siendo inevitablemente problemático.

Ahora bien, las explicaciones del autoritarismo han sido variadas. Retomando una línea de razonamiento que tiene sus antecedentes en el trabajo pionero de La Boétie en el siglo XVI y que no ha dejado de ser retomada desde entonces (Fromm 2008, Joule, Beauvois 1998), se ha sostenido que, frente a la imposibilidad de asumir la libertad, los individuos se refugian en el autoritarismo y la servidumbre voluntaria, una versión que, con variantes, es perceptible en América Latina en el estudio ya citado que Germani consagró al populismo (1962). Se ha subrayado, de otro lado, que la fuerza del autoritarismo se debería a la debilidad de la autoridad (e incluso del poder) en la región, resultado de la incapacidad de las instituciones para instaurar el orden social o la justicia (entre otras cosas, por la insuficiencia del poder central para abolir poderes locales) (Martuccelli 2010a, Waldmann 2006; García Villegas 2009). Así, en estos trabajos la fuerza del autoritarismo en América Latina sería una consecuencia, paradójica, de la debilidad del poder institucional (O'Donnell 2007, Pécaut 1987). La debilidad del sistema de sanciones en la región (ineficacia de la justicia, de la policía, etc.) explicaría al mismo tiempo el uso de la fuerza y el poco interés de los individuos en obedecer a la autoridad (Mendes, O'Donnell, Pinheiro 2002). En los últimos años, y sin que las interpretaciones precedentes hayan sido abandonadas, el peso explicativo ha estado puesto mayoritariamente en lo institucional. En este contexto, con extremada frecuencia se ha vinculado este problema con la cuestión de la legitimidad, o, más precisamente, con la falta de legitimidad de instituciones caracterizadas por su debilidad. Finalmente, una corriente ha vinculado el autoritarismo como efecto de principios de sociabilidad o de déficit en el desarrollo de la moralidad que se caracterizan por la tendencia al abuso en el ejercicio de posiciones de jerarquía (Da Matta 2002, Nino 2005).

Sin negar la acuidad parcial de estas tesis, nuestro trabajo propone una variante interpretativa del autoritarismo. *Desde la perspectiva defendida en este trabajo, el autoritarismo es el nombre que se ha dado a una forma de ejercicio de la autoridad que tiene como surtidor principal el miedo a los subordinados.* Se trata este último de un fantasma que recorre la sociedad y que afecta no sólo la esfera política sino al conjunto de relaciones sociales, esto es, que es transversal a diferentes dominios sociales (escuela, trabajo, familia, etc.).

Pero, ¿cómo situar el hecho de que el camino de la autoridad tomó estas sendas específicas en América Latina, y en Chile en particular? Sin que sea necesario adherir a ninguna lógica que haría del pasado la matriz del presente, es preciso, en un primer momento, y antes de realizar una argumentación en detalle de esta tesis, situar las formas y las condiciones que posibilitaron este avatar.

II. Autoridad y temor

En Chile –y este libro está destinado en su totalidad a mostrarlo–, el problema de la autoridad es menos si ésta se acata porque íntimamente se respeta o no, y mucho más las formas concretas que posibilitan su ejercicio efectivo. O sea, es más un tema de los «jefes» que de los «subordinados»[11]. Y lo es porque los jefes, históricamente, no creyeron necesario –o no pudieron o no quisieron– asociar a los subordinados al ejercicio de su autoridad a través de la legitimidad de esta. Es decir, vinculándolos por medio de un consentimiento que se basara en la creencia en la legitimidad de quien la ejerciera. Desde el inicio, como veremos en este capítulo, y como lo revelan sus rastros en la actualidad en los que nos detendremos en los siguientes, por el contrario, lo que primó fue un modelo de autoridad que por sobre todo privilegió las estrategias prácticas para conseguir la obediencia, ya fuera por la vía de la coacción por la fuerza o por la mediación de las dependencias. Resultado: la obediencia no es por lo general verdaderamente consentida y sobre todo no es necesariamente conciliada. Lo que engendra este proceso es un fantasma que acompaña sin descanso su ejercicio: un temor que, incluso, terminó convirtiéndose en una certidumbre, la del abuso y del desborde permanente de los de abajo. «Si das la mano te agarran el codo»: la sabiduría popular y su recetario de proverbios lo ejemplifica a cabalidad. *El temor a los subordinados puede ser leído como el motor secreto de las formas de ejercicio de la autoridad en Chile.*

Por intermediación de este temor, los «jefes» desconfían sin desmayo de los «subordinados». Y ello, en todas las esferas de la vida social. Esto no implica, y esto requiere ser subrayado, que las jerarquías no operen en la sociedad, pero sí hace que las jerarquías operen a través de mecanismos específicos. En rigor, ellas actúan sobre la base de un temor durablemente

11 No se trata de posiciones fijas por supuesto. Se trata de lugares provisionales que se ocupan en función de constelaciones relacionales precisas. Ejercitar la autoridad es una tarea a la que en un momento u otro, de manera más o menos transitoria, realizan, exceptuando quizás situaciones extremas de dominación o sujeción, todos los miembros de una sociedad. Hablar de « jefes » y « subordinados » es sólo una manera gráfica de apelar a esa distribución siempre frágil de papeles asimétricos en lo que respecta a la autoridad: los que deben ejercerla y los que son los destinatarios de esa acción. El subordinado no es una «esencia»: es un rol dentro de una relación social.

asentado que ningún envoltorio institucional logra desactivar del todo. Vale la pena aclarar el punto. El hecho de que en el meollo del ejercicio de la autoridad se encuentre el temor a los subordinados no quiere decir, por supuesto, que la cuestión de la gestión colectiva del orden social e incluso del reconocimiento y consentimiento a su ejercicio sean inexistentes en la sociedad. Lo que la tesis que aquí se defiende señala no es que no haya procesos de legitimación que históricamente puedan ser identificados, sino, esencialmente, que en lo relativo a la cuestión de la autoridad en Chile lo central se juega en otro nivel: alrededor de las formas de su ejercicio concreto. En este contexto, en el que el ejercicio concreto de la autoridad está colocado en el primer plano de la escena, el miedo a los subordinados no es sino el nombre de la sombra siempre virtual y siempre ominosa del fracaso.

Esta experiencia particular e *histórica* de la autoridad, por cierto, no se encuentra inscrita en la «naturaleza» ni es el efecto de una difusa herencia cultural. Ella hunde sus raíces en una larga trayectoria histórica, pero que es rastreable sólo en cuanto convertida en modelo colectivo, y, por tanto, sustrato de toda estrategia ordinaria de ejercicio de la autoridad. Es por esta razón que, si en los capítulos posteriores nos abocaremos a ver las formas específicas en que este temor opera en la actualidad, en este capítulo será necesario regresar sobre la encrucijada de la cristalización de este entramado particular de la autoridad.

La argumentación de la filiación histórica del miedo a los subordinados la haremos sirviéndonos del establecimiento analítico de dos grandes modelos que alimentan el imaginario nacional de la autoridad: el portaliano y el de la hacienda[12]. En los dos casos, no se tratará de reflejar su acuidad histórica, sino de establecer, en analogía pero de manera paralela a como lo hizo Weber (1964), dos ideales-tipo de la autoridad en Chile que se revelan como especialmente pregnantes en una perspectiva tanto diacrónica como sincrónica. En los dos, como se tratará de argumentar, la cuestión central no es la producción de la legitimidad de la autoridad, sino un conjunto de recetarios para el ejercicio de la autoridad que alimentan a un ejercicio autoritario de la misma, y están, en última instancia, destinados a calmar la ansiedad y el temor que el ejercicio de la autoridad suscita en quienes están en posición de ejercerla.

---

12 Una parte de las reflexiones sobre el ideal-tipo portaliano incluidas en este capítulo fueron desarrolladas en Araujo y Beyer 2013.

III. Los ideales-tipo y la autoridad en Chile

Es preciso remarcar, antes de proseguir, que aquí se hace uso de la noción de ideal-tipo y no de conceptos como herencia histórica o herencia cultural de manera consciente e intencional. ¿Por qué? Porque –y esto es central– si bien en este trabajo se trata de precisar los orígenes históricos efectivos y los sistemas de relaciones sociales que se encuentran en la base de un modelo de autoridad caracterizado por ciertos rasgos específicos y vinculado con el miedo a los subordinados, no es la intención hacer de Portales, o de la Hacienda y su legado, una suerte de entelequia transhistórica que estructuraría, independientemente de las variabilidades y contingencias históricas, las formas de autoridad en el país. Es precisamente para sortear esta dificultad que se trabaja con la noción de ideal-tipo. Más explícitamente: movilizar como ideales tipos el ideal portaliano o el ideal hacendal no implica presuponer la existencia de una muy dudosa herencia histórica. De lo que se trata es de construir herramientas que, como en el caso de los ideales tipo de autoridad weberianos (tradicional, carismático o racional legal), permitan dar cuenta de las experiencias sociales e históricas de una sociedad.

Esta noción es una manera de recuperar la dimensión histórica pero en cuanto ella se cristaliza en modelos cuya influencia puede ser aprehendida desde una perspectiva sociológica. Lo que interesa no es, de este modo, proponer un análisis histórico de la obra efectiva de Portales o de la institución hacendal, ni mucho menos rastrear las interpretaciones a las que ellas han dado lugar. Se trata aquí, en consonancia con la metodología weberiana, de decantar los elementos y las relaciones diferenciales entre ellos, los que constituyen el esqueleto básico y reconocible que caracteriza un modelo ideal. Ideal en el sentido de que no se encuentra encarnado como tal en la realidad, es decir, que el modelo no es resultado de un esfuerzo descriptivo de la realidad, sino de una construcción lo más lógica y consistente posible, como prototipo a partir del cual se evalúan las situaciones reales e históricas[13]. A diferencia del ejercicio weberiano, sin embargo, la construcción que hemos producido se ha realizado a partir de una combinación de lo que aporta la discusión histórica y científico-social y los resultados de nuestra investigación empírica contemporánea. El primer material permitió rastrear los

---

13   En efecto, un ideal-tipo weberiano no coincide nunca con la realidad. Su función, por el contrario, es, a través de sus distancias con la realidad, permitir el avance del conocimiento.

procesos históricos y las interpretaciones recibidas. El segundo proveyó el contraste que corrobora cuáles son los elementos que se decantan de aquellos procesos y permanecen actuantes constituyendo el contenido de los ideales-tipo.

Ahora bien, si a pesar de los riesgos de confusión (con una perspectiva trans-historicista) hemos decidido conservar las denominaciones portaliana y hacendal es porque su uso recurrente entre los actores permite, mejor que otras formas de nominación, el trabajo de la doble hermenéutica del diálogo entre actores y analistas (Giddens, 1983).

IV. El ideal-tipo portaliano de la autoridad

La discusión desarrollada al interior de las ciencias sociales a propósito del tipo de autoridad que instauró Diego Portales[14] tras la fundación del Estado, está regulada por una idea central: la autoridad portaliana es una *autoridad fuerte*. Una fuerza que, como argumentaremos, no es tanto una prueba de poder como una confesión, disfrazada, de debilidad. Pero, y aquí está lo específico, esta autoridad aparece como una mixtura inextricable entre personalismo e institución. El reconocimiento de la ecuación portaliana entre estas dos formas de autoridad no siempre es equidistante en las interpretaciones. De acuerdo con los énfasis y las perspectivas analíticas privilegiadas por los autores, podemos ver en Portales al artífice de un orden político «autoritario» (Bengoa 1996, Góngora 2003, Grez 2009, Larraín 1996, Moulian 2006, Portales 2004, Pinto 2011, PNUD 2004, Salazar 2005, 2006); a un «dictador» (Jocelyn Holt 1999), a un «déspota ilustrado» (Villalobos 2005), o bien a aquel que fue capaz de introducir, en circunstancias supuestamente anárquicas, el «imperio de la ley» y el respeto por la autoridad (Bravo Lira 1983, 1996, Edwards 1945, 1976, García de la Huerta 1987). Entre estas interpretaciones hay, desde luego, matices que deben tomarse en consideración. No obstante, todos los grados de diferenciación que puedan encontrarse se neutralizan, en último término, por el efecto aglutinador que tiene el reconocimiento que

---

14   Diego Portales (1793-1837). Comerciante y ministro de Estado durante el gobierno de Joaquín Prieto (1786-1854), encabezó el bloque conservador que enfrentó a las fuerzas liberales en la guerra civil librada entre 1829 y 1830. Constituye una figura gravitante para toda la producción historiográfica del siglo XIX y se le atribuye un rol protagónico en la articulación política de la República de Chile. Su importancia y valoración, así como también la significación efectiva y real de su obra política y de su herencia, sigue siendo hasta hoy materia de una interminable discusión. En este texto y lejos de estos debates, su uso se hace en un contexto explicativo distinto: comprender analíticamente el ideal-tipo de la autoridad portaliana.

hacen los intérpretes de que esta matriz se ordena a partir del principio de una autoridad fuerte que en su núcleo duro combina, lo que podría definirse desde el esquema weberiano, el carisma con lo racional-legal. O sea, la mayor parte de estas interpretaciones leen, en consonancia con la problemática weberiana, la autoridad portaliana desde el marco de la legitimidad. Como lo veremos, no es esto el asunto central.

En efecto, en este primer ideal-tipo, y en sus lecturas desde la legitimidad, la modalidad de autoridad política en Chile se habría formado en el entrecruzamiento, por un lado, de una personalidad con evidentes rasgos carismáticos, y por el otro, de su aporte en la fundación del denominado «Estado en forma» (Edwards 1976). Como una cantidad relevante de trabajos lo reiteran, la génesis de la fundación del Estado chileno durante la primera parte del siglo XIX está vinculada con el nombre propio de Diego Portales y, como lo ha subrayado Jocelyn-Holt en su lectura crítica, la figura de Portales y su «Estado en forma» constituyen un a-priori del pensamiento historiográfico: «Chile no tiene otra historia que la de su Estado, sea éste 'portaliano' o 'antiportaliano'» (Jocelyn-Holt 1999, 129). La especificidad del portalianismo residiría, entonces, en primer lugar, en la íntima y peculiar conexión entre un modelo de ejercicio de autoridad personalista, que sin abandonar el recurso a formas de poder de excepción, apunta sin embargo a la constitución de un poder republicano e institucional. En estas lecturas de la autoridad portaliana la excepción está al servicio de la cotidianidad, lo extraordinario en la base de la legitimidad ordinaria.

Pero estas lecturas no sólo no agotan el esquema portaliano, sino que, incluso, es lo que proponemos, terminan por descuidar lo que aparece como lo más relevante en él. A saber, la primera gran formulación condensada y desplazada del temor a los subordinados. Como lo veremos, todos los grandes rasgos atribuidos a la autoridad portaliana pueden leerse desde esta interpretación alternativa. En esta interpretación, de índole analítica (y no necesariamente histórica), lo importante es, por ende, construir, en diálogo con la experiencia portaliana, pero a distancia de ella, los desafíos y miedos que, desde la fundación del Estado chileno, se asociaron con el ejercicio de la autoridad. La autoridad portaliana, desde esta perspectiva, más allá de su realidad histórica, sirve aquí como un analizador para detectar las formas y las raíces del miedo y la autoridad en el país.

Desde este marco, y desde el enfoque propuesto, es posible establecer cinco de los rasgos que definen el ideal-tipo de la autoridad, y su íntima conexión con el miedo a los subordinados.

[1] La entronización del *orden* como valor político supremo (Stuven 1997, 267, Pinto 2008, 3, PNUD 2004, 73). Que sea el orden el objetivo final resulta en que su consecución permite otorgar visos justificadores al ejercicio incluso autoritario (o sea excesivo, excepcional y hasta arbitrario) del poder. Ya en el libro de Alberto Edwards *La fronda aristocrática*, publicado en 1928 y decisivo en la entronización del mito portaliano según Correa (2004), el tema de la justificación por el orden está claramente presente. Lo subrayable es que el orden, y el sentido del orden, al cual Edwards hace referencia, no concierne a los sectores populares, sino a la aristocracia chilena y su relación problemática con los gobiernos (de allí, justamente, su rasgo de «fronda» –Edwards 1976, 15). El «genio de Portales», según Edwards, es haber sabido neutralizar la indisciplina aristócrata y canalizarla estratégicamente hacia la fundación del «orden portaliano». Un orden basado en el respeto a «la autoridad tradicional, el gobierno obedecido, fuerte, respetable y respetado, eterno, inmutable, superior a los partidos y a los prestigios personales» (Edwards 1976, 53). Esto quiere decir que el orden como valor aparece como una cuestión transversal y no sólo se focaliza, como en otros casos nacionales, en los sectores populares o la plebe. Pero el valor del orden tiene, como contracara, lo que ha de ser evitado, a saber, el desorden y el desborde, como lo han subrayado, por ejemplo, Gabriel Salazar (2005, 2006) o Jocelyn-Holt (1999). El fantasma de la pérdida de control, que permitiría el desorden, se entroniza como el telón de fondo del ejercicio de la autoridad. El miedo generalizado a todos los subordinados, plebeyos y aristócratas es el motor escondido de este modelo.

El reino del orden y su reverso fantasmático de temor exigen en contrapartida una obediencia incondicional o maquinal (Edwards, 1976: 53). El modelo de la obediencia que es exigido es, por tanto, un modelo ciego, muy a distancia del modelo de obediencia ideal weberiano, aquella que se obtiene por consentimiento. Una obediencia ciega que, más allá de su realidad factual en el decimonono, tiene una función imaginaria decisiva en la economía general de la autoridad portaliana y de su desconfianza multilateral hacia todos los actores sociales. Un rasgo que es reforzado por la siguiente característica del ideal tipo.

[2] Una concentración *personalista* del poder (para la propia experiencia de Portales, cf. Bravo Lira 1983, Edwards 1945, Moulian 2006). «Lo específicamente portaliano», indica Góngora, siguiendo a Isidoro Errázuriz (2003, 42-43), «consistió en fundar 'la religión del ejecutivo omnipotente'; su obra fue quebrantar los resortes de la máquina popular representativa y en sustituirle el principio de autoridad, el

sometimiento ciego al Jefe del Poder Ejecutivo, a quien rodeó de un prestigio incomparable». Sin embargo, algo que vale mucho la pena destacar es que en el ideal-tipo portaliano el personalismo tiene menos que ver con los rasgos carismáticos *per se* del gobernante y su función legitimadora del orden social, y más con la construcción de un soporte psicológico y material para el Jefe, desde el cual posibilitar el ejercicio de la autoridad en medio de la desconfianza hacia los de arriba y hacia los de abajo. En el caso del ideal-tipo portaliano, y en este punto más cerca de la tradición republicana que de la tradición caudillista latinoamericana, la posesión de virtudes morales por el «Jefe» no apunta solamente a hacer de él un modelo de encarnación de los valores públicos, sino también, y hasta quizás especialmente, de dotar al propio Jefe de los elementos imaginarios indispensables para encarnar la función.

Las facultades de virtud republicana y de excepción, que Portales y el ideal-tipo del Jefe que instaura perfilan, resultan vertebradoras. En su lectura del Estado en Chile, Mario Góngora ha subrayado este aspecto al observar el desarrollo desde el siglo XIX de un modelo de Estado caracterizado por un modo autoritario de ejercicio de autoridad pero basado en una obediencia sostenida en una apelación a lo legal (Góngora 2003, 40), a pesar de que, como lo veremos enseguida, esta apelación se contradice con la excepcionalidad como principio en este ejercicio. De esta manera, legalidad y legitimidad no necesariamente van por la misma senda, espejeando, de su particular manera, una distancia que ha sido discutida como constitutiva de la ley y la relación con ella en América Latina (García Villegas 2009). El personalismo autoritario del ideal-tipo portaliano alimenta lo que Edwards (1976, 53) llamó el sujeto de la obediencia maquinal, y lo hace en la medida en que aparece como una oferta para los gobernados de «sujetarse» a otro a partir de su consideración como superior.

La superioridad, medida en su eficiencia, su omnipotencia y su capacidad de concentración de poder, sobreexigen la figura del «Jefe» que resulta necesario encarnar. La autoridad hace recaer la exigencia de potencia en sí mismo. La sobreactuación exigida, la que debe ser respondida desde la soledad de las propias habilidades, es la contracara de la debilidad que se le otorga a lo institucional. La autoridad, en consecuencia, debe contener un aura en cierto modo extraordinaria o al menos especial. A las razones del temor se le debe sumar, entonces, las implicancias de una figura de jefe sobreexigida, que parece estar empujada a sostenerse en sus propios atributos.

[3] Una forma de ejercer el poder que acepta y hace de la *excepcionalidad* un principio indispensable del gobierno, o sea, la reivindicación de la capacidad, del poder, de situarse por sobre el derecho (Bravo Lira 1993, 54, Portales 2000). Vale la pena subrayar que estamos, en efecto, en el universo de la soberanía tal como Carl Schmitt (2009) o Agamben (1998) han podido teorizarlo: el poder o la facultad de suspender la ley y recurrir al régimen de excepción. Pero aquí también el ideal-tipo portaliano posee su propia especificidad. El tipo de autoridad que el modelo anima aparece vinculado con un ejercicio fuerte del poder, y admite, por tanto, el forzamiento de excepción o arbitrario en función de los contextos y los intereses involucrados. Sin embargo, en el momento mismo de este ejercicio suplementario de autoridad (que es leído y reconocido como autoritario) es preciso, en acuerdo con el ideal-tipo, construir, por cierto, sus propias condiciones de justificación, pero, sobre todo, sus condiciones de posibilidad. Una nota de Portales citada por Lastarria ejemplifica este talante: «el gobierno juzga que en el estado en que se encontró el país, era necesario y prudente ver con el más profundo sentimiento correr alguna sangre chilena, para evitar que después se derrame a torrentes» (Lastarria 1861, 39). Para asumir una decisión de este tipo, el Jefe debe, en su fuero interior, dotarse de la fortaleza para hacerlo. La autoridad, en Portales, siempre se desliza desde el logro del consentimiento al problema de su ejercicio individual. El Jefe es siempre un Superhombre. Un modelo ideal que, como lo veremos en los próximos capítulos, termina, paradojalmente, teniendo efectos inhibidores ordinarios en el ejercicio de la autoridad: un temor a no estar a la altura del rol, al que sólo compensa o amaina el recurso cotidiano al autoritarismo.

Dicho de manera más explícita, no es que el tipo de ejercicio de autoridad se defina en función del tipo de legitimidad que le otorgue la creencia de los gobernados, como sostenía Weber para el caso europeo. La autoridad se ejerce, en este modelo, según los modos pragmáticos que garantizan su eficiencia y, para ello, se hace indispensable apuntalar la posición del Jefe. El uso de tipos de justificación no apuntan tanto a producir la adhesión de los gobernados como, en rigor, a confirmar al Jefe sobre lo bien fundado de sus decisiones.

Lo que da fundamento a la autoridad en este modelo es, pues, el ejercicio eficiente de la misma. Y un ejercicio eficiente es aquel que mantiene a raya la amenaza que pueden constituir los subordinados en cuanto pongan en cuestión el orden establecido. Es en este sentido que se explica, por ejemplo, como Góngora (2003) lo señala, que Portales no entabla una lucha frontal en contra de la democracia, sino que reconoce su inviabilidad en el momento histórico en que a él le corresponde la construcción del Estado. Una razón que habría llevado a Portales a conferirle una importancia relativa a la propia Constitución, la que podía vulnerarse sin mayores contratiempos en caso de que se atentara contra el orden público.

[4] Una concepción «*residual del pueblo*» (Bravo Lira 1996, Góngora 2003, 41). En el ideal-tipo portaliano, y a diferencia de formas de autoridad abiertamente dictatoriales que prescinden radicalmente del pueblo, su presencia no es jamás completamente ni abolida ni descuidada. Esta no confiscación absoluta de la soberanía popular más que una confianza en ella, puede ser leída como un efecto del sentimiento de la inconsistencia de la propia élite, la que tiene como otra de sus expresiones la necesidad obsesiva de canalizar políticamente, pero sobre todo fácticamente, al pueblo. Lo anterior es visible en la historia política accidentada del país, con períodos alternados de exclusión e integración restringida, pero siempre en medio de un temor latente hacia la presencia de los sectores populares en la vida política. Ello explica, sin duda, la cristalización imaginaria de este ideal-tipo y la desconfianza, de las élites, hacia todo rol protagónico del pueblo (Bengoa 1996, Brunner 1981, Garretón 1983, Moulián 2006, Pinto 2011, Salazar 2006, Rouquié 2011, Jocelyn-Holt 1999).

La función política residual del pueblo, o de los subordinados de manera general (que, vale la pena insistir, no implica la abolición radical de su función), se produce en el ideal-tipo portaliano ciertamente por factores paternalistas, pero también porque el pueblo o el subordinado es representado como carente de las virtudes cívicas indispensables, barbarizado y minorizado. Es en función de esta imagen que se sostendrá la necesidad, en aras del orden, de una obediencia maquinal: una obediencia que se espera se base en el sometimiento indisputado al mando. Pero un mando que, se sabe, porque se lo ejerce, que no dispone del grado de poderío del que pretende hacer alarde frente a los subordinados.

El ideal-tipo de la autoridad portaliana se distingue por su ambigüedad, en parte debido a razones históricas en el momento de su gestación y que la historia política de los siglos XIX y XX en Chile acentuaron. En este marco histórico, y desde este ideal-tipo, la cuestión central no es solamente saber si el pueblo es o no depositario de la soberanía, sino la consideración de que el pueblo al que se debe gobernar no posee la virtud adecuada para efectuar históricamente los valores movilizados por el liberalismo político. El ideal-tipo de autoridad portaliana vendría a compensar, más o menos provisoriamente, la falta de virtud cívica aplazando la instauración del régimen democrático en aras, una vez más, del necesario y anhelado orden social. Pero en este proceso, y de manera paralela al problema de la legitimidad, lo que se construye es la dificultad –el reto– al cual se ve expuesto el Jefe, en su soledad y en su proeza, de ejercer la autoridad sobre un pueblo que, en su representación básica, escapa y desborda, casi por «naturaleza», la precaria puesta en forma de la vida social.

La fuerza de esta visión de los sectores populares es de tal magnitud, que es posible constatar su vigencia fuera del territorio ideológico de los grupos conservadores, como, por ejemplo, en la formación de lo que Sergio Grez ha llamado «proyecto popular» (Grez 2004, 4), el que recoge y reimpulsa la noción de «regeneración popular», surgida en el seno del ala más liberal de las élites nacionales durante la segunda mitad del siglo XIX. Es ésta una versión en la que es posible rastrear la sombra de la desconfianza portaliana o, por lo menos, la fuerza de la representación negativa de los sectores populares (Recabarren, 1985: 52 y 53). En breve, se trata de un modelo de autoridad que prescinde de la participación activa y constitutiva del pueblo, de los subordinados, en la producción y sostén mismo de la autoridad.

[5] Aunque en apariencia pareciera tratarse de un elemento menos importante, no lo es: el ideal-tipo portaliano otorga al ejército y a las fuerzas armadas una función dirimente en el tutelaje del orden político (Garretón 1983, Moulian 1994, Portales 2000, Rouquié 2011). A diferencia de un modelo como el discutido para países centrales en que la violencia y los medios del poder son concebidos como el último recurso, la dimensión reprimida o el fundamento escondido (Derrida 1997), en el caso que analizamos dichos dispositivos son colocados como garantes potenciales pero explícitos de su función. Pocos elementos expresan, tal vez, con mayor fuerza el temor subterráneo que recorre al Jefe y el lugar en el cual se coloca al Jefe en este ideal-tipo. El recurso a la violencia no es un factor último, sino un requisito permanente. Aquí también se vislumbra, entonces, la especificidad del modelo portaliano: a pesar de la subordinación de los militares al poder civil (tarea efectuada por Portales mismo, cf. Bravo Lira 1996), el ejército conserva una función decisiva en el mantenimiento del orden social. En verdad, más allá del ejército, lo que mantiene una función dirimente es la fuerza, y si resultase necesario, la violencia.

La presencia de este quinto y último factor es indispensable porque da la arquitectura final del ideal-tipo de la autoridad portaliana. Implica la presencia de una dimensión de fuerza y violencia que funciona de manera explícita y constante como garante, no de la legitimidad de la autoridad, pero sí de su ejercicio factual. La violencia responde y amaina el miedo del Jefe. El fundamento de la autoridad se encuentra menos en la legitimidad que provee el consentimiento de los gobernados, de los subordinados, y mucho más en el recurso ordinario a la violencia, la que más allá de su función axiológica a la hora de defender en última instancia el orden social, sirve como recurso permanente para calmar la ansiedad del Jefe ante una sociedad que percibe como librada a un desorden irreductible. Si en el modelo construido por Weber para explicar el caso europeo, la violencia es el recurso último cuando la legitimidad dada por el propio consentimiento de los subordinados deja de funcionar, en el modelo portaliano la violencia es el recurso primero, un recurso destinado a calmar el temor (primariamente a su propia incapacidad para mantener el orden) del propio «Jefe».

Desde el ideal-tipo portaliano, la violencia es una contingencia que se explica por los momentos políticos, cuyo difícil equilibrio explica el recurso a una u otra estrategia. En el ideal-tipo portaliano no son los principios sino los momentos los que justifican el modo de ejercicio de la autoridad. Si bien ciertos momentos permiten otorgar mayor espacio a la «creatividad reivindicativa» de los actores sociales (Brunner 1981), e incluso justificar el repliegue del ejército de la *polis*, este repliegue no puede sino ser una suspensión provisoria de la participación militar en la vida pública (Jocelyn-Holt 1999). En este punto, el ideal-tipo de la autoridad portaliana devela su independencia con respecto al ideal democrático.

Más allá de los diferentes posicionamientos y valoraciones[15], y muy lejos de hacer del portalianismo un mito identitario nacional, lo importante es comprender cómo, desde una práctica y un discurso histórico, el portalianismo derivó, progresivamente, en un ideal-tipo activo, en tanto que representación consensuada, entre los actores sociales. La presencia de estos cinco rasgos (orden como valor/ concentración personalista del poder/ recurso a la excepcionalidad/ función residual de los subordinados y aspiración a la obediencia maquinal/ violencia como garante explícita) permite dar cuenta, en acuerdo con la metodología weberiana, de su estructura y actualización.

---

15 El ideal-tipo portaliano es un modelo en disputa en torno al cual encontramos a exégetas para los cuales este modelo debe ser seguido dados los resultados que se le adjudican en el éxito y ordenamiento del país (Edwards 1945, 1976), pero, también, a detractores: aquellos que consideran esta matriz como el fundamento negativo de la cultura política y de las lógicas relacionales de las élites con el resto de la sociedad (Lastarria 1861, o Salazar 1994, 2005, 2006).

El ideal-tipo portaliano, vale la pena insistir, es preciso entenderlo en sus pliegues: si en apariencia se dirige a las élites y a las masas, a las primeras para disciplinarlas y a las segundas para someterlas, en el fondo tiene en el Jefe, en el lugar del Jefe, su principal sino único y verdadero destinatario. Si se descuida esta dimensión hay algo de inconsistente e incongruente, como tantas veces se ha subrayado, en la postura de Portales: la legitimidad a la que apunta es a lo más parcial, y en el mejor de los casos sólo se refleja porque se apuntala en el peso de la noche. Pero, ¿qué es el peso de la noche si no la confesión pública de un tribuno que piensa, para aquietar sus inquietudes, que el orden reposa en la inercia de los gobernados? La frase traiciona en toda su elocuencia los límites de la legitimidad para entender el proyecto portaliano: no se trata, en rigor, de asociar los subordinados con la autoridad. Se trata, por sobre todo, de asegurar, casi podría decirse subjetivamente, al Jefe en el ejercicio de su misión. La eficacia en Portales no asienta la legitimidad. La promesa de la eficacia es una promesa que el «Jefe» se hace a sí mismo para apuntalar la posibilidad de su existencia y el ejercicio de su función. Si la fuerza, la coerción, es siempre un factor decisivo en la experiencia de la autoridad, en el ideal portaliano su función varía: no se trata más del fundamento ni del último sostén al que hay que recurrir cuando se ha erosionado la aceptación del mando, sino que es el «primer» instrumento decisivo; en rigor, el instrumento permanente, que el jefe, todo jefe, debe de manera excesiva poseer para amainar la inquietud que el ejercicio del poder suscita en él.

Volvamos sobre los pasos dados para recoger sintéticamente el argumento. Es evidente que en el proyecto portaliano existió, como tantos trabajos lo han demostrado, la voluntad de crear el Estado y de justificar su necesidad. Incluso es posible mostrar que el problema de la legitimidad no le es totalmente ajeno. Como buen hombre del decimonono, el tema no le puede ser indiferente. Pero, leída desde este marco interpretativo, la postura de Portales como tantos trabajos lo han mostrado, está llena de contradicciones y falencias (Arellano 2012). El hombre fuerte en su arbitrariedad instituye la ley, a la que por virtud debe someterse, sin por ello perder la excepcionalidad arbitraria de su función. Muchos han leído desde esta interpretación las dificultades de la institucionalización de la autoridad en Chile.

Las lecturas son plausibles, sin duda, y recogen, con certeza, las indecisiones que recorren a muchos actores sociales. Pero en Portales hay algo de otra índole que nos conduce más allá de sus contradicciones y falencias. En justicia, Portales testimonia mucho más que la experiencia de fundación de una institución: él revela la experiencia que envuelve y arrolla al Jefe. Lo que está en juego en la figura de Portales no son tanto contradicciones incomprensibles como estrategias para responder a la necesidad de darse un soporte en su ejercicio. Si abunda en la excepcionalidad es porque es la única manera en que logra resolver la desconfianza generalizada que lo asalta. Si moviliza la fuerza es porque le parece el único recurso posible para amainar el temor que le suscita gobernar un país de élites indisciplinadas y pueblo indómito. Portales no sólo legitima el Estado o justifica la necesidad del orden. Lo que es nuclear es que produce un modelo que sirve para dar cuenta de lo que es indispensable para enfrentar los temores que lo asaltan: los temores del Jefe solo y único ante el desorden múltiple y colectivo. Es este temor que encarna Portales y el que, como lo iremos viendo, los individuos en Chile no han dejado de discutir y prolongar. Desde Portales la sombra del Jefe se infiltra en el imaginario social. El jefe en Chile se asocia con la exigencia de encarnar al súper héroe, portador de una dotación de carácter extraordinario que lo sostiene en su función. Es ésta una función aplastada menos por las funciones republicanas que supone y más, mucho más, por la soledad ante los desbordes que la acechan. Si nadie es Portales, todos comparten el temor de Portales: un temor que es tanto más intenso cuanto que el jefe ejerce su autoridad en ámbitos muy poco institucionalizados o en mutación institucional. En este sentido, la figura encarna no sólo una modalidad de enfrentamiento a la cuestión del ejercicio de la autoridad, sino que entrega la tranquilidad imaginaria de que la tarea titánica de enfrentar el miedo a los subordinados es posible. De allí su continuidad. De allí su potencia.

Todo separa al Chile de hoy de la nación que Portales tiene delante de sus ojos en 1830. No hay, en ese sentido, modelo portaliano puro, en un país como el actual en que las instituciones se apoyan en mecanismos procedimentales sólidos, en el que los principios democráticos se han afianzado y los principales desarreglos colectivos son castigados por la ley. Pero Portales está presente. Lo está de otra manera: como un ideal-tipo del ejercicio de la autoridad activo en la representación de los chilenos, como lo mostraremos en detalle en los capítulos siguientes. El temor inicial al bárbaro y al caudillo, al pueblo y a las élites venales, se transmutó con el tiempo en desconfianza a las instituciones, en la convicción generalizada de la necesidad inevitable y recurrente del recurso al abuso, en la cuestión lancinante e insalvable acerca de su medida y de su mesura, en una autoridad siempre marcada por el exceso o por el déficit. Vale la pena insistir: la evocación explícita a Portales fue constante entre los entrevistados, lo que puede ser leído, en una primera y rápida aproximación, como una manera de señalar la fuerza de la toma de «conciencia» de la dificultad que tienen los jefes de ejercer la autoridad; la autojustificación colectiva de un país donde la autoridad no cesa de hacer problema; la expresión, desde abajo, de la comprensión, en medio de la denuncia de la injusticia, de la enorme dificultad de ser y de hacer de jefe en el país fuera de un modelo de exceso y en medio de un insoslayable sentimiento de soledad.

V. El ideal-tipo hacendal

El segundo gran ideal-tipo es el hacendal. La importancia de la institución de la hacienda y su impacto en el poder político y en la constitución de un tipo de ejercicio de la autoridad (un tipo de personaje y un tipo de estructura relacional), el poder señorial, ha sido bien subrayada para América Latina (Medina Echavarría 1965), y Chile no parece haber sido una excepción. La relevancia de la hacienda ha sido y es mucho más que su función productiva. Esto se expresa en que ella se mantuvo como fuente de poder y de prestigio para las élites, a pesar de que su significación económica fue decreciendo históricamente. En efecto, en el siglo XIX la hacienda fue especialmente importante, no tanto por su papel en la generación de riqueza, sino por las funciones que tenía para el mantenimiento y acumulación de poder social y político (Bauer 1994), y, de hecho, éste es un imaginario que ha continuado perfilando las formas de construcción de las élites en el país (Stabili 2003).

Si los lazos entre la hacienda y el poder político son evidentes en el funcionamiento concreto de esta institución históricamente y en cuanto modelo de ejercicio del poder, sin embargo, lo hacendal, a diferencia de lo portaliano, ha sido vinculado a otras esferas mucho más allá del solo ámbito político. En las discusiones, el modelo de autoridad hacendal ha sido relacionado con el establecimiento de formas que, viniendo de un tipo de relaciones sui géneris establecidas en el contexto de la hacienda, terminan por afectar las relaciones sociales en general en el país. Se trataría de un modelo de presencia transversal que permearía tipos muy diferentes de relaciones, y particularmente las modalidades de la sociabilidad. Su mantención se expresaría tanto en formas relacionales como, también, en simbologías materiales y rituales sociales, en lo que Bengoa (2010) ha llamado la mantención de una «cultura de hacienda sin haciendas». La magnitud percibida de la presencia de este modelo por parte de las ciencias sociales se revela en que haya sido incluso considerado uno de los rasgos identitarios distintivos («de larga duración») de la nación chilena (Larraín 2010).

Las descripciones de la autoridad hacendal la colocan como muy cercana en filiación a lo que Weber discutió como autoridad tradicional: un tipo de autoridad que encuentra su legitimación implícita en función de jerarquías sociales consideradas naturales. Es en este sentido que, por lo general, se encuentra movilizada en la literatura especializada.

Ha sido, con certeza, José Bengoa quien con más extensión ha desarrollado esta arista. Según el autor, este modelo cristaliza ciertos modos históricos de establecimiento de las relaciones de mando y obediencia, los que toman sus bases en las formas de propiedad de la tierra y en la concomitante construcción de las jerarquías y el status. Partiendo desde el momento de la Conquista, éste atraviesa la Colonia y llega a la República con intensidades distintas. Este modelo de la autoridad, que se habría desplegado históricamente en Chile, se expresó inicialmente en la relación con los indígenas, primero con las encomiendas y luego ya en el marco de la hacienda. Aun cuando Chile se organizó como República, y se vio impulsada a procesos modernizadores, incluidos aquellos más recientes en la modalidad de lo que el autor llama la «modernización compulsiva», según Bengoa (2010), en el trasfondo se mantendría actuante este esquema relacional hacendal. En rigor, más allá de su valor efectivo e incluso de su vigencia histórica, la que, obviamente, decrece a medida que las ciudades se desarrollan y que las relaciones mercantiles e incluso otras formas de relación entre el capital-trabajo se afirman, lo que el modelo hacendal subraya como marco interpretativo es su potencia para la conformación del imaginario del país como una gran hacienda en la que todos conviven en el mismo espacio, con un acuerdo tácito o explícito respecto del lugar que a cada uno le corresponde ocupar en el sistema social, con funciones diferenciadas y altamente jerarquizadas. Este modelo habría funcionado como imaginario identitario del país. Todavía más, su fuerza sería una de las explicaciones de la relativa escasa agitación política y la inclinación «natural» al orden que caracterizó a los grupos subalternos de Chile durante el siglo XIX (Bengoa 1988), los que sólo pondrían en cuestión la «pax hacendal» en la medida en que la masa de trabajadores se desplaza hacia el norte y hacia el sur rompiendo la hegemonía del valle central y, por tanto, de la hacienda, es decir, cuando escapan a su influjo gracias a la abertura de otras fuentes de riqueza productiva (Bengoa 2010, 71-98).

Lo anterior debe ser puesto en el contexto del tipo de concepción de sociedad que se establece, como en el caso del ideal-tipo portaliano, en las lecturas que desde el problema de la legitimidad se han hecho del modelo hacendal. Desde estas perspectivas, la formación social que se organizó en Chile después de la colonización por la clase dominante, procuró introducir en el «nuevo mundo» un patrón de estratificación social que concreta un ideal de orden derivado de una concepción orgánica de la sociedad, provista por la escolástica española (PNUD 2004). Esta concepción es reconocida en su acción también en el siglo XIX e inicios del XX, como lo muestra la referencia a la concepción orgánica del orden de la que está excluida la «pasión política por la igualdad» (Edwards 1976). Ésta sería la más importante de las herencias de la administración colonial proyectada luego a la sociedad independiente, y uno de los grandes principios, si seguimos estas interpretaciones, de la fuente de la legitimidad de la autoridad en el país.

Por cierto, y dentro de la temática de la legitimidad, es importante notar que la valoración que se hace de este modelo por los diferentes autores no necesariamente es la misma. Para algunos, este modelo hacendal es el fundamento vinculante, en el marco de las relaciones de co-presencia entre el hacendado y los trabajadores, que dan cuenta de la especificidad de la sociedad chilena (Morandé 1984 o Cousiño y Valenzuela 2012, por ejemplo). Para otros, él es el sostén de la reproducción de las formas de dominación (Bengoa 1988, 1996, Cancino 2006). Lo central, en cualquier caso, para el argumento aquí defendido, no obstante, es que, más allá de estas valoraciones a veces opuestas, lo que aúna estas versiones es el hecho de que desde la hacienda, y fundada en un proceso histórico que la antecede, resulta posible decantar un modelo de autoridad en la sociedad chilena que, en analogía funcional estrecha con el modelo tradicional de Weber, daría cuenta de las razones para la obediencia.

Sin prejuzgar de la plausibilidad de estas lecturas, lo que es relevante aquí es, sin embargo, llamar la atención sobre una interpretación complementaria. Como venimos de hacerlo para el caso del ideal-tipo portaliano, lo que nos interesa mostrar es, a distancia de lo que concierne a la legitimidad, la presencia subterránea, también en el modelo hacendal de la expresión, bajo otras coordenadas, del miedo a los subordinados. En analogía con lo realizado para el caso del ideal-tipo portaliano, lo que nos ocupará en lo que sigue será plantear, más allá de las solas coordenadas históricas realmente existentes, los elementos distintivos del ideal-tipo de autoridad hacendal, pero, sobre todo, la manera cómo cada uno de ellos testimonia, incluso de manera travestida, de su motor oculto, a saber, el miedo a los subordinados.

Son cinco los elementos que distinguen a este ideal-tipo: 1) la sombra de la ilegitimidad; 2) la violencia como suplemento necesario de la autoridad; 3) la protección arbitraria; 4) la reciprocidad asimétrica como fundamento relacional; y 5) la presencia como requisito de la autoridad.

[1] En el ideal-tipo hacendal lo que aparece subrayado es la ecuación que vincula, por un lado, y para expresarlo en términos weberianos, un déficit de reconocimiento a la hora de asentar los principios de la obediencia, y, por el otro, un exceso de control y de sometimiento a la hora de ejercer la autoridad. La doble diferencia respecto del dominio tradicional reseñado por Weber para la sociedad europea es patente.

La legitimidad según el modelo weberiano debería descansar en poderes de mando provenientes de tiempos lejanos, en cuanto señalados por la tradición para ejercer esos mandos (Weber 1964). En el caso del ideal-tipo hacendal, la autoridad está afectada por una sombra. La legitimidad de quien ejerce el lugar de autoridad tiene una «mancha de origen» o, dicho de manera más precisa, el lugar de autoridad no logra velar del todo esa «mancha espuria» y cohabita con ella. No es que el problema del origen de los privilegios y su legitimidad haya estado ausente en Europa. Para reconocerlo basta recordar las luchas entre la burguesía y los señores feudales; los estigmas a la propiedad como un robo; los debates interminables sobre las *enclosures* (Moore 1996); o, por supuesto, la lucha entre la soberanía de origen divino y las soberanías populares emergentes (Martuccelli 2014). Pero todos estos debates, como lo testimonia la propia reflexión weberiana, se encauzaron en una sola gran dirección: la producción de un conjunto secuencial de legitimidades de reemplazo.

No fue esa la situación que puede identificarse para el caso de Chile. Como en el caso del ideal-tipo portaliano, lo que primó en el esquema hacendal, esencialmente, es la convicción de la imposibilidad de asentar la autoridad desde la adhesión consentida del subordinado. La barbarie de unos y la indianidad «atávica» de los otros, ocluyeron esta vía tanto o más en la hacienda que en la política. La hacienda, al negar o limitar el paso a formas contractuales y pautadas por la ley de las relaciones laborales (Bengoa 1988), negó o retardó el principal camino por el que, en otros lares, se construyó la legitimidad de la relación entre el señor y el servidor.

Una referencia a Tocqueville puede resultar extremadamente útil para aclarar este punto. En uno de los más celebres pasajes de *La democracia en América*, Tocqueville toma como modelo la relación, no entre el Amo y el Esclavo, como en Hegel, sino entre el señor (le *maître*) y el servidor (le *serviteur*). En el marco de una sociedad democrática, uno y otro están ligados por un contrato en cuyo marco uno es «señor» y el otro, momentáneamente, es «servidor». Pero, fuera de este contrato, cada uno de ellos es un ciudadano con los mismos derechos. De este modo, es el hecho y el momento contractual, el que permite desviar la atención y velar el problema radical del origen del lugar de privilegio que algunos ocupan sobre otros. Es esta dimensión contractual, que se sostiene a su vez de la idea que existe un ámbito gobernado por la igualdad de los contratantes, y que funciona como límite, lo que la hacienda, como experiencia histórica, impidió.

En la hacienda, las posiciones son sustanciales y jamás accidentales. Las posiciones se asignan como rasgos esenciales definitivos. La hacienda es todo menos un modelo alternante de funciones. La ficción de un espacio *otro* en donde la igualdad al menos formal funcionaría es, de este modo, obliterado. La estructura de las jerarquías permea toda la vida grupal porque no hay relación en la hacienda que se sustraiga a esta jerarquía basada en razones sustanciales. La jerarquía al ser basada en razones naturales no incorpora ni la alternancia ni la temporalidad acotada de los privilegios que otorga.

Es en la medida en que la hacienda no abrió a esta forma de producción de legitimidad que la «mancha del origen» se convirtió en un factor de presencia constante y acechante. Aquello que, en otros lares, pudo ser superado (sin ser olvidado), a saber el origen espurio de todo privilegio, gracias a la ficción que produce lo contractual y la duplicidad simultánea de escenas (la de la igualdad y la de la jerarquía), en Chile se convirtió en una mácula potencial demasiado cerca de la superficie. El primer origen del temor hacendal encuentra aquí sus raíces.

Dado este modelo particular de establecimiento de las relaciones de autoridad lejos del de la legitimidad weberiana, las condiciones del ejercicio de la misma se especifican, así, de una manera distinta. En buena cuenta, es, precisamente, esta sombra la que alimenta la necesidad o incita al exceso en el ejercicio del mando. Es lo que empuja, más o menos subrepticiamente, al Jefe a confinar al *otro* en un lugar de inferioridad, como una manera de calmar el fantasma amenazante e íntimo de quien ejerce el poder. Fantasma y amenaza porque, en última instancia, la resistencia, potencial y permanente, de aquellos sobre quienes se ejerce la autoridad, sería la prueba de la mácula de quien está en el lugar de mando.

Este rasgo del ideal-tipo ha sido puesto en relieve, desde la realidad histórica, por ejemplo, en la lectura que Gabriel Salazar ha hecho de los primeros momentos de la Conquista y Colonización, al vincularlo con los orígenes «humildes» de quienes se colocaron como patrones. Los españoles que pertenecían al segmento productivo asociado al campesinado y al artesanado pobre, y que se vieron obligados a emigrar a América por una crisis simultánea del feudalismo y el absolutismo monárquico, «buscaron su liberación transformándose en la clase patronal de los indígenas americanos. Desarrollaron, pues, una 'revolución' hacia abajo, servilizando a otros a medida que se señoreaban a sí mismos» (Salazar 2000, 21). O, como lo expresa, José Bengoa, los colonizadores «reprodujeron en forma exasperante lo que nunca habían podido realizar. Si no fueron nobles al zarpar de los pueblos ibéricos, trataron de serlo en forma obsesiva en su nuevo asentamiento novo-hispano» (Bengoa, 1996: 82).

Vale la pena insistir: la situación no es exclusiva para estos actores históricos, y, por supuesto, que los atinja no es lo esencial para nuestro argumento. Lo específico, y aquí anida el origen del miedo, es que en el ideal-tipo hacendal, lo que se revela es que la ilegitimidad del origen no logra velarse enteramente tras la legitimidad del ejercicio del poder. La autoridad dada su falencia de origen supondría, entonces, en el marco de este ideal-tipo, la necesidad de movilizar elementos suplementarios para sostener su gestión. Como lo veremos en los próximos capítulos, curiosamente, la memoria de la mácula de detentar, de una u otra manera, un poder ilegítimo atraviesa, incluso hoy en día, la experiencia de muchos individuos.

[2] Como en el caso del ideal-tipo portaliano, la autoridad hacendal recurre a suplementos factuales para asegurar su ejercicio. Dada la fragilidad fantasmática que aqueja a la autoridad, estos *plus*, sobre todo la violencia, funcionan como diques y como cimientos del lugar ocupado y del ejercicio de la misma.

El principal de estos recursos, la violencia, implica una forma de dominio apoyada en una obediencia obligada y no consentida. Ella supone el uso de la fuerza física y de la coacción y forzamiento como herramientas *ordinarias* para el logro de la obediencia. Este rasgo puede vincularse con factores socioeconómicos iniciales en la historia de Chile. Al rasgo ya evocado de la limitación del vínculo capital-trabajo en el país, se le añadió el proyecto de la realización de un ideal señorial, en lo esencial ilegítimo, a través de una necesidad económica de sobreexplotación, es decir, caracterizada por un empuje a la opresión de sus medios de producción (Salazar 2000, 22). La disimilitud de experiencias en el marco del trabajo, así como la desigualdad de las retribuciones entre unos y otros, es un rasgo estructural de las relaciones laborales en las sociedades contemporáneas, pero en el caso de Chile, y si nos apoyamos en los testimonios históricos, en el régimen hacendal se dio lo que podría denominarse un «suplemento» de opresión. Lo anterior debido a la necesidad de una extorsión particularmente intensiva y temporalmente extensiva de la mano de obra. En consecuencia, se asistió a la puesta en práctica, desde muy temprano, en el marco de relaciones de dependencia, de mecanismos de disciplinamiento e incluso de castigo particularmente violentos. Mecanismos que, a su vez, en la distancia y el recelo que inducen, alimentan, de retorno, el miedo a los subordinados. Esta característica del modelo hacendal que con el tiempo alimentó un verdadero ideal-tipo, dio lugar a una predisposición más generalizada: «la disposición a utilizar la extrema violencia en todos los casos en que se vea amenazada la autoridad de los titulares del poder» (Portales 2004, 24).

Pero si la violencia es una fuente no desestimable de reaseguramiento dentro de este ideal-tipo, la violencia, al mismo tiempo, como se sabe, no puede nunca ser una fuente durable de legitimidad y, por ende, de consentimiento consentido. Por cierto, el miedo puede permitir, como lo prescribió Maquiavelo (2010), y en medio de ciudades-estados previas al advenimiento de la cultura democrática, asentar el poder. Pero, cuando se ingresa en la era de la cuestión social moderna, el recurso al miedo, en su uso bruto, desnuda a la autoridad. Es eso lo que la legitimidad, y la producción de hegemonías intentó reducir en Europa. Una pacificación basada en velar, en última instancia, la mácula del poder, como vimos, pero también el hecho de tener que velar a la violencia como su fundamento. Un intento de conseguir un consentimiento de aquellos sobre los que se ejerce la autoridad que aquietara las aguas y diera algo de estabilidad a la autoridad. Es eso, justamente, lo que el recurso ordinario a la violencia –y el abuso– escamotean en el ideal-tipo hacendal. Como consecuencia, la posición de quien ejerce la autoridad es precaria y amenazada por el siempre presente fantasma del golpe que de retorno podría provenir de los subordinados.

La figura que aparece en el ideal-tipo, en contra de lo que cierta historiografía señaló respecto al hacendado, no es nunca, en rigor, como lo veremos, un «Padre» protector al que se «ama» o «venera». Es, por sobre todo, un «Patrón» al que se respeta y teme. Como el Príncipe de Maquiavelo, pero esta vez desde dentro del universo de la cultura de la igualdad moderna (y de ahí, por ende, su contraempleo), se prefiere ser temido que amado, o, en el mejor de los casos, amado siempre sobre el fondo del temor. Sólo así, desde el temor y gracias al temor, se amaina el propio miedo.

[3] En tercer lugar, y en parte como consecuencia de los elementos precedentes, la autoridad en el ideal tipo hacendal tiene como rasgo relacional fundamental la reciprocidad asimétrica. Se trata aquí de un modelo de reciprocidad que se da entre dos no iguales y que está directamente dirigido a mantener la situación jerárquica justificando la autoridad de uno sobre el otro. Se trata de un modelo que ordena el intercambio entre un «cuidado», no exento de abuso consuetudinario, que el patrón debe a su peón, y la obediencia sumisa que, por contraposición, debe el peón al patrón. El lugar de autoridad se sostiene, así, por los «dones» entregados, los que suponen como respuesta una reconfirmación del lugar de autoridad por medio de la lealtad y la escenificación de una obediencia sumisa. Paternalismo y consentimiento sumiso aparecen como los polos constitutivos de esta relación.

Bengoa (1988) ha llamado la atención sobre este modelo a partir de lo que denomina la «subordinación ascética» característica de la hacienda[16]. Consiste en la subordinación voluntaria a cambio de una mejora en la situación material o bien de la protección que conlleva la integración servil, lo que constituye para el autor la razón de la estabilidad política del latifundio y la escasa o derechamente nula resistencia campesina. Si el ejercicio de la autoridad podía incluso ser benévolo, compasivo o, incluso, bondadoso, esas virtudes se insertaban en una relación rígida de mando y obediencia, en la que no tardaba en llegar la violencia si alguna fuerza afectaba su verticalidad y su rigidez.

Una lectura de este modelo de autoridad hacendal basado en la reciprocidad ha sido también hecha por Cousiño y Valenzuela (2012), aunque en este caso en un tono positivo, fuera de toda consideración de la hacienda dentro del problema de la dominación. Para ellos, éste es un tipo de relación que habría obligado al patrón a una especie de dramatización de su generosidad y magnificencia, lo que se habría encarnado en lo que han llamado «economía del gasto». Esta reciprocidad estaría apoyada por una «economía del gasto», un consumo festivo: «El señor se realiza a través de la cosa gastada, destruida, pero festiva y no estatutariamente gastada» (79). Aunque no es menor la diferencia en

---

16 «La hacienda era vista, por unos y por otros, como una gran propiedad multifamiliar trabajada por una gran familia no consanguínea, en que unos mandaban y otros obedecían, como sucede naturalmente en toda relación de padres e hijos. Es por ello que la denominación cariñosa y paternalista tradicional de los patrones a los inquilinos era de "hijo" o "niño". Los inquilinos respondían al trato paternalista con el respeto que se debía al padre, sombrero en mano, vista abajo, y el trato de "su merced"» (Bengoa 1988, 21-22).

el tipo de interpretación política que cada uno de estos autores le da a la hacienda y las relaciones sociales que allí se establecen, lo cierto es que aquí, como en muchas otras lecturas, la afirmación acerca de la existencia de un pacto de reciprocidad para el mantenimiento de la jerarquía es compartida. La autoridad no es gratuita sino se funda en un intercambio de bienes: obediencia por protección o bienestar material. Más que una obediencia fundada en la creencia en la legitimidad, lo que está en juego es una obediencia que se afirma en los dones recibidos. La permanencia de la autoridad está directamente relacionada con la capacidad de «dar» que tiene quien busca ejercerla.

[4] En cuarto lugar, el ideal-tipo hacendal se basa en una instrumentalización particular de la protección. La autoridad es suplementada por la protección con frecuencia arbitraria, en todo caso discrecional, que los que están en posición de autoridad dan a los subordinados a condición –y no a cambio– de su obediencia (y su lealtad). Vale la pena subrayar que tampoco este rasgo es específico del universo de la hacienda latinoamericana o chilena. Basta para ello recordar las relaciones de dependencia que estructuraron el lazo entre el señor feudal y sus siervos. Los segundos entregándoles ventajas económicas a los primeros a cambio de la protección militar –y de ayuda ante las contingencias extremas de la vida– que le garantizaban. Pero, y aquí radica la diferencia, esta relación se basó en principios más o menos legitimados por la tradición, desde el «precio justo» hasta los límites que la tradición impuso al ejercicio de la arbitrariedad. Son estos diques, los que fueron particularmente débiles en la experiencia de la hacienda. La extraterritorialidad de la hacienda fue, desde la Colonia y ya entrada la República, un desafío más o menos permanente al imperio de la ley en el país. En este contexto, el poder discrecional del hacendado, sin ser por supuesto ni ilimitado ni totalmente impune, gozó de marcos de ejercicio desmesurados.

No se trata aquí, es obvio, solamente de la protección entendida como moneda de intercambio entre autoridad y subordinado. Este carácter de la protección, en su dimensión propiamente histórica, no estuvo por cierto ausente y se revela en las lecturas acerca de la transformación en la hacienda de los subordinados en fuerza protegida (Salazar 2009); en aquellas sobre la importancia mucho más política que económica de la tenencia de la tierra y el control poblacional que implicaba (Bengoa 1988, 11); o en las que subrayan el peso del tipo de obediencia que se encontraba en la hacienda («obediente servidumbre», «obediente fuerza de trabajo») (Bauer, 1994), como fuente de prestigio y de distinción social. En estas interpretaciones de raigambre histórica, el recurso a la protección se asocia con el montante de obediencia «poseída» en la hacienda.

Sin descuidar estos factores propiamente históricos, a los que volveremos en el siguiente punto, en tanto que ideal-tipo, la cuestión de la hacienda invita a reforzar, en lo que concierne a la protección, sin embargo, otros factores. La protección aparece en este marco como una forma manifiesta de vulnerabilidad. Ahí donde, en otras regiones, el peso de la tradición ligaba al señor y al siervo alrededor de ciertos principios más o menos intangibles por difíciles que estos fueran de actualizar, en el ideal-tipo de la hacienda lo que prima es la discrecionalidad del «Jefe» a la hora de producir, sostener y delimitar los límites de la protección. En este sentido, las relaciones «clientelares» propias de toda relación de protección subordinada, se envuelven en consideraciones de desconfianza particularmente agudas.

Ésta es una dimensión mayor del ideal-tipo de la hacienda. La protección no da lugar a una «complicidad» transparente entre señores y siervos –como Gilberto Freyre (2010) lo enfatizó desde una dimensión sexual para el caso brasileño–. Con certeza, el ideal-tipo admite formas de lealtad, en verdad de identificación del servidor con su «patrón», pero estas no deben nunca llevar a desestimar la desconfianza –y el miedo– permanente del segundo. En este ideal-tipo el miedo al desorden es constante y la protección discrecional un factor decisivo de reaseguramiento personal para quien ejerce la autoridad. Las relaciones clientelares, que nunca son solamente unilaterales, tienen que permanecer bajo el control unilateral del patrón.

[5] El quinto y último rasgo de este ideal-tipo es la importancia de la presencia para el ejercicio de la autoridad. La autoridad está sostenida en la presencia física de quien la ejerce. Una vez más esta actitud revela la profundidad de la soledad y del temor de la figura hacendal. En el fundamento de la autoridad no se encuentran ni la lealtad ni la fidelidad personal, y, mucho menos, por supuesto, una aceptación consciente y crítica de la autoridad sobre la que se asienta la obediencia. En consecuencia, la única manera de suplir esta carencia es, entonces, la de «pagar con su persona», vigilar *in situ* y de manera directa a los subordinados.

Vale la pena insistir que en la raíz de este ideal-tipo se encuentra, una vez más, la convicción de la deshonestidad de los subordinados, su tendencia a la flojera y al embuste, sobre todo su falta de perseverancia en el cumplimiento de los mandatos. Esta actitud explica la necesidad de la «presencia» del hacendado en la hacienda, a pesar de que muchos de ellos, como ha sido subrayado, ya en el siglo XIX vivieran en las ciudades (Stabili 2003, Bengoa 1988). Esta dimensión, como se sabe, ha sido particularmente subrayada por cierta literatura académica que ha visto en esta presencia un rasgo protector e incluso cómplice entre el hacendado y sus trabajadores. Pero es preciso leer lo que opera dentro del ideal-tipo de otra manera. A saber, el sostén corporal de la autoridad testimonia menos de una proximidad que de una desconfianza abierta «de los de arriba» hacia los de abajo.

Cousiño y Valenzuela (2012), muy cerca del espíritu de las contribuciones de Pedro Morandé (1984), han sido quienes más explícitamente han recalcado este rasgo del modelo, al subrayar que la hacienda refleja una forma de vínculo en el que la servidumbre es constituida en la co-presencialidad. La presencia del hacendado, que «no es un guerrero, es un patrón, vale decir un padre» (Morandé 1984, 77) se habría constituido en el requisito indispensable para el mantenimiento de lealtad y fidelidad. El vínculo no estaría basado en el miedo sino en la reciprocidad. En esta perspectiva, las dimensiones en torno a las que giraría este modelo son las de cercanía-lejanía: siendo la cercanía la que produciría mayor lealtad y más intensas relaciones de reciprocidad.

La lectura es discutible históricamente y es, sobre todo, muy alejada de lo que los individuos relatan y tras ello de la manera como creemos debe entenderse, y construirse, el ideal-tipo hacendal. En verdad, en la lectura de la copresencia como elemento fundamental de la hacienda de lo que se trata, incluso en las libertades que se toman con los datos históricos, es la creación de un «mito», un discurso sobre los orígenes, con el fin de asentar un relato legitimador diferente –conservador y verticalista– de la autoridad en el país. El punto se esclarecerá más adelante cuando abordemos el capítulo sobre el trabajo, pero no es en absoluto bajo esta dimensión que el ideal-tipo de la hacienda, como imaginario, es movilizado por los entrevistados. Lo que se subraya, por el contrario, es la necesidad de estar ahí, presente, *in situ*, en carne y hueso para evitar que «te saquen la vuelta». A su manera, el mandato que el hacendado (y toda autoridad de esta índole) se autoimpone en términos de presencia, es la versión local del panóptico de Bentham, releído por Foucault (2005): si la vigilancia decae, el desacato reina. Pero en Chile, ante la desconfianza patente que corroe al hacendado, a pesar de la acción de los capataces, la vigilancia, idealmente, debe hacerse en primera persona. Una actitud que todos, en la medida en que el ejercicio de la autoridad toma la forma de lugares alternantes en las sociedades modernas (según las situaciones todos son a su turno subordinados o autoridades), expresan apenas evocan la manera concreta cómo ejercen su autoridad.

Más simple: la co-presencia hacendal no reenvía a un orden social armónico en el país. En tanto que componente de un ideal-tipo particular, el hacendal, testimonia más bien de una expresión del temor a los subordinados. Es indispensable estar allí siempre, y es de rigor obligar a que estén ahí siempre, para que la autoridad se ejerza.

En breve y como es posible percibir en lo hasta aquí desarrollado, algo es común a los factores que decantamos hasta ahora: la inseguridad propia del hacendado y su desconfianza vinculada al temor a los subordinados, y de la cual se hace eco el ideal-tipo de esta modalidad de autoridad. Lo que sus componentes muestran es un ejercicio de autoridad que debe sobreactuarse, resultado de la excesiva cercanía a la superficie de la ilegitimidad originaria; en el que se hace necesario el recurso ordinario a la violencia; donde se refuerzan modos de sostén de la autoridad basados en la provisión concreta; que empuja a una protección a los subordinados defendida como arbitraria y sometida al poder discrecional del patrón; y, finalmente, que obliga a una política de la presencia vigilante. Es decir, de lo que se trata es de un conjunto de elementos que quienes ejercen la autoridad deben imponerse (y mantener) gracias a un trabajo permanente que les permita la sobreafirmación del propio poder.

La autoridad abre a uno de los más grandes enigmas de lo social. En Europa tal como Weber lo estableció, y como muchos estudios lo muestran, abre al enigma de la obediencia; al fenómeno que hace que muchos se sometan, incluso a contramano de sus principios morales, a la voluntad de otro (Arendt 1966, Milgram 1980, Guéguen 2010, Terestchenko 2007). En Chile es distinto. Aquí a lo que abre el enigma es al ejercicio mismo de la autoridad. ¿Qué hacer para que el mando sea posible? En los dos ideales-tipo evocados, la sobreactuación del propio poder, la relativa desconsideración de un consentimiento del subordinado, la importancia de las formas factuales y eficientes con las que se consigue y se mide el ejercicio de la autoridad, el recurso a la violencia como garante explícito, aparecen como rasgos comunes aunque, es indispensable recordarlo, deban ser entendidos en el contexto de relaciones y significaciones muy distintas en un ideal-tipo y el otro. Es en esta medida que ambos ideales-tipo se encuentran íntimamente ligados a las formas autoritarias que caracterizan el ejercicio de la autoridad en Chile, como veremos con más detalle en el siguiente capítulo. Pero, de manera aún más fundamental, los dos ideales-tipo lo que ponen en relieve es un asunto nuclear: en el corazón de lo que hay que enfrentar se encuentra la cuestión de cómo amainar el temor que asola cuando se debe gobernar a otros en medio de una profunda desconfianza hacia casi todos sus semejantes y en la soledad abismante del Jefe. Revelan que el motor oculto más importante del ejercicio de la autoridad en Chile es el miedo a los subordinados.

Así, estos ideales-tipo permiten dar marco al autoritarismo y revelar una arista central de la función del miedo para entender el ejercicio del poder y la sociabilidad chilena. Confirman, en este sentido, desde la perspectiva específica de la autoridad y su ejercicio, la pertinencia de interpretaciones que subrayan la importancia para entender el país de este sentimiento colectivo, ya sea en la forma del miedo de los sectores privilegiados al desborde y la furia de los sectores populares (Salazar y Pinto, 1999), del miedo metamorfoseado y secreto acompañante de la historia de Chile (Jocelyn-Holt 1999), o del miedo al otro testimonio de la fragilidad del nosotros (Lechner 2002). Pero, si los ideales-tipo analizados hasta ahora han permitido acercarse a la estructura del autoritarismo y de los miedos en la cristalización de estos modelos de autoridad, es tiempo ahora de preguntarse por su vigencia. ¿Son estos ideales-tipo, y en general el autoritarismo, herramientas interpretativas poderosas de lo que se ha jugado en relación con la autoridad en la sociedad chilena? Resulta evidente que sólo la presencia de estos ideales-tipo en el ejercicio concreto de la autoridad, sincrónica y diacrónicamente, es lo que permite afirmar, en última instancia, su existencia y vigencia. Una presencia que será rastreada brevemente, dado que no es el objetivo principal de este libro, el que se detiene más bien en una mirada sincrónica del problema de la autoridad, en el acápite siguiente.

VI. Sobre la actualización diacrónica de los ideales-tipo

El ideal-tipo portaliano ha dado lugar, en tanto que gran matriz del autoritarismo en el país, a una lectura global de la historia chilena. Es, sin duda, Gabriel Salazar (2005, 2006, 2009) el que ha dado la visión más amplia y ambiciosa de la herencia portaliana: la permanencia, considerada nociva por el autor, de esta forma de autoridad a lo largo del siglo XX. Para él, el «paradigma portaliano» ha regentado, con más o menos fuerza, todos los puntos de corte históricos en los que, según la historiografía, se ha inaugurado una «nueva época» en la historia chilena. Así, tanto el periodo parlamentario (1891-1925) como el periodo que va desde 1925 hasta 1973 («democracia neo-portaliana»), no habrían logrado modificar la trayectoria del orden portaliano, describiendo, a pesar de sus transformaciones, una continuidad sobresaliente. Para Salazar, en efecto, el límite de toda tentativa de democratización en el país se halló en la incapacidad del sistema político para impulsar, paralelamente a una modernización exclusiva de su ámbito, una modernización económica, la que habría implicado el diseño de un esquema de desarrollo que resolviera eficazmente la situación material y política de las clases populares. Sin embargo, lejos de encontrar una salida por esta vía, la esfera política sólo habría establecido fuentes de equilibrio específicas para su dominio, al margen de que, en última instancia, siguiera montada «sobre el suelo volcánico de la crisis centenaria» (Salazar 2006, 75).

En esta interpretación, el ideal-tipo de la autoridad portaliano es leído acentuando sus dimensiones limitativas respecto de la democracia, subrayándose así, sobre todo, la impronta del ideario del orden, la desconfianza ancestral hacia el pueblo y la garantía institucional del ejército como árbitro final. En términos estrictamente fácticos, en su lectura Salazar reconoce que, si bien se produjo, aunque parcialmente, una modernización de la sociedad en el curso de su historia independiente, ésta no pudo franquear las coordenadas que históricamente fijó el orden portaliano, en especial en lo concerniente a las demandas de justicia social e integración política de los sectores populares. El problema de la participación de las masas populares en política, pareciera, si seguimos su interpretación, haberse constituido en un rasgo permanente, una lógica que ha regulado las relaciones entre las cúpulas oligárquicas y la ciudadanía, y no un elemento puramente coyuntural, explicable en su origen por las bruscas transformaciones que supuso para el orden político el paso desde una colonia a una nación independiente. Tanto el período parlamentario como el período correspondiente al «Estado de compromiso», no supusieron, «pues, ninguna verdadera ruptura política. El proceso social, pese a su afloramiento en el escenario ideológico y a la extralimitación de su crisis, continuó entendiéndose, aún después de 1925 y de 1931, con respecto a la política, como una tectónica intrusiva –pero no metamórfica–, y sus punzantes aristas historicistas, como delitos. En suma: algo para domesticar y disciplinar [...]. Tanto por su relación con lo social como con respecto a lo económico, la democracia liberal surgió manteniendo más semejanza con el Estado de 1833 que con los problemas de fondo que, a comienzos del siglo XX, tendían a desestabilizar la sociedad chilena en su conjunto [...]. Es que, en rigor, la democracia liberal, tal como se originó, constituyó sólo el resumen de las formas históricas de dominación oligárquico-mercantil (portalianas) en Chile, verdad es que modernizadas; esto es, adaptadas a una presión social ensanchada que se había hecho casi insoportable» (Salazar 2006, 75 y 76).

Para Salazar, el mayor problema del legado portaliano es, de este modo, su incapacidad para impulsar una modernización social integral, lo que incluiría una democratización política. En su lectura, la cultura del autoritarismo portaliano sólo habría permitido progresos puntuales, los que no lograrían penetrar en las capas profundas de la sociedad, engendrando una efervescencia social progresivamente más politizada, a la que el «oligarquismo» habría sido incapaz de responder sustantivamente, en términos políticos. Las modernizaciones políticas que el sistema portaliano realizó después de 1891 y luego de 1925, habrían estado acompañadas siempre del ejercicio de la violencia estatal hacia una ciudadanía que estima insuficientes aquellas modernizaciones. Esto sería especialmente claro a partir de 1925, en donde el orden político habría intentado, según el autor, una operación imposible. Por un lado, conservar los elementos que definían su identidad decimonónica y responder, simultáneamente, a las nuevas demandas de los sectores sociales desconsiderados históricamente como fundamento de la soberanía política.

En otras palabras, la continuidad del orden portaliano parece exhibirse con mayor nitidez en su negativa a erradicar la concepción residual del pueblo que sobrevino tras la fundación del Estado independiente, y asumirlo, de una vez por todas, como una entidad no sólo legítima sino también plenamente soberana del orden político. El orden portaliano sólo habría sabido defenderse. Es decir, podría sostenerse, al menos desde los planteamientos de Gabriel Salazar, que la historia independiente de Chile ha sido la historia de la defensa del orden portaliano y de su legitimidad, en última instancia gracias al garante militar, frente a la «vil multitud».

El influyente ensayo de Alfredo Jocelyn-Holt, *El peso de la noche*, y su propuesta del «orden en forma», un mero simulacro del orden, ha insistido en la fuerza de este modelo interpretativo de la autoridad aunque, es cierto, para poner en cuestión una lectura tan enfática del mismo que no ha dejado ver el lado más espurio de esta construcción, pues ella oculta la fragilidad del orden que bajo su égida se alcanza. A distancia, es cierto, de las posiciones de Salazar, Jocelyn-Holt, no obstante, y a su manera, también pone en cuestión un modelo de autoridad que no consigue ser legítimo porque no hace renuncia del uso de la fuerza y de la violencia y porque no aspira a una obediencia consentida.

Desde otras perspectivas, si dejamos de lado el estudio transhistórico propuesto por Felipe Portales, lo que prima han sido trabajos más acotados, ya sea sobre las manifestaciones de esta cultura del autoritarismo desde la década del treinta hasta la década del setenta, en el período de formación, auge y declinación del llamado «Estado de compromiso» (Garretón 1983, Brunner 1981, Moulian 2006, Tironi 1990), ya sea, también, y a pesar de las controversias, en torno a la dictadura militar de Pinochet. En este último caso, y a pesar del carácter fundacional de la dictadura (Garretón 1983), en lo que concierne al ejercicio de la autoridad es posible observar la presencia más o menos espectral de los grandes elementos del ideal-tipo que hemos distinguido. No en vano, en todo caso, el régimen militar mismo produjo una identificación con la figura de Portales y asentó en parte su legitimidad en ella (PNUD 2004; Correa, S. et al., 2001).

El caso histórico de Pinochet, y la interpretación dada por Manuel Antonio Garretón (1983), es particularmente relevante para nuestro análisis. En el relato autofundador del régimen, tras el derrumbe definitivo de la legitimidad del orden político, el ejército hizo su entrada «triunfal» para suprimir «el caos y la anarquía» propiciado por el marxismo. Por esta razón, predominó en el periodo inicial de la dictadura militar un lenguaje castrense de restauración y «depuración», cuya legitimidad parecía auto-evidente dadas las circunstancias «de guerra» predominantes en Chile. Conforme el tiempo fue pasando, la legitimidad se volvió un problema complejo para la dictadura y las garantías provistas en la fase inicial por la hipótesis del «enemigo interno» perdieron progresivamente vigor. «El régimen militar se inició con un vacío de proyecto político y de un horizonte cultural y simbólico, salvo una siempre precaria alusión a los 'valores imperecederos de la patria' y a una relectura parcial del autoritarismo portaliano» (PNUD 2004, 77). Rápidamente, la invocación al legado portaliano será insuficiente y se impondrá la necesidad de encontrar una plataforma política de «proyección». De esta doble dimensión (reactiva y fundacional) brotarían las contradicciones y paradojas del régimen, un proceso complejo de herencia y creación. En todo caso, el ideal-tipo de autoridad portaliano es movilizado por Garretón únicamente en su fase reactiva, quien subraya, en su interpretación, la inscripción del régimen de Pinochet en «un largo proceso de institucionalización de la dominación autoritaria tanto a nivel de la sociedad como del régimen político, pero donde no está ausente la propuesta futura, diferente de las formas iniciales del régimen militar; una democracia de tipo conservadora, donde la política ha perdido su relevancia de masas y donde el orden jurídico institucional ha excluido opciones ideológico políticas, restringido sectorial y globalmente la participación y se ha dotado de mecanismos de salvaguarda –entre ellos el rol tutelar de las FF.AA.– contra cambios sustantivos del orden social» (Garretón 1983, 112). Este último aspecto, como también lo subraya Garretón, se habría perpetuado hasta mucho después de la transición, en lo que el autor llamó los «enclaves autoritarios»[17].

Sin embargo, y a pesar de la presencia de ciertos elementos, es difícil sostener tanto que el régimen portaliano fue una mera «reacción colonial», o mejor dicho, un ensayo de restauración colonial, como tampoco es posible interpretar la dictadura, independientemente de sus reivindicaciones explícitas de herencia y restitución, como una «restauración portaliana» lisa y llana. Pero aun así, en esta interpretación son visibles y activos todos los grandes elementos del ideal-tipo portaliano tal como lo hemos decantado: primacía del ideal del Orden, personalismo, recurso a la excepcionalidad, desconfianza y rol residual del pueblo, y, finalmente, función de garante del ejército.

El peso de la dimensión política en la discusión en las ciencias sociales en el país es quizás una de las razones por las cuales la pregnancia del ideal-tipo hacendal, el que se articula principalmente en torno a la sociabilidad ordinaria ha sido bastante menos discutido. En este caso, las posiciones respecto a la vigencia de este ideal-tipo divergen. Una parte afirma el fin de las relaciones de poder formadas en la hacienda como consecuencia de la desaparición de su centenario soporte infraestructural, y, por tanto, la pérdida de una forma de sociabilidad y de establecimiento de los vínculos sociales, y lo interpreta como una pérdida y amenaza (Morandé 1984, Cousiño y Valenzuela 2012). Otra parte reconoce una continuidad «subterránea» del *ethos* hacendal, aunque deformado producto de las coerciones que han ejercido sobre él los procesos de modernización, económicos y políticos, desarrollados durante la segunda mitad del siglo XX, especialmente en los últimos decenios, lo que se interpreta como la preservación de formas de dominación.

Desde la última perspectiva, lo que se subraya es la persistencia de este ideal-tipo a pesar de que se reconocen las transformaciones estructurales que harían imposible seguir teniendo una imagen tradicional del mundo rural. Bengoa (2003) ha destacado el quiebre del régimen de homogeneidad mediante el cual la hacienda vinculaba los órdenes cultural, social, económico y político durante la segunda mitad del siglo XX. En primer

---

17   «Algunos de estos problemas no resueltos, o algunos de sus aspectos, son parte de la naturaleza de la transición y no podían dejar de hacerse presentes. Hablamos de democratizaciones políticas que no implican revoluciones o fundaciones democráticas, sino paso de un régimen a otro dentro de determinados marcos institucionales…En estos casos, siempre habrá algún tipo de herencia, de presencia del régimen militar en el nuevo régimen democrático, y será tarea de éste el superarla. Esto es la «esencia» de las transiciones» (Garretón 2000, 158). A propósito de este problema, ver, Rouquié (2011).

lugar, por las reformas agrarias, y en segundo lugar, y especialmente, por las contrarreformas que tuvieron para el autor un impacto mucho mayor en la estructuración de la hacienda. Las reformas agrarias tuvieron un efecto más simbólico que material, y lo que se encendió, muchas veces, fue la conciencia política del campesinado sin que con ello se produjeran verdaderos cambios reales en sus condiciones de vida. Sin embargo, también tuvo como consecuencia abrir una brecha para que se iniciara el proceso de modernización y para que tambalearan los modos de subordinación señorial. La modernización rural sobrevenida en las últimas décadas implicó una serie de transformaciones tecnológicas sobre los mismos terrenos, pero con una diversificación de quienes las explotan, incluyendo empresas forestales y sociedades anónimas, pero lo más importante es que para un tratamiento eficaz y competitivo de dichas tierras fue necesario disolver las relaciones sociales que en ella se formaban tradicionalmente.

Quedaría realmente muy poco o prácticamente nada de la imagen tradicional de la hacienda, pues el espacio compacto en el que convergían poder, cultura y economía se habría fragmentado en instancias que guardan entre sí relaciones laxas, muchas veces de corto plazo y que se modifican constantemente en función de la volatilidad de los mercados. Los campesinos quedaron librados a las relaciones de trabajo asalariadas y a las fuerzas del mercado del trabajo. No existió más la relación extra-laboral entre señores y siervos (Bengoa 2003, 80-81). Entre propiedad y poder ya no se establece, hoy, una simbiosis absoluta, no existe, como señala el autor, un «gran señor y rajadiablos» que determine a su arbitrio el destino de sus súbditos, y ello porque la fuente de poder no se encuentra ya en la posesión y explotación de la tierra. El trabajo ha pasado desde la servidumbre a la «proletarización».

Sin embargo, a pesar de este debilitamiento gradual pero constante de las relaciones hacendales que han llevado a su casi desaparición, como ya se ha discutido, para Bengoa (2010) los rasgos de este ideal-tipo participarían, aunque matizados hoy por nuevas aspiraciones de los otros grupos sociales, en el ordenamiento de las relaciones sociales de poder. Ello porque se habría mantenido en las costumbres, estilizaciones y principios de una elite social plutocrática aristocratizante y sería un instrumento para la definición de las fronteras del acceso al poder, al menos simbólico y cultural (2009, 98). No obstante para algunos otros, todavía más radicalmente, los grandes rasgos de la hacienda se habrían prolongado con toda su intensidad en el seno del proceso de modernización capitalista (Cancino 2006). Si el foco en lo que concierne a este ideal-tipo suele concentrarse en la cuestión de las élites sociales en estas discusiones, como lo muestra nuestro estudio empírico, su influjo puede ser detectado mucho más allá de ellas. En efecto, la figura del «patrón de fundo» continúa siendo una de las maneras gráficas más frecuentes para dar cuenta de formas autoritarias en las relaciones sociales ordinarias entre las personas.

Ahora bien, si son válidos hoy los ideales-tipo hasta aquí presentados (solidarios del autoritarismo y teniendo como motor al miedo a los subordinados), es porque su presencia consigue ser visible, y activa, a la hora de definir un modelo de gestión de la autoridad generalizable a distintos ámbitos de la vida social. Si esto es así, es indispensable abordar esta cuestión no sólo desde una mirada diacrónica que dé cuenta de su actualización histórica, como lo acabamos brevemente de hacer, sino sobre todo desde una mirada sincrónica. Es a lo que nos abocaremos a continuación en el capítulo siguiente. Pero, a diferencia de las maneras en que muchos autores han tocado este tema hasta hoy, principalmente centrados en la dimensión política –desde la cuestión del poder y de la dominación de ciertos grupos–, es otro el camino que seguiremos aquí. Lejos del monopolio de la clave política para entender la cuestión de la autoridad, pondremos el acento en las formas de sociabilidad ordinaria y las maneras en que en ellas se resuelve el problema del poder y de la gestión de las jerarquías en medio del temor a los subordinados. ¿Qué significa lo anterior? Un estudio de la autoridad que privilegia en este ejercicio los sistemas de relaciones sociales y sus traducciones ordinarias: las formas específicas y, por ende, las tensiones particulares, que el ejercicio de la autoridad tiene de manera distintiva en diferentes esferas sociales como la familia o el trabajo. Se trata ahora, sin descuidar lo que los estudios de la autoridad deben recuperar desde la historia pasada, de prestar atención al encuentro entre los ideales-tipo y los factores estructurales y culturales que participan hoy en definir las condiciones para el ejercicio concreto de la autoridad en nuestra sociedad.

Capítulo 2
La reinvención de un miedo

En el caso de Chile, el ejercicio tanto del poder político como social ha sido masivamente abordado a partir de las tesis de la cultura del autoritarismo[18]. Como lo hemos visto en el capítulo anterior, el autoritarismo se encuentra, por diversas razones históricas, en la base de los dos grandes ideales-tipo desde los cuales es posible dar cuenta del ejercicio de la autoridad en el país. En ambos, aun cuando por factores distintos, su ejercicio está condicionado por lo que hemos caracterizado como un temor a los subordinados: por la conciencia de la profunda inviabilidad del proyecto de una autoridad consensuada y conciliada.

Pero ¿es posible afirmar sin más la continuidad y la vigencia de estos dos ideales-tipo en la sociedad chilena actual? ¿Es posible, como algunos lo hacen, suponer la existencia de una «cultura del autoritarismo» en el país, la que cualesquiera que sean los avatares históricos, continuaría rigiendo el ejercicio de la autoridad? ¿Podemos desconocer la profundidad de los cambios acaecidos en la sociedad chilena en un período tan largo? ¿No sería, por tanto, más justo, como concluyen otros, hablar de nuevas modalidades en el ejercicio de la autoridad en clara y evidente ruptura con las prácticas del pasado?

A primera vista, una respuesta afirmativa a la última pregunta puede parecer contundente e incluso evidente. Para entender la autoridad en Chile *hoy*, según algunos, habría que partir del debilitamiento de los modelos autoritarios tradicionales, ya sea en razón de la transformación de las estrategias de legitimación u obediencia (Brunner 1981) o debido a procesos de empoderamiento ciudadano (PNUD 2004).

---

18 Entre otros: Brunner 1981, Portales 2000, 2004, Stuven 1997, Jocelyn Holt 1999, Correa Sutil et al. 2001, Bengoa 2009, Salazar 2005, 2006, 2009, Garretón 1983. Para una visión panorámica, Correa 2004.

Desde la perspectiva de los cambios de estrategias de legitimación y obediencia, Brunner (1981), influido por perspectivas sistémicas, ha discutido tempranamente el cambio que, en este sentido, habría generado la dictadura para el establecimiento de una dominación autoritaria, subrayando la presencia de una legitimidad coercitiva que reemplazaría a una legitimidad por normas y valores. Estas estrategias habrían implicado nuevas formas de conseguir la obediencia que ya no descansarían, de modo predominante, en la aceptación de las normas y valores propuestos, sino en lo que llama una «legitimidad puramente fáctica», esto es, basada en la estructura social y sus asimetrías funcionales. La dominación autoritaria sólo requeriría, desde aquí y en adelante, según el autor, coordinar los desequilibrios que funcionan de manera permanente en la sociedad, manteniendo a raya las tentativas de democratización social, incluso paralelamente a una «modernización» económica. «Es por eso la facticidad del poder lo que rige aquí, no su normatividad» (Brunner 1981, 160). Este doble objetivo de encontrar legitimidad sin erradicar los dispositivos más o menos autónomos de coerción habría sido logrado, en parte, por el desplazamiento del Estado por el mercado como instancia central de la organización social. De esta manera, se habría logrado erigir un principio de coordinación eficiente que, sin embargo, carecería o sería capaz de prescindir de toda fundamentación normativa. Los sistemas serían capaces de producir la obediencia de manera autónoma, por lo que un modelo de autoridad como, por ejemplo, el ideal-tipo portaliano, basado en el orden y por su carácter personalista, dejaría de tener vigencia. El autoritarismo pasaría de tener sus bases en las relaciones sociales concretas a fundarlas en el trabajo abstracto y en las interrelaciones funcionales de los sistemas. En otros términos, el autoritarismo en las relaciones interpersonales concretas dejaría de tener el peso que había tenido para garantizar la obediencia que fundamenta la organización y la coordinación en la sociedad.

Desde la segunda perspectiva, el carácter de los actores, el Informe de Desarrollo Humano (PNUD 2004) ha subrayado que estaríamos ante la emergencia de nuevas formas de concebirse de los propios individuos respecto al poder. La interpretación aquí releva el aspecto original de la dictadura militar y se separa, al igual que Brunner, de quienes han querido ver en ella un mero ejemplo histórico de restauración. Sin embargo, y a diferencia de este autor, el Informe sostiene que no es que ella borre enteramente las raíces del orden que la antecedió, como tampoco adhiere a la idea de legitimidad fáctica. Precisamente, habría sido la propia necesidad de legitimación de la dictadura la que supuso la concesión paulatina de nuevos espacios de libertad, y producto de estas concesiones se habrían ramificado ideales que supusieron una intensificación de las demandas por mayor participación y mejor calidad de las instancias deliberativas, además del objetivo evidente, y más poderoso para ese contexto, de terminar con la dictadura militar. Esto habría tenido como efecto una organización y una fortaleza crecientes de la ciudadanía, cuyos efectos habrían adquirido pleno vigor en el contexto de la reorganización social y política del Chile posdictatorial. Se habrían transformado, así, tanto los fundamentos como los soportes de la autoridad. Muchas son las tendencias que respaldarían este supuesto cambio en la organización del poder: «Las personas están más dispuestas a expresar sus diferencias, creen en mayor medida que es positivo para el país que los conflictos no se oculten, consideran positiva la crítica a los poderosos, y dicen que uno debe hacer valer sus derechos, aunque eso acarree temores» (PNUD 2004, 81). Los cambios son explicados fundamentalmente por los procesos de modernización y las modificaciones aportadas por el cambio de régimen político traído por la vuelta a la democracia. También aquí, como en el caso anterior, el peso está puesto, en último análisis, en las transformaciones de orden político y los cambios que esto entraña a nivel de las exigencias de legitimidad. En breve, el ejercicio de la autoridad en Chile se habría aproximado a lo que es habitual en las discusiones de las ciencias sociales en Estados Unidos o Europa, convirtiéndose a lo más en una variante vernácula de ellas.

Pero, ¿es así? ¿Estamos, en efecto, y cualesquiera sean sus causas, ante el retroceso del autoritarismo tradicional? Si atendemos a nuestros resultados, la respuesta no puede ser, en modo alguno, una afirmación enfática. Si bien es posible que las formas de dominación por coacción en concordancia con tendencias globales hayan aumentado, como sugiere Brunner, eso no parece condecirse con un retroceso de las formas autoritarias en la gestión de las relaciones de autoridad en las relaciones sociales concretas y en el cara a cara. Por otro lado, si no resulta posible negar una transformación de la autopercepción de las personas y de sus expectativas, e incluso de sus empoderamientos críticos, eso no conduce necesariamente a aceptar que nos encontramos con una transformación de los fundamentos y modalidades de la autoridad que testimoniaría de un retroceso efectivo del autoritarismo en las prácticas sociales.

Por el contrario, lo que nuestra investigación empírica revela es que en Chile todo ejercicio de la autoridad es concebido de entrada por los actores sociales como una expresión de autoritarismo. La percepción generalizada no es que la autoridad *pueda* ser ejercida de forma autoritaria, sino que *todo* ejercicio de la misma es preconcebido como autoritario. El *autoritarismo* resulta siendo, así, *siempre*, la clave de lectura privilegiada al abordar situaciones jerárquicas. O sea, en contra de lo que ciertas lecturas modernizadoras afirman, en lo que respecta al ejercicio de la autoridad, el autoritarismo continúa hoy siendo no solamente una realidad expandida, sino, también, considerado el modo más eficiente de conseguir la obediencia o el acatamiento de aquellos a quienes va dirigido. Dicho de manera más simple, el autoritarismo, incluso si es, como lo veremos, ampliamente reprobado, es considerado como una modalidad pragmáticamente indispensable para el ejercicio de autoridad. El autoritarismo es un fenómeno cuya aceptación y valoración pública es considerada al menos problemática o, muchas veces, directamente inaceptable, lo que no impide que cada actor individual lo ejerza habitualmente o incluso que sea juzgado deseable en el fuero interno de muchos. Es, precisamente, esta tensión entre reprobación normativa, presencia práctica y deseabilidad, más o menos inconfesada, la que estructura la cuestión de la autoridad en Chile.

Sin embargo, reconocer lo anterior no debe, bajo ningún pretexto, servir de coartada para reintroducir la tesis culturalista del autoritarismo, esto es, para hacer, como tantas veces se ha hecho, de una supuesta «cultura» transhistórica del autoritarismo un factor permanente de los rasgos nacionales. Dicho de manera explícita: *la permanencia del horizonte del autoritarismo en Chile hoy, no se explica por la fuerza de una herencia colectiva, sino que aparece como una respuesta, altamente recreada, por la cual los individuos intentan responder a lo que se les sigue presentando como un desafío de talla: ejercer la autoridad.* Detrás de la continuidad del autoritarismo resulta indispensable reconocer la profundidad de la ruptura histórica que ha acontecido en Chile. Aunque la «respuesta», el autoritarismo, pareciera ser común en distintos períodos –lo que permite justamente percibir la vigencia de los dos grandes ideales-tipo históricos nacionales–, las «situaciones» y las «razones» de su actualidad son, por el contrario, profundamente disímiles.

Es esta ecuación la que obliga y conduce, como se verá, a responder a dos interrogantes que, en el fondo, contornean un mismo problema, pero que iluminan aristas distintas. Primero, ¿por qué el modo de ejercicio autoritario de la autoridad, que es reconocido por las personas como una forma característica e histórica de la autoridad en Chile, e incluso está presente en sus prácticas, ha perdido reconocimiento público? Segundo, y a la inversa, ¿por qué a pesar de esta pérdida de reconocimiento y aceptación, la autoridad continúa siendo pensada y practicada como necesariamente autoritaria? O dicho de otro modo, ¿por qué resulta tan difícil imaginar el abandono de formas autoritarias de ejercicio de la autoridad en un país que, como lo señala la tesis modernizadora, ha conocido cambios tan profundos y radicales? Para entenderlo, será necesario navegar evitando el entusiasmo de la tesis modernizadora y la nostalgia de la tesis culturalista. Un punto intermedio al que es posible acceder, justamente, nos parece, gracias a la tesis del miedo a los subordinados.

I. El nuevo contexto histórico y el viejo ejercicio autoritario de la autoridad

Los análisis que se realizan en el último tiempo coinciden en un punto: Chile ha sufrido una inflexión extremadamente importante en las últimas décadas. ¿Cuáles son los rasgos y la temporalidad de esta transformación? Resumidas a lo esencial, puede decirse que las características más resaltantes de la condición histórica actual están vinculadas, por un lado, con las consecuencias de la instalación del modelo económico neoliberal y, por el otro, con una renovada afirmación de anhelos de formas más horizontales y menos abusivas de interacción entre las personas (Araujo y Martuccelli 2012, t. 1). El primer cambio, irradiado desde la esfera económica, ha enfrentado a los individuos a reformular su condición de sujetos económicos y laborales y a la ampliación de esferas que se desarrollan bajo la lógica de mercantilización. El segundo, ha impulsado una reconfiguración de los contenidos de la democracia y una comprensión particular de los procesos de democratización que tocan ahora las interacciones sociales, cristalizándose principalmente en nuevas exigencias relacionales en el cara a cara. Desde ambas vertientes, aunque por vías distintas, y esto es el centro de nuestro argumento en este apartado, los principios a partir de los cuales se organizaba la autoridad y su ejercicio pierden legitimidad pública. Veámoslo en detalle.

Si es verdad que en rigor no es acertado hablar, para el caso chileno, del advenimiento total de un «individuo neoliberal» (Araujo y Martuccelli 2013), es importante reconocer, sin embargo, una de las grandes consecuencias de la instalación del modelo en el país: el que se haya expandido la experiencia que la híper-actuación individual resulta indispensable para enfrentar la vida social. Por un lado, para paliar o enfrentar las maneras como actúan las instituciones. En este caso, no sólo se trata de la percepción de no poder contar con las instituciones (Robles 2000), sino de tener que contar como probabilidad constante con los abusos que pueden provenir de ellas o de protegerse de las exigencias desmesuradas que les hacen en tanto individuos, y, por tanto, de actuar incluso contra ellas. La distancia con las instituciones es un efecto esperable de la constelación anterior. Como consecuencia, las dependencias de tipo horizontal concretas y personalizadas (redes familiares, profesionales, de conocidos) resultan, así, y de allí en más, el corazón de aquello con lo que se cuenta y la meta de los afanes instrumentales. En todo caso, el neoliberalismo en Chile agudizó la tendencia entre los actores sociales a buscar, por ellos mismos, soportes desde los cuales poder hacer frente a los desafíos de la vida social.

Acompañando esta exigencia de híper-actuación individual y la distancia con las instituciones, aparece una renovada exigencia de autocontrol y de autoorientación que no se sostiene en normas o valores consuetudinarios. Quizás un ejemplo permita aclararlo. Ser un sujeto de crédito es algo que se extendió especialmente en los años noventa. Grandes sectores de la población comenzaron lentamente a ser integrados como tales por el sistema financiero (Ossandón 2012, Larraín 2001, Ariztía 2002, PNUD 2002). Pero la llegada del crédito exigió modos de autocontrol nuevos. La fragilidad, o lo incipiente, de estos autocontroles es revelada por los testimonios de las personas respecto a los excesos cometidos durante «el carrete de los noventa», cuyos costos comenzaron a hacerse notorios en el momento de «la resaca», el que obliga a enfocar y regular con mayor rigor su relación con el crédito (Araujo y Martuccelli 2012, t-1, 63-69). Lo que aquí debe subrayarse es que el enfrentamiento a su nueva condición de sujetos de crédito aconteció sin fórmulas colectivas que definieran lo que resultaba mucho o poco; lo que constituía un riesgo productivo o un suicidio financiero asegurado. La sociedad no contaba con un consenso y, por tanto, se encontró sin diques colectivos. Los individuos enfrentados a esta situación tuvieron que hacer aprendizajes individuales en muchas ocasiones extremadamente dolorosos. La experiencia del sujeto del crédito es reveladora de una experiencia histórica colectiva que pone en evidencia la necesidad de producir regímenes de autocontrol y fórmulas de autoorientación extremadamente individuales, en medio, como en este ejemplo, de una relativa ausencia de prescripciones institucionales. La autoridad, como expresión conciliada de un individuo con respecto a la prescripción de una institución, no pudo afirmarse.

O sea, detrás del nuevo despliegue de las relaciones sociales impulsado por el neoliberalismo, se produjo la afirmación de individuos, híper actores, marcados por una fuerte confianza en sí mismos y su capacidad para decidir, regular, orientar o definir sus acciones. En este contexto, las dependencias verticales (que es la estructura de la autoridad) ingresan a un campo minado de suspicacias, en particular si, como es el caso aquí, como se verá, conllevan como implicancia la «minorización» o la falta de reconocimiento de las potencialidades de quien se encuentra en posición de dependencia o subordinación. Esto se agudiza, además, en cuanto se trata de un mundo social en el que las dependencias abstractas, verticales y a distancia pierden peso, y son las dependencias horizontales concretas y personalizadas (redes familiares, amicales, etc.) las que ganan lugar como herramientas usadas por los individuos para sostenerse y abrirse camino en el mundo.

Otra gran consecuencia de la expansión del modelo neoliberal, en lo que aquí nos interesa, es que impulsó vía la promoción del mérito, la filosofía de la competencia y la introducción activa del consumo y el crédito, una promesa igualitaria sui géneris en el país. Una promesa que se fortaleció gracias a una sensible mejora de las condiciones de vida de la población (Tironi y Ariztía 2003, Mires y Rivas 2003, Infante y Sunkel 2004)[19]. ¿Resultado? Estas mejoras experimentadas por los individuos alimentaron las expectativas de las personas de merecer o de hacer esperable una mayor cercanía con otros grupos sociales, ampliando, así, el horizonte de aquello a lo que legítimamente se puede aspirar. La mejora de la situación económica de una parte de la población, el aumento del nivel educativo, las ofertas de dignificación vía consumo, pero también el generalizado sentimiento de inconsistencia de las posiciones sociales que atraviesa la sociedad, entre otros, han sido un enorme impulso para la modificación de la imagen de la sociedad y del lugar de los sujetos en ella.

De otro lado, pero en el mismo sentido de la igualdad, en estas décadas, el colapso de la democracia a inicios de los setenta y la instauración de una nueva matriz socio-política (Garretón 1983), así como el retorno a la democracia en los noventa, participaron activamente en la reconfiguración del horizonte democrático. La «democracia» bajo la dictadura se convirtió gradualmente para una parte no menor de la población en una esperanza que terminó traduciéndose en un registro mucho más amplio y profundo que el del mero retorno a regímenes políticos democráticos. El horizonte de la democratización, emprendida en los noventa en el contexto del llamado proceso de ciudadanización discutido para América Latina

---

19   Un dato expresivo de estas transformaciones es que en 1987 el 7% de los hogares del primer quintil de ingresos poseía 3 bienes durables, tales como lavadora, televisor, refrigerador y cocina a gas, mientras que en el 2002 cerca de un 74% de los hogares poseía tres o más de estos (Ariztía 2004).

(Domingues 2009), a pesar de los límites en su realización (De la Maza 2002, Garretón 2000, Garretón y Garretón 2010, Jocelyn-Holt 1999), condujo a que el ideal de derecho y la noción de ciudadanía, y con ellos necesariamente el principio de igualdad, se convirtieran masivamente en horizontes normativos para la sociedad.

En este proceso, un rol mayor les tocó a los movimientos sociales (Garretón 2000). Estos movimientos aportaron una ampliación de la igualdad, sacándola de la pura dimensión socioeconómica para integrar otras dimensiones como el reconocimiento, y pusieron así en el tapete de las discusiones la cuestión de la ciudadanía. A lo anterior también habría que agregar, sin duda, la acción de los medios de comunicación y las transformaciones socio-demográficas, entre las cuales el aumento de la cobertura educacional es un factor mayor, porque, entre otras cosas, ella continúa siendo un pilar de las ofertas de igualdad en Chile, bien visibles desde hace décadas en las aspiraciones de acceso a la educación superior (Espinoza 2012). En cualquier caso, lo relevante para nuestra problemática es que un conjunto de actores y procesos contribuyeron a la expansión efectiva de un ideal plural de la igualdad en el marco de los procesos de democratización.

La principal consecuencia de este proceso, más allá de las transformaciones de tipo político-institucionales, fue la consolidación de un empuje intensivo hacia la democratización del lazo social en la sociedad chilena (Araujo y Martuccelli 2012, t. 1). Se trata de la emergencia *inédita* de una exigencia para que se cumpla lo que aparece cada vez más como una de las grandes facetas de la promesa democrática, una que exige ser realizada en la esfera de las interacciones sociales cotidianas y ordinarias. La demanda, que se dirige tanto a las instituciones como a los otros ciudadanos, es la de una mayor «democraticidad» (O'Donnell 1984), o, para ser más claros, una demanda de relaciones más horizontales y menos abusivas en la sociabilidad. Se exige, así, una modificación generalizada del trato estatutario entre todos los individuos. Las personas esperan, y lo consideran justo, recibir un trato horizontal tanto en relaciones simétricas como asimétricas. La horizontalidad en los intercambios cara a cara se ha convertido en una exigencia central en la sociedad.

Precisemos mejor este punto dada su importancia para nuestro razonamiento. Las expectativas de horizontalidad sólo pueden ser consideradas en parte como una traducción de los principios de igualdad. Más allá de las desigualdades sociales (de ingreso, de educación, de habilidades), inevitables aún en las sociedades más comprometidas con el principio de igualdad, existe una dimensión en la que todos podemos

–o deberíamos– ser considerados y reconocidos como iguales (Turner 1986); una dimensión producida y definida históricamente en términos jurídicos o políticos (Rosanvallon 2011). No obstante, existe otra manera en que la igualdad, en parte autónoma a estos registros, es entendida y medida hoy en la sociedad chilena: a través de formas encarnadas que se perciben nuclearmente por el grado de horizontalidad y «buen trato» que se recibe en la sociabilidad ordinaria.

La horizontalidad en el trato se ha convertido, así, en un índice estatutario de la igualdad respecto a otros miembros de la sociedad. Lo importante aquí no es ser concebido abstractamente como igual, como en la igualdad jurídica o política, sino ser *tratado* como un igual. Es por ello que la forma de trato concreta y ordinaria recibida en interacciones cotidianas con otros individuos o instituciones se constituye en la medida privilegiada del grado de respeto que se me otorga y del valor como persona que se me atribuye. La horizontalidad es, pues, un anhelo interactivo, y se especifica en la búsqueda de un tipo de sociabilidad que no se fundamente en la verticalidad y en una superioridad por razones naturales. Vale la pena insistir en que en ella no está en juego la esperanza de desaparición de todas las asimetrías en la vida social, aunque, es indispensable tenerlo presente, ese es uno de sus riesgos. Lo que ella demanda es una gestión de las asimetrías con un fundamento indiscutible horizontal. La democratización en curso en la sociedad chilena no se restringe a los modelos de gobierno, sino que se anhela, de manera importante, en todas las relaciones sociales (relaciones entre las clases sociales, los sexos, intergeneracionales, entre instituciones y ciudadanos).

Esta traducción de la igualdad da lugar a un nuevo horizonte de expectativas y se ha expresado en la eclosión de una nueva sensibilidad. Para empezar, ella se vincula con la percepción aguzada de un tipo de desigualdades que se despliegan en las interacciones sociales, *desigualdades interaccionales* (Araujo 2013). Desigualdades que se encuentran fuertemente asociadas con una extendida denuncia de la verticalidad extrema de las relaciones sociales y de una gestión de la jerarquía atada a privilegios considerados indebidos que se acompaña por un uso desregulado del poder. O sea, esta nueva sensibilidad social manifiesta una conciencia aguzada del abuso. Aunque, por cierto, las experiencias de abuso no son homogéneas ni se reparten por igual en todos los ámbitos de la vida cotidiana, de manera transversal, el abuso es denunciado, rechazado, sufrido en carne propia, pero también, y no hay que olvidarlo, al mismo tiempo, consistentemente ejercitado. La expectativa del abuso produce a su vez, es necesario subrayarlo desde ya, una predisposición a un uso desregulado del poder. De esta manera, la conciencia del abuso es al mismo tiempo conciencia de ser abusado y conciencia de la necesidad de responder con abuso a los abusos (Araujo 2009).

Se entiende, así, cómo las nuevas expectativas de horizontalidad ponen en jaque antiguas fórmulas relacionales basadas en una concepción de la jerarquía natural e incontestada y de ciertas prerrogativas indiscutibles del uso del poder. Pero, y esto es fundamental, estas prácticas y actitudes no sólo no han desaparecido sino que se mantienen muy activas en las relaciones sociales. La lógica del privilegio, la de la superioridad «natural» en razón de un apellido o de un tipo étnico, se prolongan en un uso desregulado del poder desde moldes tradicionales. Resultado: en cada interacción social se juegan (muchas veces de manera ríspida) un conjunto de tensiones que se producen debido a que se encuentran presionadas a articularse según un marco que, en verdad, ha sido ya desbordado por las nuevas condiciones introducidas por las transformaciones estructurales. En muchos encuentros entre individuos, subrepticia o explícitamente se ponen en juego, así, de manera renovada, disputas por las definiciones de las prerrogativas o el establecimiento de las consideraciones en el trato que uno o el otro merece, cuestión visible en situaciones tan cotidianas como manejar el auto, ser atendido en un restaurante o transitar en un supermercado. Las definiciones de lo que es el contenido de la civilidad son afectadas por la incerteza y hasta la confusión, y ello conduce a un estado de irritación relacional extendida que se expresa en las interacciones más cotidianas y ordinarias.

En consecuencia, la representación de una autoridad fuerte, históricamente presente y activa como modelo de ejercicio de la autoridad, topa con las expectativas de horizontalidad. La primera insiste, como los dos ideales-tipo y el recurso a la arbitrariedad lo ejemplifican a cabalidad, en la existencia de diferencias jerárquicas y exige una cesión de autonomía y en cierta medida de la propia dignidad. Las segundas hacen cuestión de un tratamiento horizontal que garantice el respeto por la dignidad y el valor de igual.

II. Las formas autoritarias de la autoridad: problema y solución

El resultado de todos los procesos hasta ahora evocados es, sin embargo, paradójico. La sociedad chilena asiste, a través de grandes transformaciones estructurales, y en medio de crecientes ganancias de poder individuales y anhelos horizontales, no obstante, a la sorprendente renovación y mantenimiento del autoritarismo. La modernización innegable del país coincide con la reproducción del autoritarismo y la actuación, incluso si matizada, de sus ideales-tipo. Éste es el meollo de la tensión desde la cual se reconfigura, desde bases históricas radicalmente distintas, el ancestral miedo a los subordinados. Todo cambia, podría decirse, menos las razones estructurales que dan cuenta de su profundidad en el país; a saber, la desconfianza y cautela de los individuos respecto de las instituciones y de la posibilidad de afianzar y regular desde ellas el ejercicio de la autoridad; salvo que ayer, en el momento de su cristalización, lo que aumentó el temor fueron las masas bárbaras, mientras que hoy lo que nutre el miedo es la afirmación de individuos híper actores premunidos de nuevas y poderosas expectativas relacionales. Desde nuevas bases, es este temor el que se activa en la condición histórica actual.

Por un lado, el modelo neoliberal, aun cuando por vías inesperadas, aumentó la confianza de los individuos en sus capacidades, en sus dependencias horizontales en detrimento de la fiabilidad otorgada a sus dependencias verticales, pero, también, en la ampliación de sus horizontes de movilidad social afectando la percepción de la distancia social justificada entre grupos sociales. Por otro lado, el país vivió, como efecto del incremento de las expectativas de horizontalidad en el trato ordinario, todo un conjunto de nuevas demandas interactivas en ruptura con los modelos tradicionales. Ante estas transformaciones, el autoritarismo se ve, así, fuertemente restringido en su aceptación social. Nuevos ideales de autoridad democrática se afirman, ya sea en torno a la figura del «líder» que reemplazaría la del «jefe» en el trabajo, o a la de modelos de autoridad cercana y dialogante que aparecen en el seno de la familia. Sin embargo, al mismo tiempo, y en contra de lo que la tesis modernizadora afirma de manera unilateral, en la medida que los actores perciben la enorme dificultad de efectuar o encarnar estos nuevos mandatos ideales de la autoridad, tienden, masivamente, a convocar y ejercitar prácticas e idearios autoritarios.

De este modo: sí, es cierto, Chile ha conocido innegables procesos de modernización y de robustecimiento de sus actores sociales que han producido nuevos anhelos en lo que se refiere al ejercicio de la autoridad. No, la sociedad chilena no ha transitado, en términos generales, hacia un ejercicio «moderno», «democrático» o «conciliado» de la autoridad. Por el contrario, probablemente con una intensidad no alcanzada antes, padece de una tensión extrema entre lo que cada vez más se presenta y se postula como un ideal colectivo –una autoridad ecuánime y medida– y la vigencia de prácticas sociales que siguen siendo percibidas, ampliamente, como autoritarias y verticalistas. Es esta contradicción, en rigor, esto es, la dificultad percibida por los actores sociales para ejercer el «nuevo» ideal de autoridad, la que alimenta el ancestral temor a los subordinados. Éste se afirma desde un temor profundamente individualizado de no estar a la altura de lo que se exige de cada cual a la hora de ejercer la autoridad. Ante esta duda, que no deja de percibirse como una imposibilidad, y, por lo tanto, tras el miedo que esto alimenta, el recurso renovado al autoritarismo aparece como la «gran» y a veces como la única solución posible. Es este *insidioso círculo vicioso* el que da cuenta de la pervivencia, a pesar de las contracorrientes hasta aquí explicitadas, de las prácticas autoritarias.

La mantención de un ejercicio de tipo autoritario de la autoridad, reconocido como la forma de autoridad históricamente vigente en la sociedad chilena, encuentra un importante refuerzo en la encrucijada actual y produce un irritado escenario. El conflicto entre el empuje modernizante y la presión de las antiguas formas de sostén de las jerarquías resulta en la generalización de la práctica del abuso del poder y en la desconfianza en las jerarquías como presupuesto de partida en los intercambios con los otros. El cariz, abierta o veladamente, confrontacional que toman las relaciones, empuja a la desestabilización de las mismas. Es una multifacética «guerra de poderes» lo que se juega en la sociedad. Toda asimetría es leída como una amenaza. Toda jerarquía es, en principio, un mecanismo a desmontar.

Desde la perspectiva del ejercicio de la autoridad, lo anterior tiene dos efectos especialmente resaltables. Por un lado, introduce incertidumbre en el momento de decidir cómo ejercer la autoridad. Una duda acerca de la pertinencia de la propia actuación siempre está presente erosionando la seguridad de los individuos. Por otro lado, todos los factores evocados debilitan las razones para la obediencia. Ambos aspectos aportan, es indispensable subrayarlo, a elevar los temores de quienes deben situarse en el lugar de ejercer la autoridad. Ésta es una característica que afecta transversalmente a todos aquellos que deben colocarse en ese lugar, no importando ni el sector social ni el sexo.

Así, lo importante no es sólo que se expande la percepción crítica de una autoridad que abusará en su ejercicio, sino, también, que crecen las expectativas de abuso por parte de aquellos a los que este ejercicio está dirigido. En este contexto histórico, como antes pero por razones muy distintas, quienes deben ejercer la autoridad temen ser desbordados por aquellos cuya obediencia requieren. Esto quiere decir que, paradójicamente, si bien los modelos de gestión de la jerarquía prescritos por los ideales-tipo portaliano y hacendal son criticados tomando apoyo en nuevos ideales, ellos sobreviven porque su motor oculto, el miedo a los subordinados, adquiere una nueva vitalidad. La magnitud de este temor es tal que produce un ejercicio de autoridad que se sustenta en la fuerza, la imposición, la amenaza y la distancia rígida respecto de los subordinados como salida más eficiente para conseguir influir en ellos y la orientación de sus conductas. El fortalecimiento de los individuos y el cambio de las expectativas respecto al tipo de trato que merecen azuzan el nuevo rostro del miedo a los subordinados.

El círculo se cierra. Se desconfía de y se deslegitima a la autoridad porque se *presupone*, no sin razón, que su ejercicio será abusivo. Se desconfía de los subordinados porque se *anticipa* que ellos aprovecharán cada espacio para desbordar la autoridad poniéndola en riesgo. En breve, el recurso excesivo y arbitrario del poder aparece como un juicio anticipatorio generalizado de la acción de los otros y como un elemento indispensable que garantiza la eficacia de la propia conducta. Como efecto, las relaciones con los otros se irritan. La sociabilidad se ve impactada por fuertes tensiones. La inestabilidad relacional se expande. La función de pacificación de la autoridad muestra sus límites. El ejercicio de la autoridad se convierte en un centro problemático e irresuelto en las relaciones sociales.

III. Los rasgos actuales del autoritarismo

Como hemos ya señalado en la introducción de este libro, el gran problema para las personas en Chile no reside en que no exista autoridad como la discusión lo ha propuesto para otras realidades, sino que ella se sitúa propiamente en el ejercicio de la autoridad. Los sentimientos de desconcierto y desasosiego que caracterizan la relación con la autoridad, son acompañados de una autointerpretación: la autoridad es un asunto complejo por causa de las contradicciones que se deben enfrentar al encarnarla o al aceptarla. Se trata de contradicciones que aparecen traducidas en la conciencia de los individuos, con demasiada frecuencia, en términos personales e individuales, pero que son producidas por la afluencia de un conjunto de factores sociales. Por supuesto, estos varían según los dominios sociales. Como será discutido en detalle en otros capítulos, no son los mismos factores los que aportan a esta dificultad en la familia, en el trabajo o en la relación a la vida cívica y política. Por ejemplo, si en la familia el factor afectivo emocional juega un papel central para entender los impasses en la gestión de la autoridad, éste no es en absoluto el caso en las experiencias en el trabajo. Si, por otro lado, la valoración cognitiva de la competencia es un elemento relevante en el reconocimiento de una figura de autoridad en el mundo laboral, este factor es mucho menos influyente en las relaciones entre padres e hijos. Sin embargo, y sin desconsiderar un ápice lo dicho, resulta posible y necesario acercarse a lo que es el núcleo central y transversal que explica el desasosiego en el ejercicio de la autoridad hoy en Chile.

Como venimos de evocarlo, una gran tensión caracteriza el ejercicio de la autoridad. Por un lado, la convicción de que sólo su ejercicio discrecional y «fuerte», o sea autoritario, permitiría garantizar de manera efectiva el despliegue de la propia función de autoridad. Por otro lado, una conciencia aguzada de la no justificación e incluso lo inaceptable que resulta una tal forma de autoridad.

Javier, hoy corredor de propiedades de los sectores medios a comienzos de la cincuentena, resume bien esta tensión: si es cierto que él sabe que en Chile sólo se logra obediencia por presión, tanto que el buen trato es concebido como «un signo de debilidad», considera que eso no es, a fin de cuentas, autoridad, porque autoridad, según sus propios términos, no tendría que ver con «que el gallo hable más fuerte o grite o trate mal». Lo esperable sería exactamente lo contrario, esto es, alguien que al ejercer su autoridad tratara bien, argumentara, respetara. Lo esperable, claro, pero, en Chile, las cosas para que funcionen, está convencido Javier, deben hacerse de otra manera. De la otra manera.

Las formas autoritarias son consideradas como la modalidad histórica y, en verdad, como la única forma posible de la autoridad en Chile: «yo creo que el autoritarismo en este país... ha sido una gran plaga», dice alzando la voz Ximena. «Pero de siempre de siempre. O sea, si yo me pongo a ver la historia desde el comienzo... fue brutal, po' violentísima». Ella, como tantos otros, cree que hay una relación con la dictadura y con la figura de Pinochet, pero ella, como muchos también, piensa que esta actitud ha permeado y con vigor a los momentos democráticos e incluso a los líderes democráticos[20]. Pero, a pesar de esta conciencia, Ximena, quien trabaja en un equipo profesional en un proyecto municipal, entiende que esperar que el país deje de ser así es una fantasía, porque si ella parte desde sí, debe aceptar que: «no saco na' con criticar, también soy parte, no soy una isla». Y es que los modos autoritarios persisten porque el ejercicio

---

20 Como lo indican, si seguimos los comentarios de otros entrevistados, la oposición entre el «autoritarismo» de Lagos y lo que por entonces era el recuerdo «maternal» de la primera gestión de Bachelet.

de la autoridad lo exige: «si yo actúo autoritario, donde yo vaya me van a obedecer. No sé en otro país, estoy hablando de nuestro Chilito no más. ¿Por qué? Porque yo voy a hablar fuerte y con firmeza y con prestancia digamos [...]. O sea, para mí, para mí eso es ser autoritario. O sea, usar la fuerza no de... no de ninguna cosa extra digamos, ni armas ni nada de eso, pero si yo llego gritando acá y yo soy el jefe, todos van a hacer como que no existen, van a intentar no existir (risas)... Ojalá pusieran un biombo, pero van a obedecer», afirma, coincidiendo con Ximena, Juan, un exobrero del área de servicios a la minería y hoy taxista. Por supuesto, existen casos en que no es así, pero ellos son considerados casi siempre como excepciones. Por supuesto, también, se intenta que sea de otra manera, pero es arduo y no siempre conduce a algún lugar.

Ser autoritario es una necesidad que supone un ejercicio de la autoridad que se basa en la imposición. Una imposición que debe entenderse en una doble perspectiva. Por un lado, ella está vinculada con la posesión de una fuerza, de un exceso, de un suplemento factual, siempre de efectiva o virtual aplicación en su ejercicio. Por el otro, esta imposición es asociada con una actitud de denegación de toda discusión posible por parte de quien la ejerce, bajo lo que se encuentra, para volver a nuestro ideal-tipo portaliano, la aspiración a una *obediencia maquinal* y un modelo tutelar de la autoridad. Veamos en detalle ambas.

1. Autoridad y autoritarismo: la fuerza

En el ejercicio de la autoridad la exhibición de la «fuerza» se revela indispensable. Esto es tanto así que con una frecuencia abrumadora, entre los entrevistados el binomio a partir del cual se enjuició a quien la ejerce, casi como una paráfrasis del ideal-tipo portaliano y hacendal, fue la pareja fuerte (duro)-blando.

¿Consecuencia? La «fuerza» se convierte, masivamente, en un símbolo de la jerarquía y del ejercicio de la autoridad. Estar en una posición jerárquica superior *obliga* a ser más fuerte que el otro (y duro), lo que no significa sino hacer gala de un poder explícitamente y ostentosamente movilizado. Quien ocupa un lugar de jerarquía debe mostrar y ejercer ese poder, alardear de él, porque es una condición para mantener su posición. Esto es tan evidente que su recurso es considerado por muchos de nuestros entrevistados como un signo externo *indispensable* de la autoridad: el que tiene autoridad tiene «voz de mando», «habla golpeado», «muestra su fuerza», es «el que tiene la voz más fuerte [...] el que saca la voz más fuerte así, más duro», dice Isabel, una mujer de los sectores populares.

En ausencia de la «fuerza», para la gran mayoría de los entrevistados, no hay autoridad porque la autoridad despojada del recurso a la fuerza aparece como un ejercicio de poder que, a fin de cuentas, lo que muestra es sólo su impotencia. A distancia de una concepción teórica en la que la autoridad y la fuerza son excluyentes (Arendt, 1996; Weber, 1964), en este caso, casi por el contrario, la autoridad se sostiene precisamente en la fuerza y en la ostentación que se hace de la misma. De manera gráfica y hasta brutal esto es expresado, para el área del trabajo, por Rodrigo, un ingeniero civil: «Lamentablemente responden mejor al 'cabeza de chancho' [...] La idiosincrasia chilena, por algún motivo, que desconozco [...] por algún motivo la personalidad del empleado chileno... funciona bajo presión, pero no sólo de presión eh... de un programa de trabajo, si no que bajo la presión del 'cabeza de chancho'. Del grito, de la amenaza [...] funcionamos los chilenos, más por esa vía».

La importancia de la exhibición de la fuerza está, además, atada a otro de los rasgos característicos de la autoridad en el país: a saber, que ella no sólo se mide por su eficiencia sino que incluso se confunde con esta. Pero, ¿cómo medir esta eficiencia? La obediencia es en este registro el gran elemento probatorio. La autoridad es autoridad porque, claro, se es capaz de conseguir que las cosas vayan en la dirección prevista, como se ha sostenido desde la clásica teoría weberiana. Pero lo importante en este marco conceptual es que la eficacia se desprende del consentimiento. Entre los entrevistados, y sin que esta dimensión haya estado siempre ausente, lo decisivo a la hora de caracterizar la autoridad, en cambio, no es que se haya conseguido el consentimiento de la persona, sino que se haya conseguido, simplemente, que se haga lo que se requiere que se haga. Dado que éste es el índice fundamental a partir del cual se mide la autoridad, no es en los principios en los que reside la fuente de su legitimidad, sino que ella se sostiene en la capacidad práctica que se tiene para mantener el orden previsto. Se la juzga en su actuación y su eficiencia, esto es, no se la juzga por los principios, sino según los resultados. La excepcionalidad y arbitrariedad del poder pueden así justificarse, y lo son en la medida en que la eficiencia práctica lo requiera, y eso depende de las coyunturas en las que los individuos están situados, las que con frecuencia, se asume, requieren la fuerza. Muchos testimonios podrían ser traídos a colación. El de Rodolfo, un mecánico de alrededor de cuarenta años, quien afirma, por ejemplo, que «hay que ser pesado, confunden mucho la amistad con el trabajo, pero, sí, siendo pesado tiene resultados [...] Cuando yo trabajo soy pesado, muy enojón, entonces, las cosas se tienen que hacer en el tiempo y en el momento como se tienen que hacer, porque yo soy así». El de Javier, quien cuenta de su experiencia en el área del retail, es similar. Afirma que se fue «dando cuenta que había dos escuelas; el jefe que era bonachón, el jefe que le caía bien a todos, y el otro jefe que cumplía las metas, y yo quería ser el que cumplía las metas [...]. Nos decían 'tú tienes que llegar a la meta aunque tengas que hacerlos llorar o sea, no importa cómo lo consigas pero tienes que hacerlo'». O, siempre en el mismo sentido, el comentario de Eduardo, un ingeniero que trabaja para el Estado, quien al relatar su experiencia en el ejercicio de autoridad como padre, reconoce que para que las cosas funcionen, «teóricamente uno ejerce autoridad, pero en ese ejercicio, yo creo que me he transformado en autoritario...».

Lo anterior supone teóricamente que el soporte de quien ejerce la autoridad no está colocado en la creencia en la legitimidad de la autoridad, como lo ha propuesto Weber, sino, y esto es esencial, en los resultados de ese ejercicio. En otros términos, no se trata de que la autoridad se sostenga en la obediencia consentida de las personas gracias a la creencia de éstos en esa autoridad, sino que su sostén reside en probar prácticamente que se es *capaz* de hacerlos obedecer. La distancia entre estos dos modelos, es indispensable recalcarlo, es enorme.

2. Autoridad y autoritarismo: «sin discusión»

Otra de las características centrales asociadas con el ejercicio de la autoridad en el caso de Chile, y rasgo central del autoritarismo cotidiano, es que no considera al otro sino como un subordinado pasivo. En esta representación, la subordinación excluye, casi por definición, toda discusión con respecto a la «orden» dictada. Elena, una empleada del área de servicios al cliente, lo define así: «poner jerarquías. De que hay gente que manda [...] de escuchar poco, de pocos espacios de escuchar al otro, de respetar al otro en su diversidad de opiniones». Se trata de un tipo de ejercicio fundado a partir de la premisa de que el otro no cuenta, excepto, claro, por su acatamiento. A lo que se tiende es, así, a pasar por encima de la palabra, las opiniones, aportes ajenos, y a exigir una obediencia mecánica. También aquí, a diferencia de la obediencia consentida, que es la base de las maneras en que se ha entendido tradicionalmente la autoridad por diversos autores (Weber 1964, Kojève 2005), la obediencia aparece concebida como resultado de operaciones prácticas y coactivas, entre las cuales una muy importante es mantener la distancia con aquellos sobre los que se busca ejercer la autoridad. Una modalidad que es percibida tanto en el trabajo, en la escuela o en la política, y cuyo reconocimiento se convierte en un componente esencial de las quejas de los individuos: tanto porque «falta esa autoridad que sea más inclusiva» (Irene, microempresaria, sectores populares) como porque no se consideran los intereses del resto sino que «todos velan por su (propio) futuro» (Sofía, empleada administrativa, sectores medios).

El tipo de obediencia perseguido y el personalismo que de ello se deriva se asientan, así, en la constitución de quien obedece como menor de edad, algo que puede pensarse en analogía a un estadio de minoridad que, como ha discutido Kant (1988), le expropia al subordinado su capacidad de juicio. Marta, la dueña de un pequeño negocio de abarrotes en una zona periférica de la ciudad, al describir su propio ejercicio de autoridad en casa, da una imagen que la mayor parte de nuestros entrevistados evocó en sus experiencias en el trabajo o sobre la política: «Es yo que... eh, se hace esto y se tiene que hacer, como yo digo [...]. No hay discusión». Una estrategia que está en sintonía con lo que Nugent (2010) ha propuesto acerca del funcionamiento de las instituciones claves en las sociedades latinoamericanas, las que asumen, desde el lugar de la autoridad, que la relación con el que obedece es de tutela. En palabras de Pamela, una periodista, «tienes que obedecer porque no eres bueno para nada más, es eso nomás lo que tienes que hacer».

Pongamos el acento en las consecuencias de lo anterior: este ejercicio «produce» a quien obedece en el lugar de la obligación y no primariamente en el de la aceptación. Para seguir con las fórmulas de nuestra entrevistada, «obedece o te (palmea una mano contra la otra) va implícito un castigo, una reprimenda o algo negativo». Esta obligación puede ser justificada a partir de los beneficios, más o menos reales, que le puede traer al subordinado, o dicho de otro modo, y como es constante en el caso de la autoridad tutelar presente en los ideales-tipo portaliano y hacendal, bajo el justificativo de su propio bien, pero, en última instancia, este tipo de ejercicio de la autoridad se mantiene como un puro acto de imposición unilateral. Al negar la participación o la discusión, esta forma de imposición transmite un juicio de valor negativo sobre las capacidades y valor de quienes están colocados en el lugar de la obediencia. Pero, todavía más importante, esta actitud es indicativa, como lo veremos pronto, de los juicios de valor subyacentes sobre sí mismos (capacidades) de quienes ejercen la autoridad.

Lo central: en la medida en que lo verdaderamente relevante es la capacidad efectiva de *hacerse obedecer*, lo importante es la realización de los objetivos que uno tiene más allá de cualquier consideración (y esfuerzo) respecto a la adhesión de los otros. «La gente obedece –dice

Luisa, una historiadora–. Ahora, puede que obedezca mal o bien, digamos (ríe), en el sentido que haga mal su trabajo o no haga su trabajo o lo haga bien o lo haga más o menos, pero la gente obedece». Para ella, tanto en el Estado como en la universidad, espacios en los que ha desarrollado su actividad profesional, la gente es temerosa y ese es el fundamento de su obediencia, no la adhesión.

IV. El miedo a los subordinados y el ejercicio de la autoridad

> *La idiosincrasia chilena... es este perfil de, del guatón cabeza e' chancho, es decir, el tipo que, que, que regaña, que exige, que golpea la mesa, que... eh.... Y al parecer, eso da resultado. Pero yo diría, con una tremenda frustración eh... a todo el grupo que lo acompaña [...] No sabría decir, bajo qué, qué... qué es lo que lo motiva, al final, el grito.*
>
> RODRIGO, sectores medios

La tesis que aquí defendemos, y que busca responder a la inquietud de Rodrigo, es que la presencia extendida del autoritarismo en el ejercicio de la autoridad, a pesar del rechazo que pueda concitar o de la negatividad de sus efectos, posee una importante razón de ser. Responde al temor generalizado de que, de no ser autoritario, se perdería toda capacidad de influir efectivamente en las orientaciones de la acción de los otros: «yo trato de ser un poco más blanda (que sus padres) –dice una mujer trabajadora de los sectores populares, madre de una niña– pero me doy cuenta que tampoco me sirve, porque ella (la hija) abusa mucho de mí». Obtener la obediencia es concebido como posible únicamente desde el autoritarismo. Como lo expresa bien uno de los entrevistados hablando del ámbito del trabajo: «esta como desconfianza básica que tienen muchos jefes sobre sus subalternos, entonces, si les doy libertad, como dicen, 'se van a subir arriba del perno'» (Martín, psicólogo). Para insistir en el punto, se puede citar a Gabriela, profesora: «estamos acostumbrados a un modelo autoritario porque [...] cuesta mucho entregar el poder, entre comillas, al conjunto porque hay mucha gente que ve eso como debilidad o como si fuera laissez faire, entonces la gente aprovecha ese sistema [...]. Hay mucha gente que se aprovecha del pánico, o que llega tarde, o que no hace lo que tiene que hacer o que saca la vuelta en el fondo»; o a José, un empleado de una fotocopiadora, «la gente les capea... ¿sabe lo que es capear? O sea ¿no?, sacan la vuelta, eh... no hacen, tratan de no trabajar mucho, hacen lo justo y necesario».

Son estas imágenes, y su frecuencia entre los entrevistados, las que hacen indispensable generar estrategias que permitan que este desborde anunciado no acontezca y eso implica un ejercicio de la autoridad en el que la fuerza y la exigencia de una obediencia maquinal sean sus componentes centrales. Es, precisamente, lo anterior lo que subyace a las figuras del jefe o jefa «latigadora», al «cabeza de chancho», a la madre o al padre «tirano», o, haciendo eco a la asociación más usual del autoritarismo con la historia reciente, y en directa y masiva relación con la figura de Augusto Pinochet, al dictador.

De manera explícita: el ejercicio autoritario de la autoridad no es sino, en el fondo, un testimonio del temor a la propia vulnerabilidad así como de la dificultad para encarnar una autoridad que se sostenga de sí misma dada la fragilidad de los soportes institucionales. En la medida en que las relaciones con los otros son vistas como antagónicas, como una escena de confrontación asimétrica permanente de poderes (Araujo, 2009), para ejercer autoridad es indispensable hacer gala de todas las cuotas de poder que se posee. Lo que vincula activamente ambas experiencias, y hace de la primera, a pesar de la segunda, la única respuesta posible, es la profundidad del fantasma del temor a los subordinados. Visto de cerca, este recurso a la exhibición de la fuerza esconde, apenas y mal, la realidad de una autoridad marcada, muchas veces, si no por su impotencia, al menos por sus propias dudas. Boaventura de souza Santos (1995), ha indicado a propósito del poder en el barroco y sus excesos de teatralización como un factor importante de las sociedades europeas mediterráneas, que esta puesta en escena testimoniaba una insuficiencia efectiva del poder que intentaba ser, justamente, compensada por la teatralización. En el caso chileno, podría argüirse que el recurso, más o menos teatralizado, de la exhibición de la fuerza más que revelar una falencia práctica del poder (la obediencia se alcanza por lo general), testimonia de un inveterado temor a ser desbordado por los otros. En consecuencia, es evidente que ejercer la horizontalidad en un contexto así termina muchas veces por ser leído como debilidad y, por tanto, significar vulnerabilidad. El fantasma del temor a los subordinados es, así, el que explica de manera más abarcadora la permanencia de este ejercicio autoritario de la autoridad.

Cierto, este miedo a los subordinados es de larga data, como lo revelan los dos grandes ideales-tipo históricos que sostienen las formas autoritarias de ejercicio de la autoridad, el portaliano y hacendal. Por causa de lo anterior, resulta evidente que el miedo a los subordinados no puede ser considerado como una novedad. Pero lo que sí resulta relevante, y *nuevo*, es la manera en que la encrucijada actual más que aportar a su disolución ayuda a su fortalecimiento. Es tomando en cuenta estos procesos cómo es posible explicar el hecho de que a pesar del extendido juicio negativo al autoritarismo, en términos prácticos, este tipo de ejercicio de la autoridad continúe estando tan presente. Este fortalecimiento del temor resulta visible desde dos vértices. Por un lado, desde lo que toca a los jefes; del otro, desde lo que concierne a los subordinados. Empecemos por la última entrada.

1. Los subordinados y las obediencias no conciliadas

Desde el lado de los subordinados, la naturaleza que se les ha atribuido ha sido leída, de manera tradicional, como la contracara oculta explicativa de la ferocidad, por lo menos virtual, con la que deben actuar los jefes. Una ferocidad que se nutre de una concepción que hace de la barbarie o la ineptitud de aquellos a quienes se intenta gobernar su razón de ser al modo de las versiones de Sarmiento o Portales (Jocelyn Holt 1999, Svampa 2006)[21]. Pero si ésta es una dimensión presente en la estructuración histórica del problema mando-obediencia, no es posible imaginar que ella haya llegado intocada hasta el día de hoy. Si esta idea de un subordinado amenazante aquejado de rasgos de primitivismo era una imagen posible en el siglo XIX, sin duda no es el caso actualmente. Casi al contrario, lo que se encuentra en un momento como el actual es que la cuestión de los subordinados resulta álgida, porque tanto el fortalecimiento de la confianza de sí como individuos como las expectativas de horizontalización traídas por las transformaciones estructurales de las últimas décadas, han intervenido en modificar las significaciones de la obediencia y, por tanto, de la relación con la autoridad. En breve, el subordinado asusta menos porque es un «bárbaro» que porque es un híper actor.

¿Pero cómo explicar este carácter amenazante en una sociedad en la que en el trayecto que llega hasta nosotros se ha autointerpretado reiteradamente desde la imagen de la obediencia? En efecto, como todos parecen coincidir en una de las más sostenidas imágenes nacionales, en Chile se obedece, y esto es generalizable. Tanto es así que la obediencia es una característica que es reconocida por muchos individuos entrevistados como constitutiva de la idiosincrasia chilena. Una obediencia que, notémoslo, siempre evoca, tarde o temprano, un temor, por simbolizado que sea, a

---

21 Una interpretación visible, por ejemplo, en la lectura histórica hecha por Gabriel Salazar (2006).

un castigo. A pesar del evidente fortalecimiento del poder observable entre los individuos, el acatamiento de la autoridad sigue concibiéndose como el resultado de una amenaza en tanto que instrumento primario para obtener la obediencia. Si es cierto que las formas del castigo y de la amenaza han variado históricamente, su permanencia no es, por ello, menos activa: «Entonces, todos estamos como constantemente, así, amenazados por la norma, porque hay que cumplir la norma, y yo creo que eso, uno no sé, después por ósmosis se mueve nomás y hace cosas, y siente cuál va a ser la represalia si no hace esa cosa… está ahí instalado» (Belén, profesora de educación básica, sectores medios).

Frente a esta situación, confrontar la autoridad o el desacato abierto y explícito no es una actitud frecuente, especialmente si se trata de situaciones en las que los riesgos de represalias resultan vitales para las personas, como en el trabajo, en los espacios públicos o en las relaciones con las instituciones. De hecho, pero esto lo desarrollaremos con detalle en el siguiente capítulo, en la medida en que las consecuencias de estas represalias se atenúan, se presentan formas de la obediencia y desobediencia más móviles, como es el caso de las relaciones familiares intergeneracionales. La eficacia diferencial de la amenaza como recurso de la autoridad es visible en el relato de Juan, un exobrero. Hablando de su familia dice que la disciplina es la parte más difícil, porque a nadie le gusta obedecer y menos a un adolescente. Él cree, eso sí, que la situación es muy diferente a lo que sucede en el trabajo: «no sé si tendrá que ser por la convivencia del día a día, pero cuesta más convencer a los hijos que a los trabajadores. O sea, de lo que hay que hacer hay que hacerlo digamos. Será porque el tipo nunca va a ser despedido (risas). No, no, yo le prometo. Yo estoy pensando en voz alta y yo creo que es eso y hace la relación… Hace la relación inmediatamente. Yo me imagino eso, porque, o sea, un trabajador conflicto, lo peor que pueden hacer es echarme, y este otro (el hijo) ¿cuál es el drama? Ni uno poh».

Por cierto, en Chile, como en otros lugares, hay desobediencia, pero su expresión directa y llevada hasta sus últimas consecuencias no es el elemento que caracteriza mayoritariamente la relación con la autoridad. Por eso, más que la evocación de casos de desobediencia abierta[22], lo que se encuentra son procesos subrepticios de cuestionamiento de la autoridad. Estos procesos se expresan en críticas y quejas que muchas

---

22 Lo que va, por ejemplo, desde la posibilidad de evaluar la pertinencia de una norma y juzgar su acatamiento o no como pertinente, fundamento de la desobediencia civil teorizada por Thoreau (1993), hasta la confrontación autodestructiva con la figura de autoridad (Sennet 1982).

veces aparecen en el formato del «chaqueteo»: «Claro que al tiro dice 'pucha, viejo de mierda', dice, éste que es un aprovechador, no sé, que más encima nos ve trabajando, no nos paga las horas extras... y, claro, ganan ellos nomás y nosotros no'...entonces típico (ríe)» (Isabel, cajera). Pero, también, ello se expresa en estrategias para burlarla, ya sea trabajando menos de lo que se podría o haciendo gala de mecanismos de adulación. Ésta es una dinámica visible en el relato de esta mujer: «obedeces a pesar de estar descontenta. Y lo haces para que no te echen... pa' que caigas bien al jefe... qué sé yo.... Por no perder la pega... entonce'... y por detrás 'oye, esta vieja qué sé yo y lalalaá' y después llega, eso lo vi mucho, 'oooy pucha, oye XX, oye me encantó lo que dijiste', o '¿vamono' a tomarnos un trago todos juntos?'» (Ximena, sectores medios).

Lo que estas prácticas revelan es lo que caracteriza las relaciones de autoridad: encontrarse, por lo general, vinculadas a un tipo de obediencia que, aunque consentida, aparece como no conciliada. Se obedece e incluso se pueden tener buenas razones para hacerlo, pero ello no necesariamente se acompaña de una sintonía consigo mismo respecto a la acción. La *obediencia no conciliada* es la forma más frecuente de ubicarse respecto a la autoridad. En consecuencia, si bien la obediencia es un rasgo que identifica al colectivo («los chilenos somos obedientes»), sin embargo, la obediencia no es un rasgo con el que las personas gusten ellas mismas de identificarse. Al contrario. Tienden a ser muy críticos con este rasgo y encontrarse disconformes con él. ¿Por qué? Porque la obediencia, a fin de cuentas y por más que se valore el orden social que de ella se desprende, se asimila a la sumisión. «Es sumisa la gente, hace caso a todo, o sea por lo que yo observo...» (José, SM). Éste es un rasgo que es considerado por los entrevistados, con extremada frecuencia, comparativamente con otras sociedades, ya sea Argentina, Costa Rica o Bolivia, como un defecto nacional. «Nosotros tenemos la gran particularidad, creo, yo, la gran virtud como chilenos» dice irónicamente Patricio un hombre de los sectores populares, «que tenemos una paciencia increíble y, disculpando la expresión, nos mamamos la cuestión, seguimos viendo, observando lo que pasa en nuestro entorno, y los líderes siguen siendo los mismos, siguen siendo las personas que todo aquí para el bolsillo, joden a todos los compadres que están abajo, les importa un pito cómo lleguen arriba, pero....». Al asimilar la obediencia (o el acatamiento) a la idea de sumisión, lo que resulta es que quien está en posición de subordinación, por temporal que ésta sea, no puede no terminar por ocupar ese lugar de manera contrariada. La posición de obediencia o incluso la de reconocer a otro en ese lugar es, y no puede no serlo de otro modo en este marco, muy mal tolerada. Reconocer la autoridad del otro se torna un problema porque toca la propia autoestima.

La resistencia, pasiva o indirecta, y la renuencia al reconocimiento de la autoridad, en cuanto asociada a la sumisión, dan lugar a una obediencia no conciliada que, a su vez, se convierte en un importante insumo del temor a los subordinados por parte de quien debe ejercer la autoridad. El relato de Fernanda puede dar una idea tanto del tipo de resistencia como del miedo que éste suscita. Ella es una profesora con larga experiencia que considera hoy, como muchos, que las personas tienen dificultades para aceptar y reconocer figuras de autoridad. Cuenta que ha debido asumir como jefa porque la suya cayó enferma. Sin mucha experiencia en estos cargos, en el momento de la entrevista está preocupada de los resultados que pueda obtener. El problema que más la inquieta es el de una de las personas bajo su jefatura, la que, según su afirmación «no rinde»: «entonces, ella lo único que hace es ponerme caras, en vez de darme algún tipo de explicaciones me pone caras, le digo cualquier cosa me pone caras, y eso a mí me da….¿tu sabí'? yo llamo a mi jefa y le digo '¡¿qué hago?!' porque ya no sé qué hacer, no sé qué decirle, porque en vez de ella responderme algo me pone caras, cara de odio, cara de desagrado, cara de por qué me hablas así, caras…». Su gestión está amenazada porque su lugar de autoridad lo está.

Lo particular, es indispensable insistir, no es la existencia de una resistencia de los sometidos, una realidad histórica que atraviesa realidades nacionales y ampliamente documentada por la literatura especializada (Scott, 2000). Lo específico de nuestro caso es que se trata de una constelación de ejercicio de la autoridad en la que la subordinación va con demasiada frecuencia adherida a la idea de sometimiento, a diferencia de lo que ha sido discutido desde la perspectiva del consentimiento. La obediencia, en este marco, y ello en particular debido a que los actores no cesan de fortalecerse, aparece más como el resultado de una extorsión (de una amenaza o de un castigo) que como el fruto de una decisión personal. Por supuesto, es claro que la autoridad es, por lo general y en todos lados, indisociable tarde o temprano de factores coactivos, pero en Chile, la autoridad, en sus expresiones más generalizadas y cotidianas, se vive en lo esencial como una experiencia de sumisión. Nos encontramos, así, frente a una situación que alimenta formas diversas y generalizadas de obediencias no conciliadas. Esto es lo específico. Al encontrarse autoridad y sumisión íntimamente vinculadas, entonces, la idea de autoridad termina por adosarse *enteramente* a la idea de dominación. La autoridad, o más precisamente, acatar a la autoridad, es concebida por aquellos que están en la posición de los que obedecen, y ello en *todos* los sectores sociales, como una amenaza a la dignidad, al respeto y a la valoración propia. En cuanto tal, ella se puede constituir con facilidad excesiva en fuente de sentimientos de rencor y deseos de retaliación que pueden dar lugar a formas de venganza varias.

Como respuesta a esta amenaza siempre virtual de parte de los subordinados, las situaciones jerárquicas que enfrentan continuamente formas de obediencia no conciliadas terminan por hacer del autoritarismo la única solución posible al problema de la autoridad.

2. Los jefes: inconsistencia e incertidumbre

Veamos ahora este asunto del lado de los jefes. De lo que se trata aquí es que el miedo es producido por la duda acerca de la fortaleza propia que se puede exhibir y/o movilizar como figura de autoridad. Ésta es una cuestión que aparece con extremada transparencia en el caso de la autoridad con los hijos, pero que, con más velos, está también actuando en el ámbito del trabajo. Son al menos tres las razones que explican estas dudas respecto a las capacidades personales para ejercer la autoridad.

La primera, y quizás más simple de exponer, tiene que ver con el proceso de fortalecimiento de los propios subordinados y la transformación de sus expectativas en las relaciones cara a cara y en el manejo de las jerarquías. Éstos, sean las hijas o las personas a cargo de sus jefaturas en el trabajo, aunque en magnitudes y modalidades distintas, han dejado de reconocer de manera automática y fluida a las órdenes. Se trata de subordinados que, aunque sus resistencias sean muchas veces pasivas o subrepticias, hacen que el ejercicio de la autoridad tienda a ser ríspido o percibido como entrañando altos costos personales. En algunos casos, esta situación llega a extremos, como en el caso de un padre cuya hija adolescente deja la casa luego que él se mantiene firme en no autorizarla a realizar algo que ella deseaba, o el de una profesora y su violento relato de las relaciones con los estudiantes de la escuela en la que trabaja como asistente –lo cual, es necesario decir, de ninguna manera resulta único en el material que fue recabado–. Ella cuenta: «y me da hasta cosa a salir a la calle, porque los alumnos ¿sabes qué dicen? 'oye, vieja sapa, oye vieja fea'». Ella, por supuesto, responde y les increpa que se lo digan en la calle y no en el colegio porque, como dice, «si resulta que yo me achuncho, él me va a seguir intimidando», pero «igual me da miedo», especialmente le da miedo perder el control y que, a semejanza de un colega suyo, termine por responder de manera violenta a las amenazas.

La segunda razón se relaciona con la doble prescripción a la que se ven enfrentadas las personas en ejercicio de la autoridad. Por un lado, la permanencia de elementos de los ideales-tipo que sostienen formas autoritarias de ejercicio de la misma, los que son estimulados por razones estructurales o de inercia institucional. Por otro lado, sin embargo, se está frente a la presencia de nuevos modelos ideales de ejercicio de la autoridad que son transmitidos por los medios de comunicación, por los expertos o que incluso tienden a ser esparcidos como nuevas prescripciones por la acción de las mismas instituciones. La oposición entre estas dos familias de prescripciones en el ejercicio de la autoridad es extrema y producen fuertes sentimientos de desasosiego personal.

Como lo resume con acierto la frase de uno de nuestros entrevistados: «*la autoridad convence y el autoritario obliga*». Pero entre ambas, la elección se vuelve difícil, incierta, y hasta a veces imposible. El anhelo por la primera se contradice con la experiencia del inevitable recurso al segundo. Lo veremos en profundidad en los capítulos 3 y 4, pero en la sociedad chilena se asiste en las últimas décadas a la propagación de ideales más democráticos y dialogantes de relación, especialmente en la familia, y de maneras más participativas y colaborativas de gestión laboral. Estos modelos, es necesario decirlo, se encuentran en fuerte consonancia con las expectativas de mejor trato y mayor respeto, sobre todo expandidas entre los individuos de los sectores populares. En todo caso, cualquiera sea el dominio, y esto es lo central, la tensión entre estas dos familias de modelos termina por desestabilizar a quienes deben ejercer la autoridad, pues se encuentran tensionados entre estas dos orientaciones. La incertidumbre respecto a la capacidad efectiva que se tendrá de sostener el lugar de autoridad resulta correlativa de la necesidad de encontrar una salida personal, y altamente individual, frente a este escenario contradictorio. Si bien es cierto que esto no impide constatar una cierta «modernización» del ejercicio de la autoridad en el país, este proceso debe, no obstante, leerse, desde las experiencias de los actores en situación de jefatura, en medio de la tensión estructural diseñada por el conflicto entre los «viejos» ideales-tipo, los nuevos ideales de autoridad negociada y el renovado temor a los subordinados.

Leídas desde otra perspectiva –lo que conduce a la tercera razón– las dudas personales a la hora de ejercer la autoridad se vinculan con el hecho de que las formas ideales de autoridad propuestas resultan, en opinión de muchos, incluso más allá de su ejercicio, imposibles de *encarnar*. Una vez más, la tensión se traduce en un profundo dualismo. No sólo resulta imposible encarnar al jefe o padre de la autoridad incontestada e impositiva, sino, también, resulta serlo el de cristalizar la del jefe o padre democrático ejemplar. El primero porque, aunque siga siendo considerado como ampliamente eficiente, es un modelo altamente cuestionado, y porque, especialmente en la familia, encuentra sus límites en las transformaciones que en términos de incremento de poder se observa entre los subordinados. El segundo, porque el elevadísimo grado de ejemplaridad ideal exigido topa con las posibilidades reales de los individuos de encarnarlo. Topa, sobre todo, con lo que los actores consideran ser sus posibilidades efectivas de realizarlo.

Hagamos un alto en la última afirmación y en la dificultad que evidencia, porque en ella se revela una arista transversal y saliente de la cuestión de la autoridad: si es cierto que el modelo de ejercicio de la autoridad puede estar en vías de transformación en el sentido de una mayor negociación, la exigencia implícita de excepcionalidad personal para quien ejerce la autoridad, presente ya de manera destacada en el ideal-tipo portaliano, no parece haberse transformado según la mayoría de las personas entrevistadas. Los relatos acerca de experiencias juzgadas como positivas con personas con autoridad comenzaron con frecuencia con afirmaciones que subrayaron el hecho de que era una persona fuera de lo común, o de habilidades inusuales, en todo caso, dotada de capacidades siempre clara y altamente distinguibles del resto. En todos los relatos, para ser un «buen» jefe, incluso en sus modalidades más institucionalizadas, se continúa presuponiendo que esto exige virtudes sobresalientes para que el reconocimiento de una autoridad sea efectivo. Formas ordinarias y relativamente usuales de ejercicio de autoridad caen así virtualmente fuera de lo que se considera deseable para ser reconocido como una autoridad que merece ese nombre. En consecuencia, se expande entre muchos actores el sentimiento de estar en falta o de no contar con las herramientas y orientaciones necesarias para poder asegurar este ejercicio. Lo anterior, una vez más, es indispensable entenderlo en las dos direcciones: estar en falta porque no se cuenta con la excepcionalidad que se requeriría para un liderazgo más cercano y dialogante, autoridad «blanda», pero también porque se carece de la energía, fortaleza y prestancia para ser una autoridad «dura» o «rígida». Es lo que hace que Lisette, una trabajadora temporera, se haya negado de manera sistemática a ser jefa de sección: «Entonces, un día me llamaron a reunión con el gerente don Juan Pablo, y yo le dije 'no, yo soy una trabajadora', 'te hemos dado la oportunidad de ser jefa de sección, ¿por qué no quieres aceptar?', 'no, yo prefiero ganar menos, trabajar tranquila pero bien, nada más y mantenerme en el trabajo'». Lisette agrega reflexivamente: «porque yo sabía mis limitaciones y ellos no». Ser jefa excede sus capacidades y ella ha visto enfermar mucha gente en esos puestos, así es que se deja guiar por lo que considera un buen dicho: «soldado que arranca sirve para otra guerra»[23].

En breve, la «buena» autoridad, para usar una expresión común a muchos de nuestros entrevistados, no es ni fácil de encontrar ni, en absoluto, fácil de encarnar. Colocados en posición de autoridad y empujados a ser eficientes a la hora de lograr la obediencia en un mundo de subordinados profundamente transformado, no sólo los individuos deben encontrar un camino propio entre múltiples y contradictorios modelos prescriptivos, sino que también deben ser capaces de convivir con éxito con los efectos desequilibrantes de la sensación más o menos permanente de agobio, que muchos de ellos sienten al cumplir esta función, por la desmesura de las exigencias que imaginariamente deben enfrentar. El ejercicio de la autoridad es un nudo que hay que desligar en soledad, y con escasas garantías y sostenes colectivos.

* * *

A lo largo de estos dos capítulos, progresivamente hemos ido hilvanando una tesis indisociablemente social e histórica sobre las *especificidades* que el ejercicio de la autoridad posee en Chile. Para ello ha sido preciso, en el capítulo precedente, mostrar cómo, discernible desde el advenimiento de la República, se cristalizó en el país, a través de un conjunto dispar de factores, una forma inveterada de desconfianza y rápidamente un verdadero temor ante los subordinados, un miedo que no tardó en cimentar sólidamente una cultura del autoritarismo como única vía posible para el ejercicio de la autoridad, una situación de la que dan cuenta, incluso hoy, dos grandes ideales-tipo nacionales de la autoridad portaliana y hacendal.

En este marco, y frente a los innumerables cambios que ha conocido la sociedad chilena, y, por supuesto, la profunda transformación de las últimas décadas, dos grandes hipótesis han ocupado lo esencial del debate en el país. Por un lado, la posición de aquellos que, con diversos acentos, defienden una tesis culturalista según la cual la explicación vendría de una herencia de disposiciones autoritarias incorporadas que no cesaría

---

23 En actitudes de esta índole es también posible observar la presencia de otros factores, comenzando por una cierta conciencia de clase y la voluntad de no «venderse» al patrón. Sin embargo, en el caso de Lisette, no fue esta dimensión la que primó en su relato.

de reproducirse en el país. Por el otro lado, la perspectiva de aquellos que, optando por la tesis de la modernización, sistémica o normativa, concluyen en la salida progresiva de todo resabio autoritario en Chile.

Nuestra interpretación, basada en una investigación empírica, está a caballo entre estas dos lecturas. Si, por un lado, es preciso reconocer la fuerza, siempre actual, de los viejos ideales-tipo portaliano y hacendal, por el otro se impone la necesidad, no menos imperiosa, de reconocer la profundidad de los cambios operados en la sociedad chilena tanto en lo que respecta al fortalecimiento de los subalternos como a las nuevas dificultades a las que se enfrentan las jefaturas. En otros términos, y por paradójico que resulte, *la continuidad se condice con la ruptura*. El autoritarismo no sólo no es hoy el mismo que el de ayer, sino que se ejerce en contextos históricos radicalmente nuevos, lo cual no le impide, sin embargo, seguir siendo activo a nivel de las prácticas e incluso movilizar elementos imaginarios comunes con el pasado. La razón de esta paradójica continuidad se encuentra, resulta evidente a estas alturas, menos en la transmisión y mantenimiento de una cultura del autoritarismo (como lo testimonian las innumerables críticas normativas de las que es objeto), y más en la asombrosa reinvención histórica de un profundo temor hacia los subordinados, un temor que siendo transversal a la sociedad chilena, no deja, sin embargo, de transformarse y encontrar sus especificidades según ámbito social. La esfera de la familia y del trabajo servirán, sucesivamente, en lo que sigue, para mostrar en mayor detalle la acción multifacética y al mismo tiempo pluralmente condicionada del miedo a los subordinados.

Capítulo 3
Autoridad y familia

I. La autoridad en la familia

Una de las tareas centrales que le compete a la familia en el eje inter-generacional, cuestión que nos ocupará en este capítulo, ha sido la crianza y educación de la generación más joven[24]. Una forma de conceptualizar esta tarea en las ciencias sociales ha sido a partir de la noción de socialización. Por supuesto, esta tarea ha sido entendida de diversas maneras y sus fines han sido juzgados con valencias distintas. Para algunos, se ha tratado principalmente de subrayar el papel de la familia en la constitución de las subjetividades (Freud 1988) o en la generación de los individuos propios de una sociedad y una época (Elías 1990). Para otros, en una perspectiva crítica, ésta se ha comprendido en el eje reproducción social-dominación (Bourdieu 1999). También ha sido concebida como fundamento de la integración y coordinación social y, en esa medida, como vía para la entrega de herramientas para la vida futura, es decir, como dimensión de normalización positiva (Parsons 1970, Berger y Luckmann 1968). En fin, ella ha sido pensada como correa de transmisión del acervo histórico y humano (Arendt 1996).

Las tareas sociales de la familia se han vinculado, así, con el control social, es cierto, pero también, y esto es indispensable recordarlo, con la posibilidad de realizar dos de los deberes sociales centrales que tienen las generaciones mayores con las más jóvenes: el cuidado y la transmisión intergeneracional. Con transmisión intergeneracional nos referimos al movimiento de traspaso de bienes tangibles o intangibles (valores, el acumulado de saber de una cultura, prácticas, entre otras) de una

---

24 Seguimos aquí la noción de que la familia es una institución definida por normas para la constitución de la pareja sexual y de la filiación intergeneracional, normas que fijan y mantienen un juego de roles sociales (Therbörn 2004).

generación a otra (Habermas 2000, Arendt 1996). El cuidado, a su vez, tiene que ver con sostener y responder a las necesidades de aquellos que son dependientes y vulnerables teniendo en perspectiva su integridad y bienestar (Tronto 1994, Noddings 2001).

Lo que es relevante subrayar para nuestro argumento aquí, es el rol central que se le ha asignado a la autoridad en el cumplimiento de estas tareas. Ésta es una cuestión que ha sido reconocida por el debate, ya sea que se le haya llamado por su nombre o que haya sido referida bajo otra denominación, como en el caso de Bourdieu (2000), a partir de la noción de poder simbólico. La autoridad de los padres respecto de los hijos ha estado en el corazón de las maneras en que se ha entendido la posibilidad de desarrollar el trabajo de socialización. ¿Por qué? Porque la autoridad es el fenómeno que permite entender que en la familia haya una influencia efectiva ordinaria y constante en las conductas por parte de algunos de sus miembros sobre los otros. En esta medida, la autoridad puede ser considerada como un sostén fundamental de las atribuciones entregadas por las sociedades a sus miembros para cumplir sus deberes sociales.

Ahora bien, es esta autoridad en la familia, precisamente, la que según una parte importante de la discusión occidental desde hace más de medio siglo habría entrado en crisis (Horkheimer 2001). Para una parte influyente de la discusión, de raigambre psicoanalítica, estaríamos ante un auténtico declive de la autoridad, lo que se vincularía con transformaciones en las subjetividades que se expresan incluso en la aparición de «nuevas enfermedades del alma» (Kristeva 1995). Este declive, a su vez, estaría asociado con un debilitamiento de la figura del padre (Horkheimer 2001, Mitscherlich 2003, Miller y Laurent 2005, Zizek 2001, Melman 2005). Si bien las razones que se arguyen para este proceso son variadas, por ejemplo, el ascenso de la ciencia como referencia principal (Lebrun 1999) o el aumento de la reflexividad (Zizek 2001), lo cierto es que la coincidencia básica es que estamos frente a un debilitamiento generalizado de la autoridad. Para otros, el centro del problema estaría en la puesta en cuestión de la autoridad debido a cambios normativos. La así llamada crisis sería resultado de la modificación de los antiguos roles debido al impacto del afianzamiento de los valores de la igualdad y la libertad (Renaut 2004). Estos cambios conducirían no a la desaparición de la misma sino al empuje para su transformación, y, en particular, el de los principios que orientan su ejercicio, es decir, su fundamento.

Ninguna de estas posiciones ayuda acabadamente, a nuestro juicio, a entender primero la cuestión de la autoridad y, en segundo lugar, el caso chileno. Las primeras, aquellas articuladas en torno a la tesis de la erosión, como lo son muchos estudios de raigambre psicoanalítica no ayudan a entender el problema de la autoridad en la familia porque no recogen la complejidad de los procesos sociológicos que envuelve el problema de la autoridad. Como ha planteado Tort (2005), la tesis del debilitamiento del padre y su tratamiento pesimista por el análisis cultural psicoanalítico resulta insensible a las transformaciones sociológicas y pasa de lado un elemento particularmente relevante de este proceso que es la democratización de las relaciones sociales y en particular el germen positivo que resulta del quiebre del modelo patriarcal en las relaciones entre los géneros (Valdés, Meunier Castelain y Palacios 2006, Jelin 2007). Pero tampoco aporta a su comprensión porque la autoridad es entendida como un complejo específico de formas de fundamentación, ejercicio y obediencia inmutable. Una fijeza que ha sido incluso rebatida con pertinencia desde la propia historia del caso europeo (Ariès y Duby 1992, Stone 1995, Farge 1992, Perrot 1989). Finalmente, porque esta perspectiva concibe a la autoridad como compacta, obliterando, así, el hecho de que, como intentamos argumentar en este libro, la autoridad no puede ser entendida sino en relación con el dominio al que se aplica. La autoridad varía en función de los dominios sociales.

Las segundas, las tesis del cambio normativista, tienen una ventaja y un límite al acercarse a la cuestión de la autoridad. Su ventaja: tienen una mirada menos fija y más historizada de la autoridad. Visto el problema desde esta perspectiva, no es que haya una crisis de autoridad en términos genéricos que implique la amenaza de su desaparición, sino que, como ya anotaba Arendt (1996), lo que acontece es que surgen condiciones que asedian el ejercicio de un tipo de autoridad e impulsan su modificación. Adicionalmente, estos trabajos entienden que la presión para la transformación acontece como efecto de la aparición o fortalecimiento de nuevos soportes normativos sociales, resultado de lo cual un tipo de autoridad deja de resultar una modalidad eficiente de gestión de las jerarquías. Su límite: si bien les dan, con razón, un verdadero rol a las transformaciones en los principios que orientan las relaciones sociales, ponen todo el peso, y esto en parentesco con las visiones psicoanalíticas, en la transformación de los nuevos fundamentos de la autoridad. Es decir, se enfocan primariamente, si no exclusivamente, en los efectos de las condiciones de la legitimidad, desconociendo con ello otras dimensiones, como los efectos de las coerciones materiales o los procesos de redistribución del poder en la sociedad, pero, principalmente, obviando el análisis del ejercicio concreto de la misma.

En Chile, por supuesto, resulta imposible negar que existe una preocupación insidiosa rondando la vida social respecto a la autoridad en la familia, pero ello no lleva necesariamente a concluir que estamos frente a una crisis de la autoridad, la que, como lo propone erróneamente una lectura catastrofista, nos llevaría no sólo al fin de la autoridad, sino también al de la familia, y con ello incluso al de la misma sociedad[25]. Por el contrario, el problema de la autoridad entre las generaciones se plantea hoy antes que nada como un problema de *ejercicio* de la autoridad. Es importante comprender en este marco su especificidad con respecto a los debates que se han dado fuera de la región.

Por lo general, en efecto, como acabamos de señalarlo, la autoridad ha sido pensada a partir del problema de los fundamentos de la legitimidad, tendiendo a minimizarse los problemas efectivos de su ejercicio. Lo anterior implica la suposición de que una vez cerrado el debate sobre la legitimidad de los principios pudieran resolverse todas las dificultades prácticas. En el caso chileno, y quizás latinoamericano, hoy, *la legitimidad de la autoridad entre las generaciones no está fundamentalmente en debate*. En términos generales, los actores reconocen la legitimidad de la ascendencia de los mayores sobre los más jóvenes. *En donde se centra la dificultad es en su ejercicio*. Este ejercicio es particularmente difícil por las tensiones y contradicciones a las cuales se ven sometidos muchos adultos en el encuentro entre la acción imaginaria del miedo a los subordinados (en acción aquí como en otros dominios de la sociedad chilena), y las transformaciones estructurales que no sólo modifican las condiciones para el ejercicio de la autoridad, sino que aportan al fortalecimiento de este temor imaginario.

Entender la autoridad en la familia requiere, así, no sólo identificar la acción de los rasgos tanto materiales como normativos de la época y la sociedad en la que se sitúa, sino también, y particularmente, la cualidad de los síntomas que definen su problemático ejercicio.

II. Razones estructurales de la agudeza de un miedo

En el caso de Chile, como efecto de los factores que hemos discutido en capítulos precedentes, la cuestión de la autoridad en la familia se expresa principalmente en el desconcierto y las dudas expandidas respecto a

---

25 La percepción de la calidad de la relación con los padres en América Latina es muy positiva. Los niveles de confiabilidad respecto de los miembros de la familia, en especial la madre, son los más altos respecto a otros ámbitos relacionales. Chile, con un 56,5%, tiene uno de los porcentajes más altos al respecto (CEPAL 2004).

la capacidad de ejercerla eficientemente. El temor a ser desbordados por los hijos, perder autoridad y no conseguir con ello responder a sus obligaciones sociales de transmisión intergeneracional y cuidado, moviliza una serie de imágenes amenazantes y empuja a formas contradictorias y conflictivas de ejercicio de la misma. El miedo a los subordinados, fantasma en acción en la sociedad chilena, se expresa en este dominio de una manera particular, como lo veremos, y lo hace, sobre todo, de manera muy aguda. Una intensidad que se puede comprender si se toma en cuenta la combinación de tres de los rasgos estructurales que apuntalan la importancia que tiene la tarea de la parentalidad para los individuos en Chile.

Primero, en Chile, la familia es lo más importante y está, por ejemplo, por encima de los amigos[26]. De hecho, es a la familia a la que normativamente resulta más legítimo dedicar tiempo y esfuerzos (Araujo y Martuccelli 2012, t-1). Si esta importancia puede ser considerada un rasgo histórico, y, por lo demás, compartida en la región[27], lo central es que no se ha modificado grandemente a pesar de los empujes modernizadores e individualizadores en acción desde hace unas décadas (Tironi 2005), y que ella se mantiene siendo la principal base para la realización de proyectos (PNUD 2002). Una explicación para el peso que ella continúa a tener, proviene de factores estructurales: en ella hoy se depositan funciones de protección y soporte social, particularmente relevantes en un momento en que se extienden sentimientos de inseguridad debido a la retirada de seguridades colectivas[28]. La familia continúa siendo un compromiso entre intereses económicos y simbólicos, que facilita la acumulación de bienes y permite construir protecciones emocionales y materiales, las que son tanto más importantes cuanto los individuos viven en medio de una inconsistencia posicional estructural (Araujo y Martuccelli 2011). Este rasgo explica la altísima disposición a cumplir demandas y expectativas familiares que evidencian los individuos.

---

26 Datos de la encuesta nacional bicentenario arrojan que un 88% de los entrevistados tienen altos niveles de confianza en su familia ante un 51% que dice tener bastante confianza en sus conocidos. Asimismo, la encuesta demuestra que la cantidad de amigos cercanos ha ido decayendo de un promedio de 4,7 en 2006 a 3,8 en 2013. Información extraída de <http://encuestabicentenario.uc.cl/wp-content/uploads/2013/05/UC-Adimark-2013bajaresolucion.pdf>.

27 Según datos provenientes de la Encuesta Mundial de Valores del 2000, la familia es un ámbito de vida muy importante para 91% de los latinoamericanos, a lo que le siguió el trabajo, el servicio al prójimo y la religión (referido en Sunkel 2004).

28 Para una visión desde las políticas públicas y sociales Arriagada (2007) y Sunkel (2006).

Segundo, la familia está caracterizada por una elevada exigencia estatutaria hacia sus miembros. Dicho de otro modo, los individuos se encuentran especialmente presionados a cumplir los roles que les han sido impuestos socialmente. Esto implica que buena parte de su autoevaluación social reside en la capacidad para cumplir con aquello que estatutariamente le ha sido asignado para producir el orden social y engendrar individuos a la vez autónomos y conformes a las exigencias de la sociedad (Valenzuela, Tironi y Scully 2006). Por supuesto, esta presión a los actores para plegarse a las exigencias de las normas está acompañada, al mismo tiempo, por un fuerte proceso de desinstitucionalización o destradicionalización en acción a nivel de la familia (Garretón 2000, Valdés, Castelaine-Meunier y Palacios 2006), lo que supone que, en ciertas dimensiones, las normas sean resultado de agenciamientos organizados circunstancialmente a partir de finalidades múltiples y muchas veces contradictorias entre sí. Pero ello no cambia lo esencial: en lo que toca a la familia estamos frente a una constante presión para el cumplimiento de las tareas del rol.

Tercero, la familia en Chile está caracterizada por el hecho de que los roles estatutarios han dejado de apoyarse centralmente en la conyugalidad: tendencialmente es la relación con los hijos la que prima sobre la conyugal. La avasalladora característica filial-centrada del modelo familiar chileno (Araujo y Martuccelli 2012, t-2) transforma las bases del funcionamiento de la familia usualmente anclada en la preeminencia simbólica de la relación conyugal sobre la filial (Parsons 1964). Si, como acabamos de ver, en la familia en Chile hoy se revela el inusitado vigor de los roles estatutarios, por otro lado ella ha cesado de apuntalarse simbólicamente desde la conyugalidad (Valdés, Castelain-Meunier y Palacios 2006). Esta centralidad se inscribe, por cierto, en un proceso de largo aliento propio del mundo occidental (Ariès 1987, Shorter 1975, Goody 2010, de Singly 1996), pero este movimiento no necesariamente ha resultado en otras realidades en una suplantación del eje conyugal por el filial como en el caso chileno. Las relaciones con los hijos se han convertido en el eje relacional en la familia en Chile, constituyéndose, así, en uno de los principales efectos del destino de las transformaciones de las relaciones entre los géneros en el país en las últimas décadas.

En un contexto como el recién descrito, resulta más que evidente que, para los padres, la eficiencia del ejercicio de la autoridad no es una cuestión menor. Para todos nuestros entrevistados, hombres y mujeres, es en ello que reside de manera importante el futuro de sus hijos y su propia autovaloración. La autoridad y la valoración personal de los padres están, incluso, íntimamente ligadas porque, de manera explícita, los padres son medidos y se miden a sí mismos en cuanto individuos, en una proporción altamente significativa, tomando como referencia el destino de sus hijos (elecciones educativas, capacidad para formar familias, éxito laboral, movilidad social). Los padres saben que, en última instancia, su valoración personal, su cuenta existencial final, dependerá, considerablemente, del destino social de sus hijos, y éste, a su vez, depende, en mucho, del éxito o del fracaso a la hora de gestionar su autoridad en la relación con ellos.

Por cierto, esta conciencia de la importancia del ejercicio de la autoridad no es siempre igual, como tampoco lo es la agudeza de esta preocupación. Los sentimientos y actitudes respecto a esta problemática varían según el ciclo vital de los hijos. En la infancia, las formas de ejercicio de autoridad toman la forma de una pregunta y un tanteo, muchas veces urgentes e insidiosos, es cierto, pero en este momento aún son sólo interrogantes. En la adolescencia, se enfrenta el momento de la verdadera puesta a prueba de la autoridad poseída y de su capacidad para generar obediencia, pues la disposición a reconocer esta autoridad es menor (Cumsille et al. 2006). En la juventud y adultez de los hijos, los padres se confrontan con los resultados y, por tanto, con lo que muchas veces interpretan como la sanción final acerca de lo acertado o errado de sus acciones. Del tanteo a la prueba para acabar en la evaluación, la cuestión de la autoridad está siempre en el núcleo de lo que significa ser padre y madre. Por eso, y de cualquier manera, cuál es el «buen» y «eficiente» ejercicio de la autoridad es un problema mayor.

Cualquiera sea el caso, lo central es que la importancia incontestada de la familia, la pesada exigencia estatutaria que ejerce sobre sus miembros y la centralidad adquirida por los hijos arman un entramado que sólo puede potenciar tanto las inquietudes como los temores. Pero para comprender cabalmente la autoridad y el papel de los miedos en ella, y en particular el miedo a los subordinados, debemos ir más allá de la intensidad y urgencia que adquiere el resolver el ejercicio de la autoridad hoy. Resulta indispensable, al mismo tiempo, identificar las condiciones concretas para su ejercicio.

¿Cuáles son estas exigencias estructurales? Por supuesto, y para empezar, el empuje de las expectativas de horizontalidad en la sociedad chilena y su traducción en nuevos ideales relacionales. Segundo, el empuje a la recomposición de las relaciones de autoridad entre los géneros en el ámbito de las relaciones intergeneracionales que acompaña el ingreso de las mujeres al mundo del trabajo y las nuevas representaciones sociales de género. En tercer lugar, las transformaciones normativas (jurídicas y no jurídicas) que atingen al lugar social que adquieren los niños y adolescentes y el nuevo papel ocupado por los hijos respecto de sus padres en el universo familiar.

Estas transformaciones traducidas en exigencias cotidianas e interactivas tienen efectos sobre las relaciones familiares y se expresan, respectivamente, en tres grandes fenómenos: (1) la sombra del autoritarismo y del ideal dialógico en el ejercicio de la autoridad; (2) el nuevo lugar de la autoridad materna; y (3) las nuevas cuotas de poder adquiridas por niños y adolescentes. Cada uno de ellos, como se verá, contribuye a su manera, y en su magnitud propia, a una activación particular del fantasma del «miedo a los subordinados» que caracteriza la cuestión de la autoridad en la familia hoy.

III. Entre el autoritarismo y el ideal dialógico: oscilaciones e inquietudes

1. Un nuevo (y difícil) ideal

Las expectativas de horizontalidad, largamente discutidas en el capítulo anterior, han sido acompañadas por la emergencia de nuevos ideales relacionales en los diferentes dominios sociales. En el caso de la familia, una de las características salientes de estas décadas, reconocidas por los propios individuos entrevistados, es la emergencia de un nuevo ideal relacional, argumentativo, negociador y dialógico, ideal que estos identifican a distancia de, e incluso en ruptura con, lo que fue aquel que orientó la relación de autoridad de sus padres con ellos.

Esta emergencia ha sido puesta en relieve por diferentes autores en las ciencias sociales. El debilitamiento de la tradición en la definición no sólo de las formas individuales de llevar la vida sino también de las formas en que las personas se relacionan con las instituciones y con los otros, se ha asociado con la creciente importancia de la reflexividad para definir nuestro tiempo (Beck, Giddens y Lasch 1994, Giddens 1998). Si es verdad que la acuidad sociológica de estas tesis para todas las sociedades ha sido interrogada, lo cierto también es que en cuanto ideal, ha permeado a las sociedades y no sólo europeas o norteamericanas. Esta imagen relacional se ha constituido en uno de los ideales influyentes (con grados distintos según sociedades) sobre las formas de relacionarse con los hijos y, en particular, de las formas de ejercicio de la autoridad.

Transmitida por los expertos, recogida en los medios de comunicación, presionada por las propias exigencias de los hijos, efecto del aumento del nivel educativo de los propios padres o resultado de la osmosis que se produce entre esta esfera relacional y el conjunto de los valores normativos de la sociedad que subrayan la democraticidad relacional, estas expectativas ideales están presentes y constituyen una *medida*, ampliamente común y generalizada, a partir de la cual las personas evalúan sus actuaciones. El diálogo, la argumentación, la negociación, lo que implica el respeto a una cierta horizontalidad cognitiva entre padres e hijos, son las características centrales de este modelo. «Nuestras generaciones han roto en eso, en el sentido de que por lo menos a mí me enseñaron, a mí me decían dos veces lo que tenía que hacer, a la tercera me llegaba el coscacho o el porrazo y eso a muchos nos pasó. Ahora la cosa ha cambiado porque hay un diálogo, entonces yo creo que eso es importante, o sea yo te traspaso a ti mi experiencia y vamos viendo cómo se va construyendo», dice Marco, un tecnólogo médico en el inicio de los cuarenta. Para Martín, psicólogo y padre de dos niños, esto implica que «'tenís' que escuchar sus puntos de vista, negociar con ellos, invertir mucho más tiempo, porque, eh, para que las cosas funcionen, no es simplemente ver y esperar que todo funcione». O, como lo subraya Belén, profesora: «Yo eso tengo que argumentarlo muy bien, cuando yo no doy un permiso tengo que argumentar muy bien por qué no lo estoy dando, porque ninguna de mis dos hijas me dice 'ya, bueno', ellas me piden argumentos, me dicen 'a ver, pero por qué no, pero explícame'. Entonces le digo ya te voy a explicar, siéntate ahí 'ta, ta, ta' (como exponiendo algo)».

El impacto de esta nueva exigencia sobre las formas de ejercicio de la autoridad no es en absoluto menor. Para empezar, porque la autoridad había sido concebida usualmente a partir, precisamente, de rasgos que están a contramano de los recién presentados. En efecto, la autoridad, según Kojève (2005), estaba definida por su carácter incontestado, es decir, por suponer un acto frente al que no hay reacción. Mientras que en el nuevo modelo, la reacción es un atributo primero del subordinado (en tanto sujeto a la autoridad). Por otro lado, la autoridad tal como se conoció en occidente, como lo ha subrayado Arendt (1996), para ser tal estaba eximida de dar argumentos de su legitimidad o validez, o, para decirlo en términos más cercanos a los de la propia autora, resultaba incompatible con la persuasión. Gracias a los efectos del nuevo ideal relacional, y en un giro dramático, la autoridad está obligada a dar cuenta de manera permanente de sus razones y convencer a quien debe obedecer. Por el contrario, como lo subraya la misma Arendt, la autoridad requería una férrea concepción de la jerarquía, la que debería ser sostenida a todo trance porque le era consustancial. Las nuevas exigencias implican un ejercicio de la autoridad en el contexto de un universo igualitario que, precisamente, parte por concederle a quien obedece una horizontalidad en términos de autonomía: quien obedece debe hacerlo en función de su propia convicción cognitiva respecto a lo bien fundado de la obediencia. En breve, la autoridad tradicional es puesta en cuestión por este nuevo modelo debido a las exigencias de persuasión y de argumentación, las que, como lo ha señalado Renaut, corresponden a una constelación propiamente democrática. Esta presión exigiría, siempre según el autor, y en una lograda expresión, pasar «del argumento de autoridad al poder del argumento» (2004, 83).

La obediencia es, así, y de manera inédita en la familia, concebida como contenciosa. Esto significa, para empezar, que en este ideal, sin novedad y como ya había sido subrayado por Weber en el dominio de lo político, ella debe aparecer a quien obedece como legítima. Pero, en el marco actual, el término quiere decir algo más y esto sí es novedad: a saber, que en el ejercicio de la autoridad la obediencia se negocia y se argumenta. La autoridad en esta situación ya no puede sostenerse únicamente a partir del lugar ocupado, sino que debe ser «ganada»[29]. Hay que dar razones, justificar, impulsar la reflexividad en los hijos, pero también admitir que la propia palabra sea puesta en cuestión. Sobre cualquier cosa, idealmente, y en contra de los dos grandes ideales-tipo de la autoridad extendidos en Chile, no es una imposición. Elena (sectores medios), lo plantea de esta manera: «Yo creo que una autoridad es un guía. Una persona que es capaz de guiar a otro, eh, de la manera que uno cree que puede ser la ideal, dejándole espacio, para que de acuerdo a la edad, tomen sus decisiones».

Lo esencial aquí es que dado su carácter contencioso, en rigor, el fundamento de la autoridad se juega en su ejercicio concreto. La autoridad es un fenómeno que se pone a prueba de manera puntual y que sólo se constituye en estas puestas a prueba. Está sometida a criterios temporales y espaciales (Neut 2013), es decir, no es compacta y permanente, sino que su activación depende de momentos y espacios. Y, por lo tanto, como ya había subrayado Kojève (2005), pero con una intensidad que lógicamente puede suponerse mayor dada su exposición a la creciente contingencia de cada puesta a prueba, es perecible. Está sujeta en cada momento a

---

29   Para el caso de la escuela, Dubet y Martuccelli 1998, Martuccelli 2009.

la eventualidad de su desaparición. Estas variaciones dan así la medida de los desafíos que se enfrentan en la recomposición de la autoridad[30].

Sin embargo, la complejidad del caso chileno y la dificultad del ejercicio de la autoridad parental no se restringen a la mera llegada de este ideal. Su carácter problemático reside, sobre todo, a nivel de las transformaciones observables alrededor de sus condiciones de ejercicio. Si el ideal de autoridad dialógica es corriente, especialmente en los sectores medios aunque sus trazas aparecen también en los sectores populares, son sus límites y sus grietas las que son recurrentes en los relatos. Esto es algo que puede hallarse, por ejemplo, en las narraciones sobre la desobediencia de los hijos, la poca disciplina, la dificultad para llegar a los objetivos. Una cuestión que, como veremos, termina por llevar el asunto rápidamente a la pregunta de cómo se hace para ejercer la autoridad de manera eficiente.

Un ejemplo claro lo da Fernanda, profesora en un colegio privado, divorciada y madre de dos hijas adolescentes. Sus convicciones acerca de la necesidad de generar modelos otros a los tradicionales se expresó en la elección del colegio de sus hijas: un establecimiento escolar alternativo en el que la autonomía y la libre expresión es fomentada. Teóricamente, Fernanda defiende el modelo de horizontalidad cognitiva que se basa en la apelación a la reflexividad de las hijas vía el diálogo y la argumentación. Pero las consecuencias de la fidelidad a este ideal es algo que le resulta insostenible. Se siente sobrepasada. No soporta más tener que desarrollar argumentos interminables para que las hijas hagan cosas tan sencillas como mantener un mínimo orden en la casa. «Sí, se repite y se repite, es una cosa agotadora. A ver, muchas veces, la mayoría de las veces, la mayor sobre todo porque es la que más sale, se va, digamos, enojada y me deja hablar. Y ahí cuando se calma se puede retomar la conversación digamos...». Al final y a pesar de sus convicciones, dice casi dirigiéndose a sí misma: «no entiendo por qué tengo que explicarles todo».

Como Fernanda, gran parte de las personas entrevistadas viven las interacciones con sus hijos en el ejercicio de una autoridad argumentativa y dialogante como un pesado ideal y, más aún, como una vía que conduce al riesgo siempre presente de abuso por parte de ellos –sus propios hijos–. La queja, y el temor implícito, es que las cosas se les pueden ir en cualquier instante de las manos. Estos son los momentos en que se

---

30 Por cierto, las exigencias de transformación de las relaciones dentro de la familia se hacen evidentes con más claridad en los adolescentes, momento en el que se juegan de manera aguda los efectos de la disputa por la independencia afectiva y emocional respecto de los padres (Fromm 1956).

enfrentan a lo que perciben como una de las aristas más inquietantes del nuevo ideal de autoridad: sus límites. El asunto principal es que los argumentos pueden siempre llegar al infinito. La persuasión no sirve necesariamente a la función de zanjar quién tiene la autoridad, especialmente dado que los límites siempre, e intrínsecamente, tienen un grado de arbitrariedad. En este ideal, el resorte de la obediencia que antes se encontraba «naturalmente» en la jerarquía y tras ella, muchas veces, en el miedo, debe ser reemplazado. Un nuevo resorte debería así ser creado para permitir una autoridad dialogante, pero el destino de este esfuerzo es aún muy incierto. Llegados a ciertas fronteras, la «voz fuerte», el castigo (incluso físico aunque de baja intensidad), el gesto amenazante o el garabato son las armas a las que muchos sienten que se ven obligados a recurrir.

Como ha sido subrayado, y como nuestros entrevistados lo expresan, toda autoridad simbólica termina por apoyarse en un tipo de autoridad tautológica, es decir, un tipo de autoridad que no requiere fundamento pues se da en el modo del «es así porque yo digo que es así» (Zizek 2001, 339). «Entonces yo digo finalmente, "usted vive en este techo bajo mi tutela, entonces no, no más" [...] cuando "catetea", "catetea", "catetea", entonces le digo "¿sabe qué más? Aquí mando yo. Punto"», concluye Belén (sectores medios) con gesto de cansancio.

Por cierto, las exigencias de transformación de las relaciones dentro de la familia se hacen evidentes con más claridad en los adolescentes, momento en el que se juega de manera aguda la cristalización en las prácticas de valores normativos que suponen la participación y en los que los dominios de intervención de la autoridad parental entran en disputa (Smetana 1994, 1995). Lo que entra en juego aquí no son sólo los efectos de la disputa por la independencia afectiva y emocional de los padres que caracteriza este momento de la vida (Fromm 1956), lo que obliga a reinstaurar los términos de la relación con los padres, sino algo más. En un momento como el actual, la adolescencia revela sobre todo la tensión entre aquello a lo que los padres y madres se sienten obligados bajo el espíritu ideal de «democraticidad» en la tarea de formación de sujetos y, por otro lado, la necesidad de producir en sus hijos la aceptación de la jerarquía y la obediencia a la autoridad; a su autoridad. Por un lado, se trata pues de la presión normativa a la formación de individuos que encarnen en sus acciones los principios de autodeterminación y autonomía. Por el otro, están los desafíos que enfrentan para conciliar este modelo con el respeto por las jerarquías y la autoridad. «La crié para que fuera independiente. Y cuando ella fue autovalente y fue independiente, me fui a la cresta. Porque me, me, me ha costado muchísimo, muchísimo», dice agobiada por las dificultades actuales con su hija adolescente, Pamela, quien es, sin embargo, una firme defensora del modelo reflexivo y dialógico. Marco, quien aún tiene una hija pequeña, y quien desarrolla también un discurso fuertemente comprometido con nuevas formas de ejercicio de la autoridad, comenta de manera elocuente: «ojalá que haya acceso al vídeo (la grabación que realiza el equipo de investigación) porque me gustaría verme en 5 años más si va haber resultado o no, de verdad estoy hablando en serio. Yo creo que me voy a enfrentar a eso justamente en un par de años más...»

Es una pregunta personal que termina por expresar una preocupación colectiva: ¿cuál es el trayecto que hará el ideal dialógico en el contexto de una región en la que la autoridad supone de manera casi inmediata un deslizamiento hacia la premisa, que se pretende históricamente fundada, del carácter autoritario de las relaciones sociales, es decir, de su naturaleza impositiva?

2. Un (viejo y vigente) ejercicio bajo sospecha

En términos pragmáticos, en el caso estudiado, a distancia del ideal dialogante, negociador y argumentativo que desearían encarnar, cumplir eficientemente el rol parental es, en última instancia, asociado con un ejercicio de autoridad de tipo autoritario.

Es cierto, sin embargo, que para todos, la autoridad y el autoritarismo se diferencian en teoría. Marta, dueña de un pequeño negocio de abarrotes en una zona popular de Santiago, la define usando un mismo ejemplo. Ser autoritaria, dice, es que «se hace esto y se tiene que hacer, como yo digo», mientras que ser autoridad se refleja en que «yo digo 'me gustaría hacer esto y esto otro' y lo hacen, sin que yo los obligue a hacer». Ahora bien, ella es autoritaria en su casa, declara, no le cabe duda: es la manera en que consigue que las cosas funcionen... aunque deba escuchar las críticas. Debido a que, y en parte bajo la impronta del ideal-tipo-portaliano de la autoridad, el logro de la obediencia aparece íntimamente vinculado al uso de la fuerza y de la imposición de la propia voluntad sin contar con la del otro, el autoritarismo es concebido como una forma eficiente de conseguir la obediencia, y en algunos casos como la única forma posible de comprender el ejercicio de la autoridad. Así, aunque se pueda diferenciar teóricamente una de otra y se puede idealmente rechazar las formas impositivas, la «buena» autoridad y la «eficiente» autoridad aparecen en veredas opuestas con mucha frecuencia.

El ejercicio de la autoridad está pues *siempre* bajo sospecha porque es concebido, de entrada, como tentado por el desliz autoritario. Por la sensibilidad reactiva creciente al autoritarismo éste termina por recubrir la interpretación de lo que es la autoridad, lo que aporta a agudizar las dificultades para enfrentar su ejercicio. Con frecuencia, y de manera perniciosa para los padres, todo acto de disciplina o de establecimiento de límites es percibido –e incluso autopercibido– como un puro despliegue autoritario. Amparo, una asistente social, madre de una niña, expresa este deslizamiento de manera transparente. Ella dice que nunca ha tenido problemas con el tema de la autoridad con su pequeña hija, aunque «a mí no me gusta ejercer la autoridad, eso sí debo reconocerlo». No le gusta porque no le gusta «obligar a hacer algo, porque a mí personalmente no me gusta que me obliguen [...] El tema de la autoridad sí me cuesta, me cuesta imponer las cosas y que me las impongan». Una lectura de la autoridad como autoritaria y negativa, le impide ejercerla.... Y, al mismo tiempo, se da cuenta de que, por lo pronto, ha tenido «suerte» de no tener problemas con su niña. Por supuesto, nada garantiza lo que puede acontecer en el futuro, cuando ella llegue a la adolescencia...

El caso de Eduardo, sector medio, es igualmente explícito, pero ahora desde la «otra» vereda. «Teóricamente uno ejerce autoridad, pero en ese ejercicio, yo creo que me he transformado en autoritario...». La autocrítica deja sentirse claramente en el tono apesadumbrado de esta confesión. Más allá de su voluntad, Eduardo se reconoce autoritario y se autoidentifica con esta representación, a pesar de sus dudas por momentos, con lo que son los dichos de su esposa y de sus hijos sobre él. Sus actuaciones en el seno familiar son una dimensión que le produce conflicto, en particular por la ambigua posición que tiene respecto a la cuestión de qué es un buen ejercicio de la autoridad. Tomando en cuenta estas dudas íntimas, y al hecho de que no osaría articularlas explícitamente, es evidente que la autocrítica de Eduardo es reveladora del giro histórico actual; a saber, del hecho de que el autoritarismo como práctica relacional haya perdido (y esto es especialmente cierto en el caso de las relaciones de autoridad de los padres respecto a sus hijos)[31] sus cartas de nobleza. Pero también es revelador el «creo» que antecede a la declaración de su transformación. Por medio de él Eduardo enuncia un elemento central de la cuestión de la autoridad en Chile: la ambivalencia. En efecto, a pesar

---

[31] Si el ejercicio autoritario de la autoridad es cuestionado en el marco de la familia de manera radical, su intensidad es menor en el ámbito del trabajo, y su tolerancia es bastante mayor en el ámbito de la política, una dimensión que no es trabajada de manera particular en este libro, pero que ha sido extensamente referida por los entrevistados.

de este retroceso de la legitimidad de un tipo de autoridad que hoy no duda en ser llamada de autoritaria, surge la duda de lo que implicaría prescindir de ella. «Yo procuré nunca ser autoritario y eso (el no ser autoritario/ KA) te da más problemas todavía», dice Juan, un taxista y extrabajador en el sector minero, quien dice afrontar, con amargura, la consecuencia de lo que considera su falta de autoridad en el fracaso educativo y laboral de sus hijos.

Es, entonces, la convivencia problemática entre un ideal dialógico que muestra demasiados límites y prácticas eficientes pero que se conciben como autoritarias y que tienden a rechazarse en nombre del ideal dialógico, lo que constituye la primera gran tensión en el ejercicio de la autoridad de padres a hijos. ¿La consecuencia? La incertidumbre y las dudas abren el espacio para lo que muchas veces es leído como una pérdida de poder respecto a los hijos, lo que, a su vez, al debilitar la propia posición, potencia el temor a aquellos sobre los que debería ejercerse la autoridad.

3. La desnudez del rey (y la reina)

Las dos escenas que dramatiza uno de los grupos estudiados[32], en su cotidianidad y hasta banalidad, son altamente expresivas de las consecuencias de la tensión entre ideal y modelos eficientes. Lo son, especialmente, porque en contradicción con lo que la representación mostrará, el grupo ha desarrollado de manera permanente y convencida una defensa de un ejercicio no autoritario de la autoridad, o, como la llaman, de una autoridad «dialogante».

En la primera escena, un padre se dirige a su hijo para decirle que los amigos con los que está jugando en casa deben retirarse porque es tarde.

Padre: «yo creo que ya tienes que decirles a los amiguitos que tienen que irse… chicos…».

Hijo: «pero, un rato más».

Padre: «pero, yo ya llegué de la visita y ya los he visto como tres horas aquí, no es que me moleste pero con tu mamá nos tenemos que acostar».

Amigo 1: «es temprano todavía».

---

32 A cada Grupo de Conversación Dramatización se le solicitó que dramatizara una escena y luego su contraria.

Padre: «lo que pasa, muchacho, es que acá en la casa tenemos reglas, horarios y todo; entonces, como familia necesitamos respetar esas reglas, pero a lo mejor en tu casa no es así».

Amigo 1: «pero... usted nos va a dejar a la casa» (risas de todos los participantes).

Padre: «pero vienen el sábado y pueden venir con su mamá, su papá, los invitamos a tomar once y podemos conversar más».

Amigo 2: «pero, ¿tu papá es así?... nosotros lo pasamos bien».

Hijo: «yo igual tengo sueño».

Amigo 1: «pero, nos va a dejar (a la casa /KA)... es que estamos conversando aquí, está re-buena la conversación».

Esta contradicción, entre la defensa de la situación ideal de autoridad y la eficiencia de la misma, es especialmente clara –incluso hasta el paroxismo– cuando se observa la segunda escena dramatizada por el grupo.

Padre: «ya, ya... se acaba esto. Ustedes tienen que dormir. Ustedes se van a acostar ahora. Mañana después están cagados de sueño y eso a mí no me interesa... y se van a acostar, tienen que dormir. Por favor, les pido que se vayan».

Luego de esta admonición, se levantan y salen rápidamente y en silencio los dos participantes que hacen de los amigos del hijo, y es el fin de la dramatización. La alocución hecha de manera firme, impositiva, utilizando palabras subidas de tono, y sin ninguna duda sobre la auto-referencialidad de los actos, tiene un efecto inmediato y desemboca en una obediencia sin objeciones, no replicante. Es, precisamente, en esta escena en la que el grupo identifica y representa la autoridad, la que ve ausente en la primera. La autoridad dialogante, que el grupo no duda en considerar una «buena» autoridad, y con la que se identifican, es mostrada, paradojalmente, precisamente, revelando sus límites: la amenaza fantasmática que esto conlleva en el ejercicio de este tipo de autoridad no puede ser minimizada.

En la primera escena «no hubo autoridad para nada, ¿por qué? Porque quizás nos dio la confianza de que estábamos como en familia, había otro ambiente», dice Gonzalo, un ingeniero en computación, quien ha representado a uno de los niños amigos. Dar demasiada confianza conduciría a un aprovechamiento, que en última instancia erosionaría la imagen de autoridad, pues pondría en evidencia su debilidad. Ésta es, justamente, la amenaza que acompaña a un ejercicio que se aleja de la práctica de la autoridad de tipo autoritaria. El fantasma toma la forma de una escena en la que, como en el cuento infantil, se revela que «el rey está desnudo».

El juego negociador, en el límite con el chantaje, que establece el niño invitado (nos vamos, pero a cambio que nos lleve a casa) produce un halo irrisorio en la imagen del padre, lo que es visible en la hilaridad que produce entre los participantes la respuesta del niño. Esta posición paterna debilitada es redoblada por las ofertas de compensación que esta figura hace: a cuenta del acatamiento de su decisión, promete al niño una nueva invitación que esta vez incluiría a los padres de sus amigos. Pero, también, es aumentada por el cuestionamiento personal al padre por parte del segundo amigo («¿tu papá es así?»). Es una puesta en cuestión que lleva al hijo a ponerse, cambiando su posición primera de cuestionar la afirmación del padre, ahora a él mismo como sostén y respaldo de la posición paterna (tiene sueño al igual que el padre).

De esta manera, a pesar, como ya fue señalado, que los participantes serán efusivos en defender la autoridad en su forma dialogante, antes y después de la representación, la escena está marcada por la burla implícita a una figura parental debilitada y ridícula. ¿Qué es lo que la hace especialmente ridícula? El hecho de que el padre aborda una situación con claves que en última instancia no corresponden a lo que está en juego en la interacción El absurdo reside en que la oferta dialogante en que el otro (el niño de visita) es invitado a una aceptación reflexiva de un curso de acción, es respondida con un acto de poder. La respuesta desarma la escena porque a una retórica cesión de poder, con sustento en la generación de formas más democráticas de ejercicio de la autoridad, le responde una afirmación del poder y esto desde el lado supuestamente débil de la interacción. El poder que es cedido aparece como un boomerang ejercido contra aquel que lo cede. Con ello se revela lo falaz de la pretensión de autoridad del padre. No es él el que tiene el poder que cederá en aras de otra forma de ejercicio de la autoridad. El poder no está en el que manda, sino, y esto es el fundamento del miedo que revela la escena, en el que obedece. El malentendido del padre se transforma en ridículo. Los subordinados han puesto en evidencia que el «rey está desnudo». La hilaridad es general. La amenaza fantasmática se ha realizado.

No obstante, y esto es indispensable subrayarlo, la fidelidad al ideal de autoridad dialogante no se abandona. El trabajo de re-afirmación retórica de la fidelidad a este ideal se impone a las dudas pragmáticas sobre la eficiencia y al subyacente temor a que la debilidad propia quede al descubierto.

4. El ideal y la realidad

Dos grandes posiciones extremas se dibujan, así, en torno a la autoridad en el caso de la familia. Por un lado, la exigencia a la abstención de todo uso de la imposición y de la fuerza (que puede llevar incluso en extremos a abdicar del ejercicio de la autoridad) aunque con conciencia de las dificultades y paradojas que esto encierra, como acabamos de verlo. Por el otro, aunque en mucha menor proporción, el rechazo virulento y un cierto desprecio irónico a quienes tras una crítica del autoritarismo al final sólo revelan su propia ausencia de claridad y capacidad para establecer límites en las relaciones con los hijos.

Andrés, un comunicador audiovisual quien tiene ideas que califica de progresistas y el que cría solo a sus dos hijas hoy de veintiún y quince años de manera satisfactoria y sin demasiado conflicto según su opinión, es un buen ejemplo de la última posición. Trabajador independiente de clase media en la cuarentena, se hizo cargo de cuidar a sus hijas desde siempre y de criarlas solo desde hace varios años. Las ha criado, dice él, sin temor a los límites. Él ha sido del tipo «*No, no, no*». Por supuesto, aclara, no de la manera irracional o exagerada de la autoridad tradicional, pero sí con la claridad que «*hay cosas en las que uno realmente... tiene que decir no*» –lo dice entre risas y con tono enfático–. «¿Cachay? O sea, "Sabís que na, na, na" (imitando la voz de niñas), "No. Sí, te comes la comida... y te comes la comida. O sea, esa es la comida que hay, te comes eso". "Pero, no" (imitando la voz infantil de nuevo). "Cagaste" [...]». Él cree en la disciplina y su experiencia de vida le ha mostrado que no es negativo. Como fuere, lo principal, y es lo que argumenta constantemente, ha sabido ganarse la autoridad, no ha tenido problemas con sus hijas, a las que considera capaces, en el momento de la entrevista, de llevar su vida de manera autocuidada. Es crítico por lo demás de lo que considera son las razones que explican la dificultad para ejercer la autoridad por el temor a ser severo, es decir, al autoritarismo, y que lleva a que los hijos hagan según su propia voluntad. Una actitud extendida que él explica de la siguiente manera: «es como la carga de la dictadura, así una generación (risas), eh que es atormentada, hueón» –dice con sarcasmo en la voz–. «No puede decir nada, no puede imponer nada» –afirma esta vez con tono de esfuerzo fingido–. «No puede tener un, un... un soslayo, hueón, de autoritarismo, porque, o sea "no, hueón, que no puede ser, eso es autoritario po', hueón...". Yo no tengo dramas con eso. No, no, o sea, tengo claras distinciones del bien y del mal digamos [...] no era pro-dictadura (ríe), pero no tengo dramas con, con, a ver, no tengo dramas con lo portaliano (ríe)». Su ironía con otros y la enérgica defensa de su posición esconde apenas el costo que manifiestamente ésta ha tenido para él, la distancia cada vez mayor que ha terminado desarrollándose entre él y sus hijas.

Entre estas dos posiciones, por supuesto, y es lo usual, lo que se encuentra son ensayos múltiples con grados diversos de desasosiego. Pero lo esencial a retener aquí es que una cuestión central para los padres y madres es que no existe un modelo que permita *conciliar* un ejercicio eficiente y al mismo tiempo aceptable de la autoridad. En la medida en que ello no está presente, lo que se enfrenta, inevitablemente, es un verdadero y multiforme malestar en el sentido cabal del término. Los individuos se ven compelidos a desplegar lugares de *autoridad sin un modelo de ejercicio coherente y consensual. Si es cierto que hay ideal, también es cierto que no hay modelo.* El hiato parece insuperable entre el ideal y la realidad. Para quienes defienden la autoridad dialógica, el recurso intermitente a formas mucho menos dialógicas y participativas que las que defienden es una seducción (y muchas veces una imperiosa necesidad) que no hace sino aumentar las contradicciones en el despliegue de la autoridad parental. ¿El costo? Una falta de consistencia que abre brechas para la desobediencia de los hijos. Para quienes se afirman explícitamente en formas autoritarias de ejercicio de la autoridad, la indispensable justificación de sus acciones ante lo que perciben como una presión externa multiforme que las concibe como inadmisibles, los lleva a sentirse constantemente a la defensiva, a actuar a la sombra de prácticas que ejecutan sabiendo que la propiedad de las mismas está en entredicho, y que por eso mismo tienden a engendrar distancias o reacciones violentas. Pero, en ambos casos, y en una sorprendente coincidencia, las inevitables grietas que revelan estos ejercicios desencajados de autoridad son aprovechadas, desde el punto de vista de los adultos, por aquellos cuyas conductas deberían justamente influir y orientar.

IV. Autoridad materna y desequilibrios en el ejercicio de la autoridad parental

1. Los cambios en la situación de las mujeres y el ámbito familiar

Desde las ciencias sociales, y como una simple observación de la vida social lo muestra con rapidez, se ha subrayado la transformación de la posición y condición de las mujeres como uno de los cambios más importantes acontecidos en el siglo XX (Touraine 2007, Giddens 1998,

Fraser 2009). Si es cierto que el empuje a estas transformaciones puede rastrearse en ideas que son elaboradas a lo largo de siglos, no es sino hasta finales del siglo XIX que estas ideas críticas respecto a la subordinación histórica de las mujeres se convierten en una demanda social y política, capaz de producir acciones concertadas (Offen 1991, Lavrin 2005). Esta tarea se consolidó en el siglo XX al encontrar un piso material (asociado con el avance del capitalismo) y una legitimidad normativa (con la expansión de los principios de igualdad y de libertad). La igualdad era una promesa moderna (Dumont 1983, Rosanvallon 2011, Turner 1986, Wollheim y Berlin 1956), y un camino para acceder a otras promesas (igual educación, igual trabajo o igual salario, por ejemplo) que las mujeres reclaman (Wagner 1997). Es sobre la base del trabajo legitimador de las demandas que permite el principio normativo de la igualdad (a partir del cual pueden reclamar un cambio en su condición social) que se puede trazar, al menos parcialmente, la transformación de las dinámicas sociales y de las formas de representación que se le vinculan a lo largo del siglo XX e inicios del XXI.

Por supuesto, no hay tal cosa como una realización directa de los principios normativos. El camino es más intrincado. Ha supuesto la participación plural de un número importante de actores políticos y sociales (el Estado, el movimiento feminista, el mercado, los organismos internacionales) y de transformaciones sociales y culturales en varias esferas con ritmos y destinos desiguales. Gracias a estos procesos en Chile, como en muchos otros lugares, las mujeres han aumentado fuertemente su nivel educativo[33]; su participación en el mercado laboral[34]; las libertades de movimiento así como en su vida sexual (Palma 2005) han adquirido nuevas narrativas que privilegian el proyecto individual (Grupo Iniciativa de Mujeres 2002) o han accedido a una nueva y específica consideración por parte del Estado (Guzmán y Montaño 2012), para mencionar algunos de los muchos cambios. Éstos han impactado al mundo público, pero, también, han tenido un peso muy importante en el ámbito privado.

Los procesos transformativos han estado estrechamente vinculados con cambios demográficos en la composición familiar, pero, también, en términos de sus dinámicas relacionales. Por ejemplo, se ha discutido el peso que tendría el aumento de la escolaridad y el ingreso al mercado

---

33 Desde 1960 a 2006, en una escala de 0 a 1, el nivel educativo de las mujeres aumentó en una proporción de 0.649 a 0.851 (PNUD 2010, 37).

34 De 1990 a 2006 la participación laboral femenina tuvo un incremento de un 10% (PNUD 2010, 39).

laboral de las mujeres en dos de las características más saltantes de los cambios en la familia: la reducción del número de hijos y la disminución de hogares biparentales y el aumento de hogares monoparentales (Valdés y Valdés 2005, Gubbins, Browne y Bagnara 2003). Todas estas transformaciones se inscriben en el marco más general de lo que la expansión de la idea de igualdad produce en el ámbito de las relaciones entre hombres y mujeres: una expectativa de relaciones más horizontales entre los sexos. Estos procesos afectan las maneras en que desarrollan, o imaginan deberían idealmente hacerlo, sus tareas sociales, entre ellas, por cierto, aquellas que se desarrollan en la familia. Para una buena parte de la discusión feminista estas transformaciones en el ámbito privado no habrían sido tan relevantes como se esperaría como lo pone en evidencia, por ejemplo, la división de las tareas domésticas, de las que las mujeres continuarían haciéndose cargo masivamente (PNUD 2010). También se ha referido cómo, a pesar de cambios en las representaciones sociales tradicionales sobre hombres y mujeres, especialmente en las más jóvenes, aún estas siguen impactando fuertemente en las representaciones y las prácticas sociales (Mora 2006, Olavarría 2001a). Sin embargo, y de otro lado, la discusión ha puesto de relieve los cambios efectivos que pueden encontrarse en este ámbito. Para empezar transformaciones en la representación sobre lo materno (Mora 2006); luego, un modo de ser padre que se modifica (Olavarría 2001b, Valdés 2009, Rebolledo 2009); sin olvidar los cambios en las relaciones de poder, expresadas en el aumento de participación de las mujeres en las decisiones en el hogar (Guzmán y Godoy 2009).

Una interpretación extendida desde los estudios de género, la mayor parte de las veces de manera implícita, ha asociado estos cambios a una erosión del modelo patriarcal y sus soportes. Lo anterior, sostenido, para empezar, por el ingreso de las mujeres al mundo del trabajo y sus efectos de distribución del poder y la autonomía en la esfera familiar (Valdés y Araujo 1999, Arriagada 2005). A continuación, debido a la caída de los sostenes estatales a la familia nuclear de jefatura masculina (Rosemblatt 1995, Valdés, Caro y Peña 2001) y la reestructuración del mercado laboral, lo que pondría en cuestión el tradicional papel masculino de proveedor, fundamento de su poder en el hogar. Finalmente, dada la creciente intervención estatal en la protección de las mujeres y los niños, lo que habría disminuido de manera significativa la potestad masculina respecto a ellos, aunque, y a diferencia de otras realidades (Nijnatten 2000), las mujeres continúen siendo, en el caso chileno, la figura clave de las políticas públicas para la familia en su rol de cuidadoras.

Sin embargo, mucho menos estudiadas han sido las transformaciones que estos procesos han producido al interior de las dinámicas y relaciones familiares en lo que concierne al ejercicio de la autoridad respecto de los hijos. El debate ha tendido a centrarse en los efectos de la presencia-ausencia materna por causa del ingreso de las mujeres en el mundo laboral, ya sea desde la perspectiva de la conciliación trabajo-familia (Arriagada 2005) o desde la denuncia conservadora acerca de los efectos negativos de esta salida en la crianza de los niños. Esta ausencia es vivida, sin duda, por muchas mujeres, como problemática, ya sea en razón de la culpa, de la falta de tiempo y energías, o del conflicto con otros adultos que quedan a cargo del cuidado de los niños en ausencia de la madre. Una cuestión que aparece de manera diferencial según sector social y composición familiar. «Lo más desafiante es estar más tiempo con ellas yo diría... eh, que es una culpa que todas las mamás tenemos, pero yo he tratado de compensarlo con otras cosas. Lo difícil, además, es poder comprender los cambios de ellas y tener la paciencia de escuchar cuando tu vení cansá, agobiá, lo hay pasado mal», dice Ximena, una profesional trabajadora en un proyecto municipal. Para las mujeres que crían a sus hijos sin la presencia paterna, especialmente de los sectores populares, en los que la sustitución parcial por el servicio doméstico no es lo usual, lo álgido resulta el conflicto por la autoridad con la adulta (normalmente la madre o alguien de la familia) que queda a cargo del niño. «Eh... yo le, yo siempre tenía que decirle a mi mamá, 'mamá, yo soy la mamá. Yo tengo..., eh, Juan es mi hijo y, por lo tanto, usted es la agüelita'', 'pero es que tú no estás nunca con el niño' (imitando una voz de reclamo de la madre), 'pero bueno, cuando estoy, déjeme ser la mamá'. Entonce' tenía que imponerme y eso a veces creaba conflicto. Y el chico era habiloso y manipulaba a las dos po'», dice Isabel, una cajera. En cualquiera de los casos, la desobediencia es una virtualidad o una experiencia concreta amenazante.

Sin negar la relevancia de las consecuencias que produce el ingreso de las mujeres al mundo del trabajo en la gestión de la autoridad, nuestros resultados muestran que de manera más importante, la cuestión del ejercicio de la autoridad intergeneracional se encuentra fuertemente impactada por dos procesos interrelacionados. Primero, una reestructuración de la relación de poder entre los sexos que se expresa en una concentración explícita, y reivindicada por las mujeres, de la autoridad sobre los hijos en la figura materna. Segundo, la emergencia de una nueva concepción de lo que se considera válidamente como una autoridad en la familia.

2. La autoridad maternal y la otra autoridad

Una explicación que se ha tendido a dar de las modificaciones en la familia ha sido que debido a transformaciones estructurales que habrían tenido como efecto el empoderamiento de las mujeres, se habría debilitado el tipo de autoridad que habría reinado hasta hace no más de algunas décadas: una autoridad paterna no contestada, eficiente y compacta[35]. Pero, ¿es así? Si atendemos a nuestros resultados de investigación, es posible afirmar que, de un lado, parece innegable que la autoridad paterna se encuentra en una nueva posición, y que la autoridad materna ha ocupado márgenes significativos en lo que respecta a la relación con los hijos. Pero, y esto es central, en Chile este proceso no puede ser considerado como resultado de un simple empoderamiento de las mujeres, como tampoco la autoridad materna puede ser tratada como una pura novedad histórica reciente, como ha sido discutido en los trabajos de Donzelot (1978) para el caso francés o por Nijnatten (2000) para los Países Bajos, por ejemplo.

Empecemos por la cuestión de la novedad del poder materno. El análisis de los relatos de nuestros entrevistados acerca de sus propias experiencias familiares infantiles muestra, en efecto, la importancia simbólica del rol paterno y de una autoridad incontestada de índole estatutaria. Ella fue evocada con claridad en el recuento de las experiencias infantiles sobre todo de aquellos que hoy están por encima de los cuarenta años, aunque existen diferencias según sectores sociales. Una figura autoritaria y con frecuencia recurriendo al castigo físico (esto último particularmente en el caso de los hombres) fue principalmente evocada en los sectores populares. Es el caso de Daniel, un junior, para quien su padre «fue una persona muy... digamos, bueno aparte de ser correcta qué se yo... fue muy estricto», o el de Mauricio, quien recuerda que su papá lo «agarraba a palos cuando quería ¡en serio! Me sacaba cresta y media y no con un palito». Por contraste, en los sectores medios, la imagen del padre y su autoridad no disputada toma principalmente la forma de la distancia y la «economía de palabras». Aldo, un empresario en la cincuentena, lo expresa condensadamente: «mi papá era orden-deseo-orden, y para mí eso bastaba». En ambos sectores, en todo caso, el padre es presentado simbólicamente como la última y no discutible referencia: una figura de autoridad no contestada y autosostenida, visto como uno de los grandes componentes perdidos del ejercicio de la autoridad en la familia de hoy.

---

35 Gutiérrez y Osorio 2008, Valdés, Meunier-Castelain y Palacios 2006, Rebolledo 2009.

No obstante, este poder *simbólico* paterno es fuertemente contrastado con el ejercicio *práctico* de la autoridad. Si el padre es evocado en su función de referente pacificador y garante de los límites en las relaciones con los hijos, es la madre quien se constituye en estas narraciones como la agente permanente de la autoridad y la disciplina familiar. De esta manera, la potencia simbólica y normativa paterna contrasta con los testimonios de la preeminencia práctica de la autoridad materna. La madre, autoridad secundaria simbólicamente, resulta, paradójicamente, figura omnipresente en el mundo práctico y afectivo, fundamento para el establecimiento de dependencias y el ejercicio de poder: «a ver, la familia mía es particular, porque en realidad, porque mi papá era el proveedor, pero la llevaba mi mamá (ríe) [...] Ella la llevaba detrás del trono; en el trono, mi papá, pero mi mamá la llevaba», dice Agustina, una coronel de Carabineros. En el mismo sentido, Amparo, una asistente social, afirma sobre su madre: «ella era como más la autoridad en la casa [...] o sea, mi papá era como el rol del proveedor, como '¿cuánto necesita?' y listo, estamos, pero mi mamá era como así, como abarcaba todos los espacios, los problemas emocionales, los problemas financieros, los problemas de vecinos, de la familia, solucionaba, soluciona hasta el día de hoy todo». Más enfático aún es Martín, de los sectores medios, para quien su madre era *«la autoridad total»*.

Lo encontrado aconseja, así, hacer una lectura histórica en la que resulta indispensable diferenciar, por un lado, el peso de la autoridad paterna en términos normativos y estatutarios y, por otro, la importancia práctica real de esta autoridad. Es la ausencia, ya sea debido a su distancia con las actividades domésticas cotidianas, ya sea por su ausencia o abstención en el ejercicio del rol del padre, lo que pone en cuestión la solidez pasada de la figura paterna. Su lugar aparece, de este modo, ya desde entonces, ocupado por la madre. El padre estatutario y autoritario se revela, en última instancia y al ser enfrentado con la dimensión pragmática de la autoridad materna, dúctil y hasta débil. La autoridad materna, con una potencia públicamente quizás menos visible, es reconocida en lo privado como la herramienta de influencia o control más importante en las historias familiares. La madre, era, según muchos, la verdadera autoridad.

Pero el padre no dejó, es cierto, de cumplir una función simbólica en términos de autoridad. Si, más allá de cualquier discurso normativo, el ejercicio de hacer cumplir las normas estaba principalmente del lado de las madres, lo cierto es que esta muchas veces ejercía su autoridad en nombre del padre. Por tanto, retóricamente, al ser éste constituido como el sustento último de la autoridad materna, conservaba el aura de eje de la autoridad familiar. Las contradicciones presentes en esta doble realidad no son menores, pero lo esencial es que en este contexto, el poder de la madre chilena resultaba y resulta un secreto a voces. De este modo, y al menos desde hace cincuenta años, si sólo nos atenemos a nuestros resultados, la autoridad materna, y el poder que le es consustancial, es una clave central en la gestión de las relaciones de autoridad con los hijos en la familia, por lo que no resulta apropiado considerar que ello es una novedad.

No obstante, lo que sí resulta novedoso es el hecho de que la potencia de la autoridad materna aparece reclamada, y de manera explícita, por las propias mujeres en la actualidad. No es más, como lo fue, un atributo a ser velado. Marta, una mujer de los sectores populares, sostiene con mucho orgullo (y detalle) ser «la» autoridad en su casa, «Mi marido es un pan de Dios. Él todo dice ya [...] No, él no se mete». El marido es «de piel», explica, mientras ella es «de hechos». Ximena (de los sectores medios), afirma no sin algo de burla, «somos súper matriarcales po' (se refiere a ella y sus dos hijas/KA), y este pobre hombre... tiene que, que asumir no más de alguna forma, pero no se da cuenta que no.... (risa) [...] yo siento que no lo pescan mucho en esa parte, o lo hacen ya por cansancio. Pero no, conmigo es... soy más...»

En la familia, hoy, el ejercicio de la autoridad es inseparable de una fuerte división de género. La autoridad con los hijos es esencialmente ejercida y reivindicada por las mujeres, tanto en las capas medias como, por sobre todo, en los sectores populares. Esto es así, porque la dimensión pragmática, constante y ordinaria de la capacidad de influir en la acción del otro es afirmada por las madres como estando por delante de toda otra modalidad de autoridad. Un tipo de ejercicio pragmático y concreto, puntual y situacional exige sus cartas de nobleza frente a una otra autoridad, la del padre, producida tradicionalmente en la distancia y en su carácter más de referencia simbólica que de presencia. El paso de la autoridad del lado paterno al materno es reveladora, así, no solamente de una abstracta erosión de la autoridad paterna, sino de una autoridad que se desliga de los rasgos estatutarios de los agentes y se ejerce a partir de consideraciones pragmáticas o funcionales.

Puesto en otros términos, no es que las mujeres no hayan tenido autoridad hasta la generación actual de madres, sino que la autoridad puede hoy empezar a ser reconocida y reclamada por quienes la detentan no sólo a partir del aura que les confiere la posición ocupada (como en la figura clásica de la autoridad paternal) sino, al contrario, desde los efectos pragmáticos de la acción desarrollada. La autoridad propia se juega y se produce de manera constante en los desenlaces de situaciones cotidianas, como permitir las salidas, definir las horas de sueño, establecer la relación con los alimentos... No es, entonces, sólo que la autoridad materna haya ganado espacio en la dinámica familiar gracias al «empoderamiento» de las mujeres, como buena parte de la discusión feminista lo ha subrayado. La autoridad materna ha ganado en potencia también porque, y esto es vital, los signos de reconocimiento y jerarquía de lo que es la autoridad se han perfilado poniendo el acento en el ejercicio práctico de la misma, lo que permite reconocerla y darle otra valencia a la que ha tenido históricamente.

Pero la novedad respecto de la autoridad materna no se relaciona solamente con que las decisiones de gestión cotidiana de la familia (colegio, salidas, control familiar) son en la práctica ejercidas por las mujeres y que esta dimensión haya adquirido un nuevo peso para reconocer lo que es autoridad y quién la detenta en el ámbito familiar, sino, también, por otro factor. *Un elemento nuclear del cambio es que las mujeres reivindican el ejercicio de la autoridad disociándola de la figura masculina.* Es uno de los resultados sugerentes de nuestra investigación. La autoridad materna no busca más funcionar como mero sostén al padre gracias a una narrativa que ponía por delante el prestigio de un tipo de autoridad, la paterna, apoyada sobre el poder simbólico masculino y operando a su abrigo. Es cierto que en algunas mujeres aún es visible una asociación «natural» entre masculinidad y autoridad (aquí la autoridad familiar se ejerce en nombre del padre, incluso cuando éste está ausente), pero son las menos. También es cierto que el «llamado» al padre, el deseo y añoranza de un padre que pudiera colaborar a poner límites, no está completamente ausente, pero, sintomáticamente, está presente básicamente en aquellas que crían a sus hijos solas en situaciones especialmente desafiantes (con hijos adolescentes y en sectores populares), como un anhelo difuso. En buena parte de las mujeres, más bien, y ésta pareciera ser la tendencia fundamental, *el ejercicio de la autoridad materna se autonomiza de sus fundamentos legitimadores masculinos.*

El problema no es más que el padre le dé valor a la palabra materna (del conocido «espera a que llegue tu padre de trabajar y le diga lo que hiciste»), al contrario, hoy de lo que se trata es de evitar que el padre contradiga o relativice la propia palabra materna. Es más una confrontación a la que se asiste, cierto que con grados muy diversos de explicitación. Si hay alusión al padre, en estos casos no se trata de añoranza, sino de una actitud crítica y hasta de verdaderas estrategias de desautorización activa a la figura paterna, como en la cita que hicimos de Ximena y su reivindicación del matriarcado. Ésta es una puesta en cuestión que se desarrolla con frecuencia en muchas familias, aun cuando en convivencia y contradicción, especialmente en los sectores medios, con una concepción ideal de ejercicio de autoridad, en la que el papel del padre es reconocido y la importancia de la no desautorización mutua es considerada como un elemento central para un ejercicio eficiente de la autoridad con los hijos.

Si en ambos sectores estudiados existen puntos comunes al respecto, las diferencias son sin embargo importantes. En los sectores populares tiende, por ejemplo, a subrayarse un *modelo pragmático de ejercicio unilateral de la autoridad*. Rosa es una trabajadora en un *call center* y madre de una niña. Las normas, dice, las pone ella. «Lo que pasa es que mi marío' es más relajao'. Me dice '¡ay, pero no sé, no importa!, da igual, da lo mismo' (con voz de cansancio)». «Mira es una cosa muy extraña (risa), mi hija le dice a mi marido... ponte tú, yo le digo, por ponerte un ejemplo, 'no puedes sacar una manzana'. Y le dice, 'papá quiero una manzana', 'sácala po', sácala', le dice. 'No, pero es que la mamá me dijo que no'. Porque ella sabe que si yo le digo que no, es que no. Mi marido dice que no, que también puede ser sí. Y ella sabe qué hacer para que el papá le diga sí. Entonce', él también conoce su... su debilidá' en ese aspecto. Entonce' por eso... la que pone las normas soy yo (ríe) en la casa. [...] 'Ah' (le dice el marido a la hija/KA), '¿y mi opinión no vale?', 'No', le dice, 'es que la mamá me dijo que no'». «Yo creo», continúa relatando pensativa, «que ella también es parte, los dos son parte de ese juego de (entre risas) preguntarle al papá, pero, finalmente, si yo le digo que no, es no (categóricamente)». Antes de concluir, subraya: «yo soy la parte más dura en el sentido que pone normas, de que se preocupa que se cumplan las normas, que se hagan las cosas. Él está, el tema de regalonearlos o de traerles un regalito, algo que les guste, es como... es complemento. Lo hemos conversado de esa manera».

El juego de la niña no hace sino develar lo que es la verdad de esta situación: que en última instancia se trata de un ejercicio unilateral de la autoridad. El complemento del que habla Rosa no es el de los roles complementarios en el ejercicio de la autoridad, sino una repartición entre quién cumple este ejercicio y quién no. Rosa usa la noción de complementariedad para justificar la cesión que le hace el padre a ella con respecto de la autoridad con los hijos y se hace cargo de la misma sin entrar en demasiadas reflexiones acerca del papel que debería cumplir su pareja. Este padre, como muchos de los que encontramos, tienden a realizar si no verdaderamente una «cesión simbólica» de su autoridad, al menos una cesión en los hechos de la propia responsabilidad respecto a las funciones adscritas a la autoridad paterna (Araujo, 2005:102).

En los sectores medios, mientras tanto, la interpretación es hecha desde un ideal dual complementario. La crítica femenina profunda a los padres puede estar presente, y las consecuencias de su «cesión» de autoridad es aludida (aunque en ningún caso verdaderamente profundizada) porque se aleja del *ideal normativo de la complementariedad*. Pero todo ello no necesariamente se traduce en un «llamado» real a su autoridad. Sofía es una administrativa en una empresa de punta, de casi la misma edad que Rosa y, también, madre de una niña. «Lo desautorizaba a él porque yo pasaba más tiempo con ella», cuenta. Como perciben que la niña se aprovecha de la situación, deciden ponerse de acuerdo para no hacerlo y asumir un modelo compartido de ejercicio de la autoridad, el que ella «sabe» que es lo ideal para la crianza de los niños. Ahora, dice, son «los dos juntos. Si uno no está, el otro sabe que, claro, hay que seguir esto, esto y lo otro. Porque no siempre uno llega temprano; entonces para mí es importante cumplir con los horarios de las comidas, del sueño. Entonceʹ él, ya como sabe eso, lo sigue cuando yo no estoy» (es indispensable subrayar la última frase: «él, ya como sabe eso, lo sigue cuando yo no estoy»). El diálogo continúa:

> Entrevistadora: ¿Y para él qué es importante?
>
> Sofía: Eh, todo. Todo (pone rostro de interrogación).
>
> Entrevistadora: Claro, así como para ti es importante el sueño (de la niña/ KA), ¿qué cosas son importantes para él que para ti podrían no serlo, pero que tú has aceptado porque a él le parecen importantes?
>
> Sofía: Mmm, no sé, nunca se lo he preguntado (ríe).

A pesar de una afirmación enfática del modelo complementario de ejercicio de la autoridad, el que es ampliamente considerado como ideal, el relato de Sofía muestra que en los hechos esta complementariedad es entendida como una cuestión práctica para que el padre sostenga y haga cumplir en su ausencia las normas que ella pone. Sofía no se ha preguntado nunca cuáles serían las normas que serían importantes para su marido. Es decir, no ha incorporado la idea de que él podría tener algo que aportar, definir o establecer. En buena cuenta, como este fragmento consigue mostrar, y como todo el relato de la entrevista lo subraya, la complementariedad reside principalmente en conseguir que su palabra y sus definiciones no sean contradichas o desautorizadas por el padre.

Ahora bien, la centralidad de la autoridad materna que venimos discutiendo es reclamada por las mujeres, pero, y esto es muy importante, no es cuestionada de manera activa por los padres, excepto en los casos de padres separados, en los que la posibilidad de continuar manteniendo una relación significativa con los hijos es percibida como puesta en riesgo por las madres y lo que consideran sus formas unilaterales de ejercicio de la autoridad.

Si el «viejo» modelo del padre que concentra toda la autoridad y la madre que se subordina está presente aún en ciertos relatos, existe una incontestada preeminencia de una versión en la que el ejercicio femenino ha ganado espacio y que hay un retroceso importante de aquella imagen de autoridad paterna inconmovible: «Yo soy el que regaloneo [...] Pero es ella la que pone más las reglas. Yo le digo, me pidieron permiso, 'ya, le doy permiso, pero pregúntale a tu mamá primero porque ella es la que sabe más cómo te hay portao' tú'. Y ahí ella confirma». Por eso, cree, que se lleva «más bien con ellos, a lo mejor porque nunca los reto (risas)». Es, entonces, la esposa la que se hace cargo del ejercicio de la autoridad también en el caso de José, vendedor en un comercio. También es de esta manera para Sebastián, un ingeniero: «yo no me meto mucho en lo cotidiano. La Flo es más aprensiva, yo soy más liberal». Si pudiera creerse que esto se reduce a los casos en que las mujeres se desempeñan como amas de casas, esto no es así. También en las parejas en las que ellas trabajan, e incluso en aquellas que teniendo carreras exitosas o carreras muy exigentes deben estar largas horas fuera del hogar, o en hombres separados, es ésta la tendencia principal: la potestad de establecer las normas y el ejercicio de la autoridad sobre los hijos es poseída principalmente por la mujer.

Los padres aparecen incluso autorrepresentados como quienes aguantan todo y débiles de manera explícita. «En general es la mamá la que aplica los castigos, que no al computador y todas esas cosas [...]. No, nunca he aplicado un castigo así. Me da risa porque las cabras chicas son pa´ reírse ¿cachay? O tú le dices algo y te responde: '¡Papá, tengo años no puedes mandarme a hacer eso' y ahí, ¿qué le vas a decir si me da risa? Está mal, pero ¿qué le vas a hacer?... y no puedes hacer nada porque la miras y es así un poroto... como que tu autoridad está...» (Mauricio, sector popular). Más expresivo aún es el testimonio de Agustín, un técnico en párvulos: «Entonces, ella siempre fue la que puso más límites que yo, entonces yo muchas veces llegaba de la pega [...] entonces, cuando llegaba a la casa me decían 'papá veamos un rato tele' 'ya veamos tele'. Entonces mi señora 'no po, si tienen un horario para ver tele', 'ya bueno'... así como casi a nivel de ellos», y continúa por un buen momento remarcando con pesar resignado y hasta divertido de qué manera la situación lo coloca en la posición de ser uno más de los «niños» de la familia.

Así, en una inversión histórica para nada menor, no es el padre representante de la ley simbólica el que garantiza los límites. No es la autoridad primera gracias al deseo materno, el que, al darle un lugar distinguido, hace que el niño se remita al padre como eje referencial, tal como lo ha discutido el psicoanálisis (Lacan 1995). Nuestros resultados muestran que este tipo de autoridad, si bien presente en algunos casos, no es la que se encuentra mayoritariamente en el caso de los padres y desde una perspectiva sociológica para el caso de Chile. Aunque la imagen pueda haberse mantenido y las prácticas puedan tener algunos rezagos de ella, sus resortes están en tren de profunda modificación. La función materna ya no es meramente un vector que dirige al niño hacia y en función de la autoridad del padre. La autoridad paterna frente a los hijos ahora debe o apoyarse explícitamente en la autoridad materna o simplemente lidiar contra ella para encontrar un espacio. «No tengo ningún [...] problema con los permisos porque yo soy, siempre digo que 'no' por definición [...] Ahora, en la práctica es un 'sí' [...] Entonce' es, es complejo. Es muy complejo [...] yo digo siempre que 'no'. Y... a veces, a veces... eh... si mi hija... eh... me, me respeta. Porque cuando es 'no' con el papá es 'sí' con la mamá. Cuando es 'sí' con el papá es 'no' con la mamá [...] es difícil mantener acuerdos en esa línea». El desconcierto de Rodrigo, ingeniero civil, padre de dos niños, y sus dificultades para sostener su lugar de autoridad colocado frente a la autoridad materna resulta claramente decidor.

No hay más garantías preestablecidas porque la autoridad paterna, vale la pena insistir, deja de estar vinculada a una función de referente ordenador y pacificador no discutible. Ella ahora se encuentra exigida a definirse y establecer sus perfiles, también, como en el caso de la autoridad materna, desde un «hacer» siempre abierto a la contingencia. En este marco, la distancia entre la fuerza del cambio y la conciencia del cambio es muy grande en muchos entrevistados, lo que da lugar a posiciones distintas de resistencia pasiva, de adhesión distante o de impugnación impotente. Éste es un cambio de la autoridad que no debe ser leído en una clave tremendista, como el fin de la autoridad en general, tal como en algunas versiones críticas psicoanalíticas, sino que debe ser entendido como un efecto histórico de la reestructuración de las atribuciones de poder en la sociedad (Benjamin 1978, Tort 2005), sin por ello minimizar, y esta vez en contra de lecturas demasiado optimistas, que ello implica fuertes desasosiegos y contradicciones.

Como efecto de esta constelación, y dadas las dificultades aún presentes para un ejercicio complementario de la autoridad, dos desenlaces suelen ser usuales. Primero, las cesiones de autoridad, es decir, una abstinencia en el ejercicio de la autoridad que es delegado al otro adulto responsable, lo que se da principalmente en el caso de los padres. Segundo, una confrontación de autoridades, un caso extremadamente frecuente y no sólo en parejas separadas o desavenidas, aunque más aguda en ellas. Se trata de una lucha en la que la desautorización del otro, ya sea de manera explícita o implícita, es moneda frecuente.

En cualquiera de los dos casos, las consecuencias son visibles. Por un lado, la soledad en el ejercicio de la autoridad aumenta el sentimiento de temor a que la función de autoridad con respecto a los hijos no pueda ser cumplida a menos que la mano firme, que muchas veces rechazan retóricamente, se imponga. Por otro lado, los hijos son vistos como un «peligro» y «amenaza» constante. Agentes potenciales constantes de abuso y desautorización. Ellos pueden en cualquier momento ocupar los flancos abiertos por este proceso de recomposición de las autoridades parentales en el marco de la transformación de las relaciones de género, minando, así, la posibilidad de ejercer eficientemente la autoridad. «Mi relación matrimonial hoy día no es buena […] por ejemplo, estar de acuerdo con mi señora en ciertas decisiones respecto de los niños… no siempre o pocas veces estamos de acuerdo […] Ellos ven que hay divisiones, hay puntos de vista abiertos y los chicos, como son unos vivos, si ven una pequeña división por ahí se meten […] como ven cierta división por ahí entonces quieren cambiar mi decisión y conversan 'pero si la mamá dijo'», confiesa Javier, un corredor inmobiliario.

El miedo a quienes deberían colocarse en la posición de acatamiento es la constante en este frágil escenario.

V. Las nuevas cuotas de poder de los niños y adolescentes

En todas las épocas la gestión de la autoridad sobre las poblaciones más jóvenes ha sido objeto de preocupación social y los desórdenes juveniles intensos y variados (Lévi y Schmitt 1994). Pero, en sociedades reguladas por la tradición, la obediencia de los más jóvenes a la autoridad del profesor, de los adultos en general, y en primer lugar de los padres, aparecían como garantías primarias del orden social (Donald 1995).

Ciertamente, muchas de estas coordenadas siguen siendo activas. En rigor, además, la desestabilización de las relaciones de poder entre generaciones aparece diferencialmente según regiones, sociedades y clases sociales. Sin embargo, como lo ha discutido Martuccelli (2006, 2010c), un aspecto que aparece extendido es la expresión de críticas severas en dirección a los jóvenes, las que develan con mucha frecuencia la voluntad de «restablecer» o «mantener» el antiguo orden social entre las generaciones. Si la autoridad resultara difícil de ejercer, lo es, según este autor, porque la asimetría de poderes se ha alterado. Un punto que sería esclarecido por la configuración «establecidos» y «marginales» propuesta por Norbert Elias en su estudio sobre la localidad de Winston Parva (Elias y Scotson 1994). Los adultos fueron, durante mucho tiempo, los «establecidos», y los niños, niñas y especialmente adolescentes, los «marginales». En términos más simples, eran los segundos los que debían insertarse en el mundo de los primeros –una evidencia reforzada por la convicción de que los primeros habían alcanzado una madurez y un autocontrol bastante superior a los segundos–. Todo ello se vio agudizado porque los adultos, colectivamente, guardaban entre sus manos la posibilidad de imponer las reglas de juego. Una capacidad que reposaba en último análisis en la cohesión de estos entre sí: más allá de múltiples barreras, niños, niñas y adolescentes estaban bajo la mirada legítima de los adultos (por ejemplo, los vecinos) que podían eventualmente llamarles la atención. Esta capacidad de interpelación era una garantía de civilidad entre las generaciones. Es esto lo que se encontraría actualmente en erosión.

Esta erosión se asocia, con certeza, con un conjunto de factores heterogéneos que han contribuido al empoderamiento de niños y adolescentes, es decir, a que se hayan afirmado y ganado cuotas de poder. Por ejemplo, se ha constituido una cultura infantil y adolescente propia, la que se encuentra socialmente legitimada. Lo que es la novedad esencial en este contexto es el reconocimiento del derecho de los más jóvenes a desarrollar una cultura propia, una cultura particular, de otro lado, que comienza incluso a vehicular valores alternativos y normas distintas a aquellas de los adultos. La expansión de la cultura de masas, la segmentación del consumo, la disminución de la exigencia de adaptación irrestricta al mundo de los adultos, entre otros aspectos, aportan, así, a este proceso. Aunque todas estas dimensiones son visibles en el caso de la sociedad chilena, existen dos vertientes del empoderamiento de niños y adolescentes que aparecen como especialmente presentes en nuestros entrevistados debido a su impacto en el ejercicio de la autoridad parental: por un lado, la vertiente jurídica; por el otro, la afectiva.

1. Los derechos

Es a nivel de los derechos, y en estos términos, que se constituye un robusto pilar de este empoderamiento. Una referencia indispensable en este proceso es la Convención de los Derechos del Niño. Ella estableció el marco mínimo de reconocimiento y respeto de los derechos que asisten a niños, niñas y adolescentes, pero de manera aún más decisiva, la Convención transforma el estatuto de la infancia. Niños y adolescentes no son ya ni la «propiedad» de sus padres ni los beneficiarios indefensos de actos caritativos. Son seres humanos y los titulares de sus propios derechos (UNICEF CHILE s/f). En otros términos, dejan de ser considerados como objeto de tutela para concebirse como sujetos plenos de derechos. Las acciones en torno a ellos son pensadas en clave de derechos humanos y construcción de ciudadanía (Morlachetti 2013).

Ahora bien, estos derechos no sólo se han referido a ámbitos públicos, sino también a la esfera privada. De un lado, estableciendo la protección de la ley ante injerencias arbitrarias o ilegales en su vida privada, su familia, su domicilio o su correspondencia, y ataques ilegales a su honra y a su reputación. Del otro, sancionando la protección al niño contra toda forma de perjuicio o abuso físico o mental, descuido o trato negligente, malos tratos o explotación, incluido el abuso sexual, mientras el niño se encuentre bajo la custodia de los padres, de un representante legal o de cualquier otra persona que lo tenga a su cargo (UNICEF Chile, 2004).

Por cierto, estas transformaciones jurídicas deben ser leídas como el resultado de un largo camino histórico de transformaciones en la familia vinculadas, entre otros, al aumento de la afectividad en las relaciones familiares y del rechazo societal al sentimiento de crueldad (Stone 1995) y a la modificación de las representaciones de la infancia (Rojas 2010). Un camino histórico que supone una ruptura con la idea de una autoridad del padre respecto a sus hijos considerada como «natural» (Flandrin 1979). Pero más allá de la importancia de reconocer este proceso histórico, lo relevante hoy es que la expansión de los derechos se expresa en una creciente conciencia de los mismos y su uso reivindicativo por parte de la población infantil y adolescente. Ésta es una vía que está siendo acompañada, al mismo tiempo, por una desmitificación del rol de la autoridad del adulto, la que ha sido bien captada por la publicidad y los medios de comunicación, pero la que también resulta identificable en su extensa presencia en los discursos y las relaciones que los niños establecen con el mundo adulto (Vergara y Vergara 2012). Pero, además, y tan importante como las formas en que estas transformaciones afectan las formas de concebirse de los niños y adolescentes, lo a subrayar en la sociedad chilena es la problemática manera en que la conciencia de los efectos de estos cambios aparece en los padres y adultos responsables, como lo mostraremos aquí.

Nuestros resultados para el caso de Chile han mostrado que los padres y madres reconocen la existencia históricamente ubicable de dos grandes apoyos en el ejercicio concreto de la autoridad. Por un lado, la fuerza y la violencia expresada en la virtualidad siempre presente del castigo, en particular corporal. Por otro, las seguridades materiales esenciales para la sobrevivencia física y social, bien expresada en fórmulas como «mientras sigas viviendo en mi casa...» o «haz lo que te parezca pero no cuentes más con mi apoyo». En ambos casos, como es evidente, y en última instancia, es el miedo el que resulta movilizado pragmáticamente como recurso último de sostén del acatamiento.

Se regresará en detalle sobre el primero de estos apoyos, el establecimiento de los límites a partir del castigo corporal, que ha sido particular y directamente afectado por los cambios jurídicos y del sentido común que lo acompañan[36]. Por ahora vale la pena centrarse en el otro sostén. La capacidad de control vía la provisión (de necesidades materiales) continúa estando en buena parte operativo. Si es cierto, como lo ha sostenido de Singly (1996), que el impacto de este sostén se ve sensiblemente reducido cuando la herencia es principalmente cultural y se entrega paulatinamente a medida que los jóvenes adquieren certificaciones escolares, como sería el caso francés, en Chile, a causa del tipo restringido de protecciones estatales, por los procesos de privatización de los servicios públicos como educación o salud, y, en general, por el peso de las familias para la sobrevivencia y movilidad social, la conciencia de estas dependencias se ha mantenido. De hecho, y en efecto, los jóvenes valoran particularmente a la familia por ser esta fuente de afecto y, especialmente, seguridad y apoyo económico (CEPAL 2004).

Ahora bien, estas transformaciones afectan de manera distinta a los diferentes sectores sociales. Si este sostén está especialmente preservado y activo en los sectores medios, en los sectores populares no es exactamente el caso, aunque la conciencia de la importancia se mantenga. «Para mantener la autoridad» –dice José repitiendo pausadamente la frase– «yo creo que primero [...] tener un trabajo. Porque cuando uno no tiene

---

36 En el caso de Chile, la ley n° 20.286, la cual modifica el artículo 234 del Código Civil, establece que los padres tienen facultad de corregir a los hijos, cuidando que con ello no se menoscabe ni su salud ni desarrollo, y que excluye de esta facultad toda forma de maltrato físico y psicológico (Gobierno de Chile 2012,31).

trabajo no tiene plata pa' satisfacer las necesidades, como que cambia la cosa en casa». La presión de las ofertas de consumo para la población en general y los niños en particular y la fuerza de las demandas de los hijos, en contraste, muchas veces, con sus restringidas posibilidades económicas, diseñan una situación especialmente explosiva. Como dice una de nuestras entrevistadas: «hoy día los hijos mandan a los papás… Los papás se desviven porque el hijo quiere un pantalón, pero lo quiere de marca, sino no… Los niños pueden denunciar al padre por maltrato, por si le pega, entonces de eso o un poco antes, de esa chispa empezó a cambiar la mentalidad de los niños…»

Ante esta situación, los padres y madres de sectores populares, pero muy especialmente estas últimas, pues sienten que en ellas está depositada en última instancia la responsabilidad, testimoniaron de una fuerte desorientación. Ella se encuentra vinculada, particularmente, a lo que percibieron como la pérdida del otro sostén histórico de la autoridad tradicional: la potestad del castigo físico. La percepción generalizada es que este retiro se realiza sin que se encuentren a disposición otros mecanismos eficientes de reemplazo para el cumplimiento de sus funciones de autoridad. Aunque puedan estar muchas veces, como lo hemos visto, de acuerdo con los principios de buen trato, y distanciarse de una concepción positiva del castigo físico, una vez confrontados con las demandas concretas de sus prácticas de parentalidad, y esto abrumadoramente en el caso de las mujeres, les resulta difícil imaginar prescindir completamente de los efectos de contención que implica el castigo corporal. Paola trabaja como personal de servicio, haciendo limpieza en una gran compañía minera. Tiene dos hijos. Ella considera que es liviana con ellos. Sabe que debería ser más dura y, por ejemplo, decirles a sus hijos que no hay computador o no hay postre, pero se acuerda de su niñez y no puede, porque ella sufrió mucho, ya que les pegaban hasta con varillas de madera. Ella está muy cerca de sus hijos y llora cuando ellos lloran, pero Paola reconoce, en un gesto que se repite en muchas mujeres incluso de sectores medios, que enfrentada a la impotencia que le provoca que no la obedezcan, a veces le ha dado «cachetás en el poto al menor».

Marta, pequeña negociante que se reconoce, por el contrario, orgullosamente como autoritaria, cuenta: «Y por la nueva ley po', si los niñitos eh… 'ah no, te llamo a los carabineros y te llevan preso si me das un golpe'. Yo me acuerdo que mi hija tenía como ocho años, diez años, por ahí. Y estaba eso en el colegio. Que pusieron carteles y todo […] y un día yo voy y castigo a mi hija. Y me dice 'tú no me puedes castigar', '¿por qué no?', 'porque si no yo llamo a carabineros', 'ya toma, ahí está el teléfono, llama a carabineros' le dije yo. 'Llámelo, al tiro, no tengo ni un problema. Pero a usted el día de mañana la interno. A ver dónde va a estar mejor, en el internado o acá'. 'Sí', le dije yo, 'No tengo ni un problema'. Santo remedio. Nunca más». Aunque estos relatos desafiantes y abiertos no son usuales, su testimonio tiene la virtud de exponer de manera prístina lo que tras un discurso que busca apegarse a lo políticamente correcto revelan los relatos de las prácticas de las personas entrevistadas, en particular –vale la pena resaltarlo– (otra vez)las mujeres: el empoderamiento de los niños y adolescentes son vividos como una amenaza a su autoridad, la que es indispensable combatir o transgredir por momentos. El aumento de apoyo jurídico a los niños y adolescentes, desde esta perspectiva, termina por potenciar el «miedo» de los padres a aquellos sobre quienes deberían ejercer su autoridad, y permea de incerteza sus ejercicios de autoridad. Para ponerlo en términos de Gilda, una dueña de casa de los sectores populares, «antes mandaban los papás, ahora manda más la ley».

De este modo, combinar el buen trato, que implica prescindir del castigo físico, con el desarrollo efectivo de sus tareas de transmisión intergeneracional (que vayan a la escuela y no deserten en el caso de adolescentes o que rindan en ella); o de cuidado (evitando «perder» sus hijos en la calle por intermedio de la droga o la delincuencia), no resulta tan evidente como en teoría debería serlo para muchos padres. Daniel, un junior, padre de un hijo, dice: «yo creo que la juventud está diferente [...] porque las leyes han cambiado mucho [...]. Tú no puedes pegarle un coscorrón a un hijo porque te demanda. Yo creo que por ahí va el tema. Igual no es la idea pegarles a los hijos... pero la juventud hoy día está muy mal». Claro, como José, muchos están conscientes de que el castigo físico «no llega a ningún lado» y que hay que «hablarles», pero ellos también están conscientes de que «es complicado también hablarles a los chiquillos». Los riesgos que devienen de no conseguir ejercer la autoridad que les permita proteger a sus hijos del «afuera», además, son particularmente severos en estos casos.

Para los sectores populares, la presión y el desconcierto son, al mismo tiempo, aguzados por la gravedad de lo que se juega en caso de fracasar: se trata de «perder» hijos por causa de la calle o de la droga o de destinarlos a un futuro en que la promesa de movilidad social estará cerrada para ellos. No se trata, así, sólo de un problema de estilos, de civilidad o de consideración de los hijos, como principalmente lo es para los sectores medios. Lo que se juega en sus narraciones e imaginarios es el miedo al fracaso de los hijos, lo que es expresado de las maneras más concretas y hasta más brutales.

En los sectores medios, en cuanto el sostén vinculado con la provisión y la herencia se encuentra más preservado, sienten menos amenazada su capacidad de ejercicio práctico de las tareas de transmisión y cuidado. Rodrigo, lo sabe. Le parece que las hijas no le obedecen realmente, así es que se da cuenta de que, aunque no siempre funcione, termina administrando sus relaciones con ellas de manera similar a lo que hace con otras personas, en términos económicos. «Para resolver aspectos específicos, tú al final terminas estimulando económicamente o con bienes para lograr algunos objetivos». En la misma medida en que la conciencia de contar con este recurso está presente, es que existe una condena más unánime respecto a los castigos físicos y una búsqueda activa de otras formas de ejercicio de sus funciones que desestimen todo medio corporal, aunque, de ningún modo se encuentra una completa y generalizada renuncia a lo que consideran formas «suavizadas» de los mismos.

El hecho de que el conflicto de orientaciones parentales se centre de manera importante a nivel de la validez o no de los castigos corporales es sintomático de la transformación de poder vivida, y tras ella, del advenimiento de relaciones sociales en las cuales la horizontalidad es un anhelo y un problema constante. Pero, como es posible advertir, en ausencia de un nuevo modelo colectivo de ejercicio de la autoridad, el resultado es una generalización de formas altamente individualizadas de ejercicio de la autoridad, lo que, a su vez, incrementa el fantasma del temor a los subordinados.

Una palabra antes de terminar este argumento. Por supuesto, la conclusión aquí no es, en absoluto, la necesidad de retirar las cuotas de poder infantil y adolescente ganadas, como tampoco se trata de avalar ningún tipo de violencia física por parte de los adultos que pudiera ser justificable en aras de cumplir las tareas sociales de transmisión y cuidado de una generación a otra. No, en absoluto. Lo que interesa resaltar de lo anterior es la necesidad de pensar de manera sistémica, y no sólo unilateral, los efectos de las nuevas cuotas de poder asignadas a niños y adolescentes. Incluir en la reflexión la manera en que de forma a veces impensada y ante la ausencia de modelos consensuales de ejercicio de la autoridad y de ofertas de nuevos sostenes (y en buena cuenta, de poder), lo que aparece en muchos padres es un aguzado sentimiento de desasosiego e impotencia. Se trata aquí, básicamente de echar luz sobre la posibilidad de que la situación derive en formas complejas de manejo de la violencia y uso del poder en estos espacios, cuestión especialmente urgente para los sectores populares y, más específicamente, para las mujeres de este grupo.

2. Los afectos

La segunda fuente de la recomposición de los equilibrios de poder entre padres e hijos proviene de un ámbito muy distinto al anterior: los afectos. Las relaciones afectivas entre padres e hijos han ido cobrando importancia y transformándose en un largo proceso histórico. Los historiadores han puesto en evidencia cómo la afectividad se fue integrando de manera pausada pero segura dentro del registro que gobernaba las relaciones entre padres e hijos (Stone 1995, Lavrin 1991) para algunos acompañando, incluso, el surgimiento mismo de la idea de familia (Ariès 1987), para otros, como efecto de las transformaciones demográficas (Shorter 1975, Goody 2010, Stone 1995) o de las modificaciones de la representación de la figura paterna (Tort 2005). La proximidad afectiva y emocional con los hijos, así y en cualquier caso, no es algo novedoso, pero es un proceso que se ha desarrollado hacia su generalización transversal en la sociedad y su ampliación hacia las figuras paternas.

Ahora bien, leída de cerca, esta discusión propone, con frecuencia, que la incorporación de los afectos entre padres e hijos no sólo no pone en cuestión el carácter conyugal-centrado de la misma, es decir la pareja como núcleo central de la familia (la primacía simbólica de la relación conyugal sobre la filial, tal como la sociología no ha dejado de recordarlo –Parsons 1964), sino que lo habría reforzado. En Chile, por el contrario, la tendencia hoy parece alejarse de este patrón. La importancia creciente de los hijos (Valdés, Castelain-Meunier y Palacios 2006) debe ser leída con mucho énfasis: no se trata sólo de un aumento de magnitud de la importancia de los niños, sino que lo que se encara es la transformación de los vectores que conforman la familia. La familia en Chile tiende a ser filial-céntrica, porque la familia hoy *es*, principalmente, los hijos (Araujo y Martuccelli 2012, t-2).

Vale la pena poner con claridad nuestro punto aquí. Los anhelos de relaciones afectivas no son sólo testimonio de un aumento de capacidades expresivas en el contexto de una cultura terapéutica (Illouz 2007, 2010, Méndez 2008, 2009). Ellas apuntan a algo aún más sustancial: el hecho de que los hijos aparecen en los relatos parentales convocados explícitamente como soportes tanto afectivos como existenciales de los padres. Es decir, no se trata de un mero cambio de magnitud en el proceso de afectivización de la familia, se trata, más fundamentalmente, de una torsión en la función que se les adjudica a los hijos respecto a los padres por parte de estos mismos, eje que define este deslizamiento de lo conyugal hacia lo filial.

La intensidad que ha cobrado este anhelo de relaciones marcadas por la afectividad y el papel de soporte de los hijos se relaciona, principalmente, con las tensiones por las que atraviesa la pareja en Chile hoy. Las expectativas de intimidad, refugio y afectividad que caracterizan a la pareja contemporánea, ya sea en el modo de la «relación pura» o en la continuidad transformada del amor romántico (Giddens 1998), aparecen en Chile, más bien, en el modo de la frustración. La pareja encuentra su expresión paradójica, a distancia de la intimidad, en el modelo del «monólogo colectivo» (Sharim et al., 2011) o en las dificultades que emergen de la convivencia de un multifacético y contradictorio conjunto de expectativas. En este contexto, son los hijos los que son convocados a ocupar el espacio que deja vacío esta situación. Es decir, ellos, los hijos, ya no son solamente apelados, así como lo fueron tradicionalmente, al menos a lo largo del siglo XX, como dadores de sentido (en el modelo sacrificial tradicional de la madre mariana, por ejemplo[37]), sino que la expectativa concierne ahora a dimensiones más sensuales de la vida (risas, cariños, diversión, alegría, abrazos, confidencias)[38] que ellos estarían supuestos a entregar. Las demandas de complicidad, refugio y apoyo que corresponderían al núcleo conyugal migran y cargan las relaciones padres-hijos. Las consecuencias para padres e hijos no son menores.

Si es cierto que los padres tienen una clara y aguda conciencia de sus deberes sociales para con los hijos, la que los ata a exigencias del rol (impartir la disciplina, corregir a los niños, cuidar su salud, formarlos en sus elecciones y renuncias) que pueden vivir hasta como asfixiantes; por otro lado, el anhelo central y profundo que se encuentra en ellos es el de establecer relaciones más cómplices con los hijos, basadas en la cercanía afectiva. La tensión resulta evidente, pues si lo primero demanda una cierta distancia, la mesura y aún la verticalidad; la segunda es leída en clave de horizontalidad, cercanía y entrega. «Yo fui un padre –dice Aldo un empresario, padre de dos hijos, separado poco tiempo antes de la entrevista– que, le diría, en casa fui bastante blando». Él fue más cercano a los niños en los juegos, que era el espacio que compartía y disfrutaba con ellos, «yo siempre tuve una relación padre-amigo, donde, la verdad,

---

37 Montecinos 1996, Chaney 1992, Grau et al. 1997.

38 Un rasgo que en nuestros resultados aparece como transversal a los diferentes sectores sociales y géneros, lo que incluye también a los padres de sectores populares, a diferencia de resultados de estudios anteriores, que encontraban figuras de parentalidad menos afectivas y cercanas en estos sectores (Olavarría 1998, 2001a, 2001b). Esta diferencia puede evidenciar cambios generacionales en la comprensión de la paternidad en estos grupos.

la mano dura la tenía la madre». Mauricio, un pequeño comerciante de los sectores populares, también ha optado por dejar que la madre se haga cargo de la disciplina y el ejercicio de la autoridad. De esa manera, lo dice sin tapujos, él se pone del lado de sus hijos y los puede disfrutar más: crear complicidades, reír con ellos, mantener la relación básicamente en términos de demostraciones mutuas de cariño. Para Cecilia, una asesora del hogar, esto es vivido con mucha mayor tensión porque el padre no se hace cargo de ejercer la autoridad, aliviándola así de esta función, sino que tiende a reenviar esta responsabilidad sobre ella haciendo que no sepa más cómo ubicarse entre ser o no ser amiga de su hija. Le gustaría ser su amiga para tener la confianza y cercanía que necesita, pero quisiera mantener al mismo tiempo una relación menos horizontal que le permita el ejercicio de la autoridad. «No sé, a veces le digo: yo soy tu mamá no tu amiga (risas), pero es que me trata así como una amiga. Pero igual uno a veces necesita ser amiga de su hija». El problema es, claro, «que, a veces, así como que me trata así ¿no?, como que me habla de igual a igual»… una manera eufemística (pero expresiva de lo que ella cree que significa abandonar la verticalidad distante) de decir que le falta el respeto y no la obedece.

El nuevo lugar adquirido por los hijos en esta constelación, por su parte, y sin ninguna duda, tiene como efecto, cargar sus espaldas de expectativas que pueden ser muy pesadas de llevar, especialmente en los casos de alta vulnerabilidad, aislamiento y falta de redes, como suele serlo el de las jefas de hogar de sectores populares (Könn 2010). Pero, por otro lado, el que los hijos sostengan tendencialmente a los padres, tiene como efecto un aumento de sus cuotas de poder respecto de los mismos. El afecto y la relación emocional se convierten en moneda de cambio que aumenta su capacidad para negociar las relaciones con las figuras parentales e interviene de manera directa en las condiciones para el ejercicio de la autoridad parental. Para ejercer la autoridad, como dice, Andrés, hay que poder pagar el precio de la distancia afectiva de los hijos, respuesta frecuente frente a la autoridad parental, o, en su defecto, como lo hace María, instrumentalizar todo lo posible la «sentimentalización» de la comunicación para recuperarlos.

Son los propios adultos, así, quienes viven la profundización afectiva con los hijos como antitética al ejercicio de la autoridad. Por supuesto, esto no quiere decir que los padres no reconozcan que los afectos estén involucrados cuando se ejerce la autoridad. Es por amor a los hijos que uno debe disciplinarlos, sacarlos de la calle, obligarlos a estudiar o cuidarlos de amistades que podrían ser negativas, pero, en muchas situaciones, ellos los leen como excluyentes. No es de extrañar: este carácter excluyente responde a la estructura de lo que son las posibilidades con las que perciben contar para el ejercicio de la autoridad. De un lado, una autoridad de ejercicio autoritario en la que «alzar la voz», ser taxativa o recurrir a la severidad de los castigos, que pueden incluir los corporales, son componentes principales. De otro lado, una relación más horizontal, dialogante, que termina sin embargo por perderse en los placeres más bien fusionales y permisivos de una afectividad gratificante que los sostiene existencialmente.

Las razones de ello no hemos dejado de verla en este capítulo: por un lado, la autoridad, la eficiente, no puede sino considerarse como una autoridad fuerte, vertical y basada en una estricta evaluación y cuidado al mantener las distancias. Esto es, completamente a contramano de la idea de la afectividad fusional y el papel de soporte que esperan de los hijos. Por otro lado, el temor, casi la certeza de que la cercanía terminará por borrar los límites y que el otro se aprovechará haciendo uso de las nuevas cuotas de poder que puede movilizar, entre ellas, por supuesto, la amenaza de retirar su afecto y dejar de prestarse para el juego de cercanías y complicidades de los padres. Rubén, un asistente administrativo en un hospital, lo plantea del siguiente modo: «yo quería ser amigo (de mis hijos) y lo logré poh. Antes los viejos eran de otra manera». Pero, hoy, continúa, «están los dos extremos. Los cabros confunden y los padres también confundimos la amistad y los límites, pienso yo, y los límites son importantes [...] cuesta ejercer más la autoridad».

El remordimiento ante la dificultad para ser más severos en la aplicación de las reglas con sus hijos, y la conciencia de no estarlo «haciendo bien», no alcanzan completamente, sin embargo, para modificar la situación. No resulta tan simple renunciar al placer, a la gratificación y al sostén existencial que esta relación basada en la complicidad, emocional y afectiva les entrega. En esta constelación, el ejercicio de las tareas que les son previstas (establecer límites, mantener y estimular la disciplina, entre otras) aparece como un desafío y, en última instancia, como una forma de violencia sobre sí mismos. Son ellos mismos los que se desgarran en este juego de distancias y cercanías, puesto que la conciencia de las obligaciones estatutarias que les tocan no deja de rondar en muchos de ellos como un espectro que les produce ansiedad y culpa. Entre la abdicación al rol por causa de las nuevas exigencias afectivas y el ejercicio del rol que se les impone al modo verticalista, autoritario y distante, buscan un lugar. Mientras tanto, el nuevo papel de soporte afectivo y existencial que han tomado los hijos es un combustible, otro más, del miedo a los subordinados que asedia el ejercicio de la autoridad parental en un momento como el actual.

* * *

En el contexto del empuje hacia la horizontalización de las relaciones, el ejercicio de la autoridad en la familia y entre generaciones debe enfrentar una triple tensión: entre lo que no se puede más hacer, lo que no se quiere efectuar y lo que se desea. En esta encrucijada, muchos individuos no encuentran más ni las distancias necesarias ni los recursos suficientes para ejercer, con ecuanimidad, la autoridad. Una triple tensión que no cuestiona tanto la autoridad en su legitimidad (unos y otros, los padres y los hijos, curiosamente concuerdan respecto a ella), sino que la problematiza en su ejercicio práctico. Los adultos saben que deben ejercerla. Los niños y adolescentes acatan este imperativo. Pero los primeros no saben cómo ejercerla, o, en verdad, no quieren ejercerla como creen que deberían hacerlo, y aspiran a una forma de ejercicio que no logran, al menos por ahora, asentar verdaderamente[39]. Frente al miedo recurrente a ser desbordados por los hijos, la única solución que muchos encuentran, lamentándolo más o menos abiertamente, son formas de ejercicio de la autoridad que consideran autoritarias.

La búsqueda de caminos individuales sin modelos consensuales y coherentes lleva a una difícil articulación entre la eficiencia y la deseabilidad. La ausencia de herramientas colectivas mínimas (tipos ideales, mecanismos compartidos, consensos, entre otras) que sostengan las prácticas individuales desestabiliza a más de un actor. No es una cuestión menor, porque el desenlace, la capacidad de ejercer o no la autoridad, involucra el corazón de su propia autoestima social en una sociedad en la que las familias se caracterizan por su carácter filial-céntrico y en la que la cuestión de la eficiencia del ejercicio de la autoridad es extremadamente relevante. Relevante porque sostiene el cumplimiento de las obligaciones moralmente más importantes que les han sido socialmente encomendadas.

Detrás de las tres grandes dificultades que hemos evocado, lo que se encuentra no es el anhelo por el restablecimiento de la antigua legitimidad del poder simbólico del padre e incluso de la legitimidad de la autoridad de los adultos. Se trata del problema, mucho más concreto e individual, de saber, cada cual, en medio de sus temores más o menos abiertamente reconocidos y conscientes, cómo lograr ejercerla. Es, sin lugar a dudas, una

---

39 En estas búsquedas aún inciertas, son cuatro, principalmente, los elementos que son percibidos como posibles caminos para ejercer una autoridad que, siendo eficiente, sea al mismo tiempo aceptable: la consistencia y el ejemplo, la reciprocidad, la provisión y el cuidado. El futuro dirá cuál será el destino de estas vías aún en formación.

de las grandes especificidades de la cuestión de la autoridad intrafamiliar en Chile hoy. Si en muchos países es cierto que la tensión en las familias es activa y las dificultades de los adultos son comunes, lo que en rigor y a término está en el centro del debate público es el restablecimiento de las formas institucionales de la legitimidad. Es a partir de ellas, y por medio de la renovación de las adhesiones hacia ellas, sobre todo hacia las instituciones modernizadoras y democratizadoras, que se considera que será posible superar, mañana, las irresoluciones y las crisis.

Esta tendencia, por supuesto, no está totalmente ausente en Chile hoy. Pero no es, en absoluto, lo que más impregna la experiencia de los actores sociales. Incluso podría decirse, casi al contrario, que lo nuclear no es la legitimidad parental –aceptada por unos y otros–, sino las desestabilizaciones e inseguridades que su ejercicio produce. Ya sea que se adhiera a la autoridad «modernista» o a la autoridad «autoritaria», en los dos casos, por razones distintas, pero con resultados y experiencias similares, los individuos sienten que no son capaces de ejercerla sin desasosiego. La autoridad, constantemente puesta en jaque en las interacciones intrafamiliares, abre así a un debate político, cotidiano y más o menos subterráneo, sobre la democracia y la dictadura: entre aquellos que reivindican todavía, pero ya a la defensiva, la autoridad-vertical de antaño y los que adhiriendo al ideal de la horizontalización de las relaciones sociales recurren, a pesar de todo y no sin vergüenza, a los viejos recursos del autoritarismo. En el ejercicio de la autoridad intrafamiliar, y en el miedo a los subordinados que ello revela, se juega hoy en Chile una etapa crucial de la transición a la democracia.

Capítulo 4
Autoridad y trabajo

Le toca a este capítulo continuar la exploración de las maneras en que el miedo a los subordinados participa en definir las formas de ejercicio de la autoridad en Chile. Pero, esta vez, en otro dominio social: el trabajo. Será la ocasión de mostrar, otra vez pero desde otra perspectiva, de qué modo la interpretación común y transversal que damos de las experiencias de autoridad no debe en ningún momento llevar a desconocer el hecho de que ésta se despliega de manera particular y específica en los distintos ámbitos sociales.

Lo anterior es tanto más importante cuanto que los aportes teóricos sobre la autoridad han dado, por lo general, una visión monolítica de la misma. Tanto es así que cuando sus variaciones fueron reconocidas, lo fueron casi exclusivamente asociadas a momentos históricos (como en los trabajos de Max Weber o de Hannah Arendt). Por esta vía, estas posiciones han impulsado la conclusión tendenciosa de que el modelo hegemónico de autoridad propio de una época sería compacto y homogéneo a lo largo de toda la sociedad y en todas las relaciones que la componen. Pero, como una mirada más detenida y nuestros resultados lo muestran, la autoridad posee un fuerte carácter diferencial según países (Inglehart 1999); posición o condición social (Araujo 2012b, Munck y Verhoeven 1997), pero, también, según los diferentes ámbitos sociales (la familia, el trabajo, la política o la escuela). Es esta variabilidad la que permite explicar por qué en una misma sociedad pueden existir procesos simultáneos de fortalecimiento y de debilitamiento de la autoridad: una dinámica que ningún diagnóstico unilateral, del tipo secularización, despaternalización o destradicionalización, por ejemplo, permite comprender. Lo anterior implica que, si bien la autoridad es un fenómeno relacional y fuertemente interactivo, ella está íntimamente vinculada con realidades institucionales específicas y rasgos estructurales propios de una sociedad y de las particulares maneras en que estos impactan cada ámbito social.

Para alcanzar este doble objetivo, mostrar la presencia transversal del miedo a los subordinados, por un lado, y las características propias del ejercicio de la autoridad en el dominio particular del trabajo, este capítulo se estructura en cinco partes. En la primera, se presentará de manera general el escenario en el que se desarrollan las relaciones laborales en Chile y sus consecuencias para pensar la cuestión de la autoridad. En la segunda, se buscará mostrar las diferencias fundamentales entre la autoridad en la familia y en el trabajo. Por último, en las tres últimas secciones, se abordarán las formas específicas del ejercicio de la autoridad en el trabajo y los efectos que, no sin paradojas, producen y sostienen en este ámbito el miedo a los subordinados.

I. Las transformaciones en el mundo del trabajo

Las transformaciones estructurales en el mundo del trabajo son indisociables de un conjunto de cambios observables en el capitalismo y los modelos de producción (fuertemente sostenidos en innovaciones tecnológicas), así como, en particular, en sus consecuencias en los pactos sociales (entre los cuales, el repliegue o la metamorfosis del Estado de bienestar, es un fenómeno especialmente destacable). Los cambios en el paradigma productivo, desde el taylorista-fordista hasta el posfordista o flexible (Yáñez 2004), conllevan nuevos modos de gestión empresarial y de perfilamiento de las relaciones laborales. En este contexto se han generado importantes modificaciones en las orientaciones normativas en el mundo de trabajo (Bauman 2003, Beck 1998, Boltanski y Chiappello 2002, Castells 2006, Castel y Haroche 2003), lo que, además, se ha dado en sintonía con procesos crecientes de individualización (Beck y Beck-Gernsheim 2002).

La llegada del paradigma posfordista implicaría haber dejado atrás un modelo en que el predominio habría sido el de una relación laboral basada en contratos estables, activos procesos de negociación colectiva, una división estandarizada de tareas y formas de gerenciamiento centralizados y jerárquicos. Todo ello en aras de relaciones laborales y procesos de trabajo más flexibles con trabajadores más móviles, polivalentes, adaptables y creativos, y de formas de gestión descentralizadas en constante interacción con el entorno. Finalmente, ha sido puesto en evidencia cómo las nuevas formas de organización han engendrado nuevas prescripciones y exigencias hacia los asalariados (Boltanski y Chiapello 2002, Sennett 2000, 2009), dando lugar, tras la flexibilización laboral, a la generalización de una filosofía de la competencia que interpela bajo nuevos modelos del sujeto a los trabajadores (Boltanski y Chiapello 2002, Durand 2004, Ehrenberg 1991,

Le Goff 1996). Estos procesos habrían dado lugar a una renovación de los mecanismos de control y dominación (Womack, Jones y Ross 1992, Clot 1995), debilitando las identidades colectivas (retóricas políticas, tasas de sindicalización). La capacidad del trabajo para transmitir un sentimiento de pertenencia social e incluso un sentido vital, al menos del modo en que lo hizo durante el siglo XX, conoció una fuerte erosión (Castel 2010, Beck 2000), o dio lugar a nuevas formas (Hopenhayn 2001, Sennett 1982).

Aunque estos procesos son globales y afectan a sociedades muy diversas, sin embargo, sus destinos y consecuencias varían fuertemente según las especificidades de cada una de ellas. Si es en esta estela que se deben situar muchas de las transformaciones económicas e institucionales que el país ha conocido desde hace varias décadas (Castells 2005), en el caso chileno es necesario colocar estos cambios, y ponderarlos, en el contexto de un país de industrialización reciente. Históricamente, en Chile, como en general en América Latina, nunca hubo una «auténtica» sociedad salarial, pues si bien se dieron procesos de formalización laboral de la mano de una industrialización restringida, se contó con un sector informal que resultó especialmente pregnante a lo largo del siglo XX, en el contexto de la heterogeneidad estructural que caracterizó el país (Pinto, 1973). Tampoco encontramos una matriz productiva propiamente fordista. Más que una búsqueda de maximización de la productividad como fue el caso en Estados Unidos o Europa, lo que aquí se desarrolló fue una modalidad de racionalización que puso el acento en el control y el disciplinamiento de los trabajadores en el marco de unidades productivas más pequeñas y de fuerte dependencia estatal (Stecher 2014, 63).

Los cambios se han asociado en las últimas décadas con la desregulación de los mercados, y la consecuente reducción del papel del Estado, y el empuje hacia un nuevo modelo productivo que ha ido de la mano con procesos de flexibilización que han fortalecido la capacidad de las empresas para definir las relaciones laborales en desmedro de las negociaciones colectivas (Ramos 2009, Soto 2009).

La expansión de la flexibilización, tanto en los modos de gestión empresarial como de los apoyos legales correspondientes (López 2004, Dirección del Trabajo 2009)[40], así como la consecuente individualización de

***

40   La ley del trabajo que rige en Chile desde 1979 institucionalizó una fuerte liberalización de las relaciones de trabajo. Aun cuando desde 1990 varias reformas han sido introducidas en el Código Laboral de 1987, aspectos mayores de la antigua filosofía persisten, comenzando por la posibilidad activa de los empleadores de despedir trabajadores y la limitación de la negociación colectiva al ámbito de la empresa (lo que restringe considerablemente las negociaciones sectoriales en el país, participando, a su vez, en

la relación laboral y la voluntad de erosión explícita de las formas colectivas de negociación (Ugarte 2014), dieron lugar a una reestructuración del mercado del trabajo: el aumento de la externalización y la subcontratación, la expansión de los empleos temporales (Henríquez y Riquelme 2006), trayectorias laborales más móviles (Guzmán y Mauro 2004) y la diversificación de las modalidades y condiciones de contratación. Como consecuencia, se establecieron perfiles cada vez más heterogéneos de trabajadores, en términos de condiciones de trabajo y de protección (Soto 2008), y se terminó transformando el papel que el trabajo ha ocupado para las formas de organización social (Todaro y Yáñez 2004) y en la constitución de los individuos (Díaz, Godoy y Stecher 2005, Sisto 2009).

El impacto de estos procesos ha sido ponderado de maneras muy diferentes, pero muchos analistas han subrayado los efectos negativos de varios de ellos. Se ha sostenido así, por ejemplo, que la flexibilidad tiende a ser promovida por las empresas como una vía preferencial para controlar los costos asociados al factor trabajo, lo que tiene como consecuencia altos grados de inequidad (Abramo, Montero y Reinecke 1997), que se refleja en importantes diferencias salariales y de ingreso. Del mismo modo, se ha puesto en relieve una precarización del trabajo y un aumento general de la desprotección de los trabajadores, dando lugar, por ejemplo, a nuevas formas de vulnerabilidad en el empleo independiente y en el trabajo con doble empleador (Henríquez y Riquelme 2006). Sólo un 41,6% del total de ocupados y un 56% de los asalariados presentan un empleo protegido, vale decir, con contrato escrito, indefinido, liquidación de sueldo y cotizaciones para pensión, salud y seguro de desempleo (Fundación Sol 2014, 5). Incluso se ha hecho notar que cerca del 80% del empleo asalariado es empleo de baja calidad, pues no se encuentra protegido e implica ingresos menores a dos sueldos mínimos, lo que es considerado como el Ingreso Ético Mínimo (Stecher y Godoy 2014, 56). Finalmente, se ha enfatizado que las transformaciones han traído una significativa intensificación del trabajo, presiones elevadas derivadas de la aceleración de los procesos de producción, la extensión de las horas de trabajo y el consecuente alargamiento de jornadas (Ramos 2009).

En el contexto de estas transformaciones, estructurales, legales y organizacionales, el trabajo disminuyó su rol en la integración social de los

<hr>

el quiebre de los colectivos de trabajo) (Dirección del Trabajo 2009). Las mejoras han sido ligeras en el período que comienza en 1990 y hasta la actualidad. Un proyecto de reforma laboral que consideraba una mayor participación de los trabajadores y el resguardo de su derecho a huelga, era promovido por el ejecutivo en el momento de la última revisión antes de la publicación de este texto (2015).

trabajadores. Por ejemplo, a comienzos de los años dos mil, solamente 27% de chilenos sentían que gracias al trabajo formaban parte de su sociedad (PNUD 2002, 96). Sin embargo, ello no implica que el trabajo haya dejado de ser un sostén de primer orden para los individuos, no sólo porque el trabajo sigue siendo un elemento central de dignificación, sino, también, porque las personas siguen sosteniendo sus exigencias de reconocimiento por lo laboral (Soto 2009, 110-111, Stecher, Godoy y Toro 2010, Araujo y Martuccelli 2012, t-2; Araujo 2014b).

Estas grandes trasformaciones estructurales explican en buena medida uno de los rasgos centrales del mundo del trabajo que perciben los trabajadores hoy. Este rasgo, la desmesura laboral, refiere a que las demandas estructuralmente determinadas de esta esfera –las que se expresan a nivel de los individuos en una generalizada percepción de sobreexigencia y de presión–, aparecen como un incesante «empuje» a la acción y son vividas, con mucha frecuencia, como exigiendo una transgresión constante de los propios límites.

Todas estas transformaciones entrañan un conjunto de muy importantes desafíos en lo que respecta el ejercicio de la autoridad. Tres de entre ellos son particularmente significativos.

En primer lugar, se ha expandido en el país un sentimiento generalizado de inconsistencia posicional (Araujo y Martuccelli 2011). Éste hace que, en buena medida por la flexibilidad antes discutida, pero no sólo por ella, muchas posiciones sociales aparezcan como porosas y que los individuos se sientan constantemente obligados a producir y sostener la estabilidad de sus posiciones y, por lo tanto, se vean afectados por sentimientos extendidos de inseguridad. El trabajo encuentra aquí, y por intermediación del miedo, en particular al despido, siempre posible gracias a la legislación en vigor pero también a una narración más o menos difusa que subraya lo dispensables que resultan los trabajadores, su más importante fundamento para la obediencia maquinal y la coerción. Estos procesos merman la cuota de autonomía de los trabajadores, puesto que su capacidad de desobediencia creativa depende de las condiciones del mercado (Marino et al. 2009).

Segundo, en un contexto de vulnerabilidad estatutaria y de temor posicional generalizado, las exigencias desmesuradas del trabajo se traducen en muy altas demandas temporales hacia el trabajador. La exigencia del «trabajo-sin-fin» se asocia, así, con la pregnancia de la «lógica de la presencia», una exigencia en la que lo que cuenta es la presencia del asalariado en el lugar de trabajo, muchas veces desligada de toda razonabilidad productiva (Araujo y Martuccelli 2012, t-1), es decir, lejos de ciertas lógicas de la eficiencia laboral vigentes en otros países (Nowotny 1989). Esto se revela, para empezar, en el número de horas trabajadas. En efecto, entre 1997 y 2005 Chile apareció en cuatro ocasiones en el primer lugar del ranking internacional de jornadas laborales semanales, según datos elaborados por el International Institute for Management (Echeverría 2005)[41]. Pero también encontramos huellas de esta desmesura en la percepción de los trabajadores de encontrarse en una situación de disponibilidad irrestricta respecto a sus empleadores. El sentimiento de malestar es aguzado por la tensión que crea el que, junto con esta exigencia de inversión temporal laboral, vivida como coactiva, las demandas de tiempo para la familia sean percibidas como más legítimas pero menos satisfechas por ellos. La percepción de desmesura en la demanda es un indicador relevante para los individuos de la injusticia y el abuso.

Tercero, el carácter irritado que toman los ambientes de trabajo y, por lo tanto, la relación con los otros, debido básicamente a dos procesos. Por un lado, una traducción de la filosofía de la competencia que ha conducido a una agudización de la conflictividad en estos ambientes al expandir la desconfianza recíproca y generalizada. Por el otro, como ya lo hemos evocado en el capítulo 2, el efecto de las expectativas de horizontalización en las interacciones sociales son muy activas en el mundo del trabajo bajo la forma de demandas de buen trato, de rechazo de ciertas modalidades de imposición y por una muy fuerte sensibilidad a cualquier signo que pudiera ser interpretado como una afrenta al respeto y la dignidad debidos. Estos fenómenos se acompañan por el fortalecimiento de nuevos ideales y nuevas consideraciones acerca de lo que hace positiva a una jefatura, pero que, al mismo tiempo, ponen bajo vigilancia y sospecha las relaciones de carácter jerárquico.

Estos tres grandes fenómenos –miedo al despido como instrumento de dominio y eje importante de la obediencia; el sentimiento de una ilimitación de las demandas temporales en el mundo del trabajo, percibidas como un acto de abuso e injusticia; y la sospecha e hipersensibilidad que caracterizan las relaciones con los otros y, en particular, aquellas que se dan en relaciones de jerarquía– constituyen así el telón de fondo del escenario que abordaremos en este capítulo. En su entrecruzamiento es posible situar dos de los rasgos principales de las relaciones de autoridad en el mundo del trabajo hoy: la acción del fantasma del temor a los subordinados y la de su contraparte, la obediencia consentida pero no conciliada.

<hr>

41   Para 2013, la OCDE reportó en Chile 2015 horas trabajadas por año y trabajador. Muy a distancia de las 1489 de Francia o las 1388 de Alemania (OECD 2015).

II. Rasgos diferenciales del ejercicio de la autoridad en el trabajo

Como en el caso de la familia, en el trabajo hay una puesta en cuestión al autoritarismo desde lo que se considera un nuevo ideal de ejercicio de la autoridad que privilegia formas más democráticas y participativas. Aquí también, como en el caso de la familia, la percepción generalizada es que el ejercicio de la autoridad, a pesar de la presencia creciente de un ideal más horizontal, tiende aún a darse en lo esencial bajo modalidades que son consideradas como autoritarias. Los relatos sobre el abuso de poder, las faltas de respeto verbales, tratos juzgados poco humanos, la delegación arbitraria de las tareas, los modos impositivos y poco participativos que toman las jefaturas, incluso las que ejercen las propias personas entrevistadas, son tan frecuentemente rechazados como considerados indispensables.

Sin embargo, y a pesar de las varias similitudes con el caso de la familia, hay dos cuestiones esenciales que diferencian y particularizan la cuestión de la autoridad en el trabajo. A distancia del caso de la familia, en el que los ejemplos de un funcionamiento eficiente del ejercicio de autoridad basada en el nuevo ideal de democraticidad son prácticamente inexistentes, en el caso del trabajo no sólo se cree que éste es deseable sino que también se insiste, a través del relato de experiencias propias o ajenas, si bien excepcionales, en su eficiencia. La segunda gran diferencia proviene del hecho de en el caso del trabajo se encuentran preservados sostenes estructurales al rol que facilitan la obtención de la obediencia, aunque, y esto no es menor, una de tipo «maquinal». No es menor, porque en la medida en que simultáneamente se prescriben implicaciones y responsabilidades crecientes a los individuos, estos recursos, materiales y simbólicos que sostienen las jerarquías, terminan, paradojalmente, por no resolver sino agudizar el problema de la autoridad: apuntalan la jerarquía sin facilitar el ejercicio de la autoridad.

1. Deseabilidad y eficiencia del ideal: el buen jefe

La confianza en la eficiencia de nuevas formas de gestión de las jerarquías en el trabajo no puede entenderse sin tomar en cuenta la expansión de los nuevos discursos prescriptivos sobre las formas de *management* de las organizaciones y de administración de los recursos humanos. Se trata de modalidades de gestión caracterizadas por la flexibilidad, por la interpelación a la participación de los trabajadores, a la delegación y a modos más horizontales de ejercicio de las jefaturas, las que, como vimos, responden a las formas que toman los condicionantes estructurales del trabajo hoy (McMahon 1994)[42]. Sin embargo, la concreción de estos discursos en América Latina no es una evidencia, por lo que el carácter de su influencia en el consenso que suscitan en un país como Chile debe establecerse con sumo cuidado.

En efecto, desde una perspectiva estructural, lo que los estudios muestran es que lo que se observa es, más que la hegemonía del modelo productivo posfordista, la convivencia plural de modelos. Si nuevas modalidades productivas pueden haber afectado a las grandes y medianas empresas, especialmente a las vinculadas con grandes holdings internacionales, simultáneamente también se han dado, por ejemplo, procesos de neo-taylorización del proceso productivo (De la Garza 2000). El resultado es un escenario fuertemente heterogéneo de las relaciones laborales, lo que se inscribe en la continuidad histórica de esta característica de la morfología estructural de América Latina (Infante y Sunkel 2009). La heterogeneidad de la estructura productiva contemporánea se refleja en la convivencia, con escasos vínculos entre ellas, de grandes trasnacionales con un enorme número de microempresas informales y pequeñas y medianas empresas de baja productividad, concentradas en el mercado local. Éste es un elemento esencial para entender la experiencia de la autoridad en el trabajo en Chile. Lo es porque son precisamente los sectores tecnológicamente más atrasados, con escasa modernización en la gestión productiva y de los recursos humanos, sin acceso al capital, dedicados a bienes no transables, los que son responsables de alrededor del 80% del empleo privado (Assael et al. 2009, Infante y Sunkel 2009). Es decir, es en este marco que se desenvuelven las experiencias laborales de una gran parte de los asalariados.

Incluso en lo que toca a los sectores más modernizados, el impacto real que los ideales del buen jefe promovidos por las retóricas manageriales tienen concretamente en las organizaciones es bastante reducido. Los estudios muestran que aun en buena parte de las grandes y medianas empresas, las que han adoptado como principios orientadores los nuevos modelos de gestión de la empresa posfordista, se mantienen formas prácticas de gestión que revelan la permanencia de aspectos importantes de las culturas laborales del país basadas en la jerarquía verticalizante y la distancia (Ramos 2013). De hecho, un estudio en profundidad realizado en 46 organizaciones grandes, medianas y pequeñas en la

---

42   Para una crítica de estos modelos, ver Hsieh, Nien-he 2007, de Gaulejac 2007.

Región Metropolitana, encontró que a pesar de la sintonía encontrada con los principios del *management* estadounidense actual, sólo tres de ellas aplicaban de manera consistente y reconocible los principios de premiar iniciativas, incentivar la creatividad, promover relaciones más horizontales entre estratos, etc. Las otras 43 organizaciones, de las cuales 30 eran medianas o grandes organizaciones, ejercían formas de gestión basadas en el control, la concentración de poder en las gerencias más altas, tenían poca expectativa de participación de los trabajadores en las decisiones y planificaciones de la producción, estaban marcadas por la inexistencia de medidas de estímulo a la autonomía de los asalariados, y por la expectativa de un tipo de trabajadores cuyas virtudes principales serían la lealtad, la disciplina y el acatamiento no conflictivo (Rodríguez y Gómez 2009).

Puesto en otros términos, si es cierto que las tendencias del *management* en Chile siguen las tendencias estadounidenses y que estamos frente a la incorporación de nuevas exigencias de administración, y a la expansión de nuevos relatos sobre la empresa y el cambio organizacional, ello no ha alterado, o lo ha hecho en muy escasa medida, las formas de relación con los trabajadores así como las concepciones que se tienen de éstos (Ramos 2013, 190-191). En la mayoría de los casos, las formas concretas de relación y manejo de los trabajadores no han sido permeadas por estos modelos, dada la fortaleza y persistencia de otros principios interactivos que gobiernan las relaciones de autoridad. Esta brecha, y el tipo de gestión de los recursos humanos prevalente, aparece fielmente expresada en las experiencias que testimonian los trabajadores. Ellos perciben que no son oídos en sus dificultades (Espinosa y Morris 2002); que no son convocados a entregar sus aportes al desarrollo de la empresa (Ramos 2009); o que se sienten limitados por la falta de autonomía de expresión debido al temor a las repercusiones que una palabra libre puede conllevar en términos de castigos, despidos u ostracismo, lo que los lleva a mantener una actitud de suspicacia y miedo (Rodríguez 2010, 436).

Sin embargo, a pesar de la heterogenidad estructural y sus consecuencias en la recepción de los nuevos modelos del *management* y de la brecha existente entre estos principios y su aplicación práctica, según nuestros resultados, lo que se observa entre los individuos es, paradójicamente, una expandida convicción respecto a la deseabilidad de estos ideales, pero, sobre todo, de la eficiencia de los mismos.

De hecho, en lo que concierne al ámbito laboral, los individuos reconocen plenamente, tanto en los momentos en que un actor se posiciona del lado de los jefes como cuando lo hace desde el de los subordinados, que un tipo de ejercicio de autoridad menos autoritario resultaría idealmente mucho más adecuado para conseguir una mayor implicación del trabajador y, por tanto, un mayor compromiso y una mayor productividad. Ésta es una creencia que contrasta fuertemente con los testimonios de quienes ejercen, o ejercieron en algún momento, jefaturas, sea del nivel que sea, y que sólo dan cuenta de las dificultades que se deben enfrentar en el ejercicio de la autoridad. De hecho, pragmáticamente, muchas de las estrategias para su ejercicio, como veremos más adelante, van precisamente a contramano de un tipo de jefatura cercana, dúctil y comprometida personalmente, que es la que aparece como ideal.

Es evidente, así, que la convicción conjunta de deseabilidad del ideal y confianza en su eficiencia no puede ser sólo imputado a los discursos del *management* contemporáneos y a su capacidad para permear efectivamente los imaginarios relacionales en el mundo del trabajo, pues su expansión es, como lo hemos subrayado, limitada. Pero, ¿cómo explicar, entonces, esta adhesión, ampliamente compartida, a ciertos principios de administración más «modernizadores» y democratizantes de recursos humanos contemporáneos?

Para empezar, esta creencia en la *eficiencia* del ideal toma apoyo, evidentemente, en los jirones discursivos socialmente circulantes, es decir, en la traducción de los nuevos discursos sobre las formas de gestión empresarial deseables en el sentido común compartido. De estos jirones, es necesario precisarlo, los que más repercusión tienen son los que enfatizan, como lo han mostrado también otros estudios, el trabajo en equipo, el trato más horizontal («buen trato» o «trato humano»), y el aprovechamiento de las potencialidades y aportes diferenciales de cada cual (Soto 2006, Ramos 2009). La diferencia entre una buena autoridad y otra «mala» se cristaliza en las figuras del «buen jefe» (cuyo epítome es el «líder») y el «mal jefe». Este último, la figura más frecuente en los testimonios que recabamos. En palabras de Luisa, una historiadora entrevistada, «por lo menos en Chile, la imagen del jefe tiene una autoridad muy fuerte [...] es muy fácil que pueda maltratar a alguien [...] o hacerle pasar vergüenza delante de otra gente [...] yo vi formas de maltrato que eran muy crueles [...] el tema de la jerarquía, de poner una distancia muy alta entre quienes deciden y quienes no deciden, entre quienes tienen poder y quienes no lo tienen».

En el caso del «buen jefe», se trata de un tipo ideal de ejercicio de la autoridad que, construido casi punto por punto en oposición a la «mala jefatura», se basa en el «buen trato» y en la evitación del abuso (esto es especialmente resaltado por las mujeres de sectores populares); en formas no impositivas y no arbitrarias de uso del poder; en estilos agregativos y dialogantes que se basan en la confianza en las habilidades de los subordinados y promueven la identificación con la tarea; y en un desempeño consecuente basado en un conocimiento de lo que tiene que hacerse (un aspecto particularmente enfatizado por los hombres en ambos sectores sociales). En el caso de las mujeres, se suma además el que sea comprensivo, una cualidad que, a sus ojos, permite resolver de forma individual el problema estructural de articular lo doméstico y el trabajo asalariado, cuestión central en trayectos masivamente explicados y autoexplicados en función de la maternidad. Las definiciones del buen jefe se encarnan así en afirmaciones como «que dé buen trato», «la respeten a una como persona», que sea una persona «humana», que no «grite», que te «toma en cuenta» y con eso te hace sentir «valioso», que «sabe», que es «consecuente», y que, como dice Rodrigo, ingeniero, describiendo a quien considera ha sido su mejor jefe, es capaz de «convencer, de entusiasmar a un grupo… no asignar tareas y luego si salió bien, el jefe lo hizo bien; si salió mal, tú te equivocaste».

Sin embargo, limitar la fuerza de esta creencia a la expansión contemporánea, por parcial que sea, del discurso social dominante del *management* es a todas luces insuficiente. El vigor de esta creencia es inseparable de las esperanzas relacionales más generales de la población, las que deben ser entendidas en el marco de los procesos, cierto que contradictorios y desiguales, pero en marcha, de democratización del lazo social que caracterizan a la sociedad chilena hoy. Estos procesos de transformación de la sociabilidad, en los que nos hemos detenido en el segundo capítulo, moldean las esperanzas al calor de nuevas expectativas de horizontalidad relacional, definiendo lo que es o no aceptable en las interacciones con los otros y con las instituciones. La horizontalidad relacional se constituye en un criterio esencial para medir un ejercicio de la autoridad que merece ser respetado y considerado legítimo. Es desde aquí que se entiende el hecho de que una «buena autoridad» está vinculada con una noción general del «buen trato», entendido éste, es necesario subrayarlo, fuera de un marco paternalista tradicional, propio del ideal-tipo hacendal, en el que el buen trato estaba asociado con formas benevolentes pero discrecionales de tratamiento de los subordinados.

Estas esperanzas relacionales se cristalizan, también, en un anhelo de ser considerados y reconocidos tanto en la especificidad de sus aportes como en sus facultades para tomar iniciativas. En fuerte oposición al ideal-tipo hacendal y portaliano de la autoridad, y en particular de dos de sus rasgos, la reciprocidad asimétrica y la concepción residual del pueblo (ver capítulo 1), se trata aquí de una reivindicación de la autonomía y de las propias capacidades para tomar decisiones y aportar a los procesos de trabajo (Rodríguez y Ríos 2009). Resulta importante subrayar, sin embargo, que, en este contexto, este reclamo no tiene un carácter principalmente meritocrático. No se trata sólo de una demanda de reconocimiento anclada en las habilidades o logros que exige una compensación justa. Por supuesto, hay una sensibilidad por la importancia de los incentivos, tanto del lado de los que ejercen autoridad como de aquellos que están en posición de subordinados, pero el reclamo expresa aquí una lógica distinta. El reconocimiento esperado es prioritariamente a la «palabra» –a la propia «palabra»–, y lo que ella puede aportar al desarrollo colectivo de la tarea. Esta demanda se presenta con mucho más frecuencia, especialmente en las mujeres, como un empuje a una suerte de inclusión participativa en aras de modalidades más horizontales de trabajo, que como la exigencia a una justicia diferenciadora basada en el mérito personal. Otra vez, entonces, las expectativas de horizontalidad aparecen actuando, pero esta vez en nombre de un saber que ni se define ni se administra puramente por la jerarquía establecida. Se trata de una suerte de moderada exigencia a admitir la «razón de los iguales» (Ranciére 2007).

De este modo, la creencia y confianza en el ideal del «buen jefe» es resultado del encuentro entre un nuevo y sistemático discurso de gestión empresarial/organizacional que se disemina en la sociedad, aun cuando exógeno y de lenta aplicación en los diferentes sectores que componen el mercado laboral, con procesos estructurales de transformación más generales que afectan la sociabilidad en el país. De allí su potencia normativa y ello incluso cuando la realidad que hay que enfrentar cuando se es jefe o subordinado les muestre, desde sus experiencias, que las cosas son bastante más complejas, y que, en la mayoría de los casos, el mundo del trabajo aparezca como un acotado pero activo campo de batalla. Patricio, un vendedor de los sectores populares, quien da una detallada descripción de lo que es una buena jefatura en los términos que hemos venido movilizando, lo pone de esta manera: «En Chile, actualmente eso no existe y nunca ha existido. Nunca en mi vida he conocido, desde que tengo uso de razón, un líder como yo, de cierta manera, pienso que debe ser». Poco importa. Todos tienen buenas razones para creer en el valor y en la eficiencia del «buen jefe».

2. El preservado sostén estructural de las jefaturas

Si el desconcierto y la sensación de pérdida de control es un rasgo fuertemente perceptible en el caso de la relación de autoridad entre padres e hijos, este sentimiento no está presente en la misma magnitud en el caso del trabajo. En él lo que se encuentra prioritariamente es el sentimiento de desgaste y agotamiento personal, pero no el de una merma sustantiva de control colectivo. ¿La razón de esta diferencia? Los sostenes externos, materiales e institucionales, de la autoridad se encuentran más conservados en el mundo laboral, mientras que en la familia lo que se observa es un debilitamiento o transformación más o menos radical de los elementos tradicionales de apoyo al ejercicio de la misma.

El mantenimiento o incluso fortalecimiento de los soportes de la autoridad en el trabajo, han ido de la mano de la liberalización de las relaciones laborales y de la disminución sensible de las protecciones de los trabajadores y de sus instrumentos de negociación. En este contexto, dos elementos que dan cuenta de esta preservación e incluso incremento del poder de las jefaturas son, por un lado, la relativa facilidad con la que los empleadores pueden prescindir de sus trabajadores; por el otro, la fuerte individualización de las condiciones y relaciones laborales. Ambos son recursos que se activan de manera constante, ya sea de manera explícita o latente, como herramientas para unos –los que mandan–, o como barreras a la acción para otros –los que obedecen–, en la escena del ejercicio de la autoridad.

Como ya fue señalado, en una lectura de la flexibilización laboral que excedió largamente las formas de su aplicación en otras realidades, la ley del trabajo que rige en Chile desde 1979 institucionalizó una fuerte liberalización de las relaciones de trabajo. Ésta se dio en el contexto de un gobierno autoritario y el auge de una ideología en el que la clase empresarial no sólo se construye políticamente como un actor relevante sino como agente central del nuevo orden económico, social y cultural, con los privilegios que ello implica (Thumala 2007, Tironi 2014). Aun cuando desde 1990 varias reformas han sido introducidas en el Código Laboral de 1987 (como la ley de subcontratación o la reforma procesal laboral), los aspectos mayores de este modelo aún persisten. Éste se ha caracterizado por reforzar, en primer lugar, la posibilidad activa de los empleadores de despedir a sus trabajadores. Luego, y en concordancia con lo anterior, ha impulsado la disminución de la importancia de la negociación colectiva, su limitación al ámbito de la empresa, y, tras ello, ha desincentivado la afiliación sindical, lo que ha sido potenciado en mucho por prácticas antisindicales de las propias empresas (tales como despidos de delegados, propaganda antisindical o desincentivos a la participación en huelgas). Esto ha empujado a que la acción de los sindicatos deje de tener un rol importante en la protección de los trabajadores, transfiriendo este papel al Estado por intermediación de la Inspección del Trabajo. Finalmente, la ley en vigor ha estimulado la exclusión del conflicto, lo que tiene una de sus más claras expresiones en la cuasi prohibición de la huelga o al menos su debilitamiento como arma de presión (Ugarte 2014, Dirección del Trabajo 2009). Este conjunto de transformaciones ha tenido un fuerte impacto en la limitación de la capacidad de negociación de los trabajadores, dibujando para ellos un cuadro especialmente marcado por los estrechos márgenes que tienen en las relaciones con los empleadores, como es posible ver con transparencia, por ejemplo, en su comparación con el caso argentino (Undurraga 2014).

De este modo, el miedo al despido, el sentimiento de vulnerabilidad debido a la falta de protecciones públicas y la conciencia del carácter altamente individualizado de su relación con el empleador trastocaron en profundidad las asimetrías de poder entre los grupos sociales, engendrando fuertes inquietudes laborales. Pero esta inquietud se ve aguzada también por otros factores que refuerzan la responsabilización de cada actor, como es visible tanto en el modelo de capitalización individual a nivel de las pensiones como en la capacidad de elección de los individuos respecto de su cobertura de salud. El modelo que se puso en práctica en el país no sólo disminuyó las protecciones y reglamentaciones públicas, sino que acentuó la responsabilidad de cada trabajador en lo que respecta a su trayectoria laboral, su fondo de pensión y de salud, y, por supuesto, tendió a individualizar, a nivel de las empresas, los salarios (Ramos 2009). Pero sin duda, y también, estas inquietudes se han asociado con los efectos de un nivel salarial de los trabajadores que se encuentra bastante distante de lo que son sus expectativas de retribución (Espinosa y Morris 2002); en particular, dadas las líneas imaginarias de los consumos básicos dignificantes presentes hoy en la población y el peso que ha adquirido el dinero como referente para las orientaciones y formas de legitimación de la acción de los individuos en el mundo laboral (Araujo 2014b).

De manera importante, además, las ansiedades en torno al empleo ha sido fortalecida por un alto nivel de endeudamiento vía acceso a crédito (Banco Central 2010, Barros 2009). Según la Encuesta Financiera de

Hogares, entre el 2011-2012, 68% de los hogares chilenos poseía algún tipo de deuda con una ratio de deuda sobre ingreso de 74,6% para el total de hogares, sin grandes variaciones entre sectores socioeconómicos. Los hogares destinan así entre 45% de sus ingresos mensuales (entre los de mayores ingresos) y 25,4% para los hogares de menos recursos, para el pago de sus deudas (Banco Central de Chile, 2013)[43]. En este marco, los efectos disciplinadores del endeudamiento son evidentes (Lazzarato 2011): el estrés financiero al que están expuestos los hogares es tanto más alto cuanto que destinan una buena parte de sus ingresos a afrontar los pagos de las deudas que han contraído, una cuestión que se agudiza en los sectores de menores recursos, los que habitualmente pagan tasas de interés más altas por tratarse de deudores más riesgosos (Echeverría 2015). La incertidumbre respecto a la posición social, la inquietud de perderla, adquiere un motor de envergadura en el encuentro con los riesgos inducidos por el endeudamiento y la falta de protecciones en sus puestos de trabajo.

En breve, el miedo al despido, el sentimiento de vulnerabilidad resultado de la individualización de las condiciones laborales y la inconsistencia posicional funcionan en conjunto como importantes estímulos para la obediencia en el mundo del trabajo. La gente obedece, sostiene Jaime, un contador con experiencia empresarial de los sectores medios, por plata. Especialmente, claro, en los sectores populares, pero él lo sabe bien, no solamente en ellos. Por eso es que se «aguantan». De hecho a él le ha pasado mucho como jefe. Él, por ejemplo, cuando notaba algo preguntaba qué pasaba y nadie le respondía. Le decían luego, algún informante, claro, que era porque «no se atreven», porque piensan que «los vas a echar». A pesar de sus esfuerzos, agrega, nunca consiguió transformar esta dinámica. Mauricio, un microempresario de los sectores populares, es aún más explícito y hasta implacable en su testimonio. Según él, se obedece «por miedo a perder el trabajo, porque muchos agachan la cabeza y lo hacen pero mordiendo los dientes, porque no puedes decir nada. ¡Tienes que hacerlo porque es tu pega, ¿cachay?! [...] Yo creo que en general el miedo a perder la pega es lo más terrible, porque, además, uno no sabe cómo va a reaccionar tu jefe, si tú le dices que no (el jefe responde/KA) 'vaya a buscar sus cosas y queda despedido'».

....

43 Sin embargo, esta diferencia tiene que ser bien observada en términos del tipo de impacto que produce. Mientras en los hogares más ricos la deuda está constituida principalmente por crédito hipotecario o educacional, lo que puede ser contado como inversiones en bienes a futuro, en los de menores ingresos el endeudamiento es básicamente de consumo: el 52% de estos hogares tiene este tipo de deudas, especialmente con casas comerciales.

De este modo, los sostenes estructurales de la autoridad, como es fácil deducir por lo hasta aquí expuesto, no actúan tanto del lado de afianzar la «legitimidad» de la autoridad, como de reforzarla por medio de herramientas para la coacción. Dicho de otro modo, no ayudan a la aceptación consentida y conciliada de la autoridad, sino que, básicamente, le otorgan un plus de fuerza. Si es cierto que apuntalan la jerarquía organizacional, no facilitan el ejercicio de la autoridad.

Sea como fuere, lo cierto es que dadas sus consecuencias a nivel de la obediencia, sus efectos son considerados suficientes para mantener el *control* sobre los trabajadores, la forma de administración de las relaciones laborales más extendida en Chile (Rodríguez y Gómez 2009). La coacción estructural se constituye, así, en una modalidad básica y extremadamente activa de sostén de la autoridad en el mundo del trabajo. Como en otros contextos, pero con una agudeza particularmente fuerte en el país, la coacción por el miedo es el mecanismo percibido como central a la hora de caracterizar el dominio y el control laboral (Burawoy 1982, Courpasson 2000). «El temor –señala Juan– hace obedecer. Las razones ya son diferentes digamos, pueden ser económicas, pueden ser de piel, pueden ser de cualquier cosa. [...] Yo creo que el autoritarismo en la gente produce temor, como se dice: patrón de fundo. Todos le obedecen, nadie dice que eso no lo hace... sin pegarle a nadie, sin infligirle daño físico».

La dimensión coactiva de estos sostenes de la autoridad es tanto más importante cuanto que se trata de una experiencia transversal. Si la percepción de este aspecto está especialmente presente en los sectores populares, en rigor y dado que se afirma en los rasgos estructurales generales del mundo laboral, lo está también y de manera significativa en los sectores medios altos. Ni siquiera los sectores más protegidos por edad (más jóvenes), calificaciones (profesionales) y sector de ocupación (cargos profesionales o gerenciales en empresas trasnacionales en el sector extractivo) están inmunes a los efectos de esta dimensión coactiva.

Son así, y precisamente, estos soportes estructurales los que explican que a pesar de que el ejercicio de la autoridad sea una tarea problemática en el mundo del trabajo, sobre todo como lo veremos a nivel de las *experiencias* individuales, estructuralmente hablando no es posible constatar a nivel de los *lugares* de jefatura una pérdida de control. Visto de lejos y en la larga duración, conseguir la obediencia de aquellos en posición de subordinados no parece una tarea amenazada. Las inquietudes y el sentimiento de impotencia que se observa en los padres frente al ejercicio de la autoridad respecto de sus hijos ni de lejos alcanza en este caso una magnitud similar. La confianza en que la obediencia va a ser obtenida está hoy fuertemente presente en el mundo del trabajo en Chile, bien en quienes mandan, bien en aquellos que obedecen. Tanto unos como otros saben que el miedo al despido y la conciencia de vulnerabilidad individual harán posible, en la mayor parte de los casos, mantener la obediencia del trabajador. «Tú al jefe lo sigues po'. [...] tú podís seguirlo de muchas maneras, o sea ¿por qué tenís que seguirlo? porque detrás de eso está tu sueldo [...] se sigue al jefe por algo, o sea por eso te digo, porque a ti te pagan, porque tienes que hacerlo, porque tu contrato dice, en fin», dice Eduardo, un ingeniero que trabaja en el Estado. Rosa, una trabajadora de los sectores populares, lo confirma: «Sí. Porque eh... es obvio, que sea, si tú trabajas es porque necesitas la plata. Y cuando tú ves que está de repente tu fuente laboral en peligro, a veces, muy en contra de, de lo que... eh... de lo que pienses, acatas». En principio, para todos todo parece claro: o se obedece o se va... En el intermedio, sin embargo, y como la sociología del trabajo lo ha mostrado desde hace décadas y por doquier, se despliegan, como lo veremos, formas disímiles y variadas, sutiles y sinuosas, de «hostigamiento» a la autoridad. Resultado: en un contexto como éste, en el que la autoridad no deja de ser una experiencia problemática y ríspida, los soportes estructurales de la jerarquía terminan por constituir sino el más, uno de los más relevantes pisos de seguridad para quienes deben ejercer la autoridad en el mundo del trabajo. Una garantía que nadie está nunca completamente dispuesto a perder.

Ésta es la particular situación, entonces, de la autoridad en el trabajo hoy en Chile. Ni escasean búsquedas de formas más dialogantes y participativas de gestión, ni se renuncia, sin embargo, a un ejercicio autoritario de la autoridad. Si el ideal de una autoridad consensuada se afirma como deseable y *eficaz*, esto último en claro contraste con lo que se observa en las familias, no por ello se abandona, a pesar de sus «insuficiencias», incluso reconocidas por la propia doxa managerial, el recurso a formas autoritarias y a su fortalecimiento consecuente a través de distintos sostenes organizacionales. El ideal es, pues, deseable y eficaz, pero no resulta tan fácil, y a pesar del consenso existente, ponerlo en práctica. No resulta, en todo caso, tan simple abandonar las formas verticales y jerárquicas y hasta excesivas de autoridad, porque, como lo veremos a continuación, el miedo a los subordinados también aquí impregna en profundidad el ejercicio de la autoridad. Este miedo explica la adhesión continua a las prácticas autoritarias, a pesar no sólo de su desprestigio, sino también del hecho que el autoritarismo, especialmente en las posiciones intermedias, confronte a los individuos a situaciones y relaciones extremadamente tensas y desgastantes con los subordinados.

III. La pregnancia autoritaria en el trabajo

¿Por qué si estamos frente a un ideal de gestión de las jerarquías que aparece como consensuado y, además, se cuenta con sostenes estructurales para su ejercicio, la práctica de la misma continúa siendo privilegiadamente de tipo autoritario?

La permanencia del autoritarismo en el mundo del trabajo en Chile es un rasgo bien establecido por la literatura especializada. Para algunos, sobre todo desde los estudios de las organizaciones, su vigencia se ha asociado con el carácter paternalista del *management* de los recursos humanos, ya sea que se lo haya considerado desde su vertiente positiva (Martínez 2005) o desde sus impactos negativos (Rodríguez y Gómez 2009; Rodríguez y Ríos 2009). En ambos casos, el paternalismo es concebido como una forma de intervenir en la autonomía del otro en nombre de su bienestar. El trabajador es representado como alguien que carece de habilidades suficientes para tomar sus propias decisiones y por lo tanto asumir sus responsabilidades. En este contexto, todo proceso de delegación de decisión aparece como muy difícil, pues se encuentra teñido por una alta desconfianza. La lealtad, la importancia del propio lazo con el otro más que la eficiencia serían rasgos centrales de este modelo relacional, con lo que la valoración de la eficiencia sería menor de lo que se esperaría. De más está decir que este paternalismo, al restringir la participación de los trabajadores, es no sólo un obstáculo para una política de recompensas a la eficiencia, sino que es, también, un factor de alta exigencia para aquellos colocados en la posición de mando, debido a la concentración de decisiones y la poca delegación que se fomenta (Rodríguez y Ríos 2009, 331).

Desde otra perspectiva, basada en un amplio estudio empírico, y en parte en contra de la generalización realizada por los trabajos recién citados, Jenny Rodríguez y Carlos Gómez (2009) han postulado no un modelo sino la existencia de tres tipos de culturas organizacionales en Chile: pesimista/fatalista; pragmática/burocrática; y optimista/maníaca, siendo la primera la que correspondería más cercanamente al modelo del paternalismo. Según este estudio, son los dos primeros paradigmas los más frecuentes en Chile, mientras que el tercero, que promueve la heterogeneidad, la creatividad, la innovación y la evaluación crítica, que cuenta con liderazgos más inclusivos, enfatiza la autonomía, la iniciativa del trabajador y la delegación de autoridad en los diferentes niveles, debe ser contado más bien como una excepción. Sin sorpresa, sus resultados dan apoyo a la tesis de la continuidad de formas autoritarias y verticales de ejercicio de la autoridad. El paradigma pesimista/fatalista, en el que se articulan grupos de influencia informales con altos rasgos de discrecionalidad, premia la homogeneidad comportamental, al punto de que son la lealtad y la fiabilidad los criterios de evaluación más importantes del trabajador. En estas organizaciones las estructuras son verticales, con fuertes jerarquías y ausencia de delegación de tareas y funciones. Se encuentra en ellas, además, un uso muy importante de mecanismos de control y sanción, y una estricta supervisión de los trabajadores, cuya participación en la toma de decisiones es casi inexistente. El paradigma pragmático/burocrático enfatiza, por su lado, las estructuras procedimentales y un liderazgo burocrático. En él priman las relaciones jerárquicas y las definiciones formales de las funciones del puesto; se valoran el desempeño y la puntualidad; se refuerza constantemente las reglas y procedimientos; la participación de los trabajadores se restringe al ámbito de tareas rigurosamente definidas; y hay un énfasis marcado en la evitación de conflictos gracias al peso de lo procedimental y las reglas. En breve, en ambos paradigmas, aunque con fórmulas distintas, lo que se revela es una forma de gestión de las jerarquías basada en la verticalidad, en la fuerza del mando o de la regla, formas poco inclusivas de la participación de los trabajadores y una valoración muy significativa de la obediencia «maquinal» o no conciliada.

La pervivencia del autoritarismo en el mundo laboral ha sido reiteradamente sostenida también desde la sociología del trabajo por aportes como los de Ramos (2009), Soto (2008), Undurraga (2014), Stecher, Godoy y Toro (2010). Estos autores han subrayado la falta de innovación en las empresas en lo relativo a las relaciones con los trabajadores, a pesar de su capacidad de adaptación en otros dominios. La distancia jerárquica; la desconfianza en las habilidades de los trabajadores; una restricción de la reflexividad a los niveles gerenciales; renuencia al involucramiento en el diálogo, la definición y la planificación de los procesos productivos; un rechazo a la conflictividad en aras de prácticas impositivas que larvan pero nutren el conflicto, serían, entre otros, los rasgos que denotarían el mantenimiento de una cultura empresarial más bien de tipo autoritaria.

Una anécdota recogida por Undurraga (2014, 207) en su estudio comparativo entre empresas chilenas y argentinas es muy expresiva al respecto. En el contexto de la expansión de empresas chilenas a Argentina en los años 1990, una serie de colisiones se produjeron por las diferencias de los estilos gerenciales. Particularmente ríspida fue la cuestión de los niveles de participación de los asalariados y la modalidad de establecimiento del diálogo entre trabajadores y gerentes. La escena relatada en el libro es especialmente significativa y transcurre de esta manera: los trabajadores, argentinos, son convocados para que la gerencia, chilena, explique el nuevo «plan estratégico» de la empresa. La presentación del gerente general es interrumpida por los trabajadores cinco minutos después de haberse iniciado. Sus representantes tomaron la palabra porque querían «discutir» tanto el diagnóstico como los siguientes pasos. Los gerentes chilenos quedaron atónitos por un proceder que les era totalmente ajeno, el que, a su entender, sólo podía ser considerado como una falta de respeto a la autoridad...

En breve, la vigencia del autoritarismo en el mundo laboral es una conclusión ampliamente compartida y, por lo general, la explicación que se ha dado de su continuidad ha sido principalmente de tipo cultural o más bien culturalista. Es decir, basada en la idea de la perpetuación de formas culturales que habrían llegado desde el pasado hasta nosotros como una suerte de herencia histórica, especialmente a causa de la persistencia y continuidad de la herencia de las relaciones hacendales (Rodríguez et al. 2005, Rodríguez y Gómez 2009) y del espíritu autoritario que animó a la dictadura de Pinochet (Tironi 2014).

Nuestros resultados de investigación coinciden en mucho con los estudios citados en el hecho de que las modalidades de ejercicio de autoridad en el trabajo son, principalmente, de tipo autoritarias. Un aspecto que, en nuestro trabajo de campo, tomó muchas veces la forma de un ideal según el cual un buen trayecto laboral no se alcanza principalmente por mejoras en los rendimientos o avances en las competencias, sino por la ausencia de conflictos. *«Nunca he tenido conflictos»*, es la fórmula que inicia el relato de muchos de nuestros entrevistados cuando tratan de mostrar que su vida laboral ha sido positiva. La acción a contraluz de los ideales-tipo de autoridad, tanto hacendal como portaliano, es visible aquí.

Sin embargo, y como ya lo hemos argumentado en los dos primeros capítulos, es muy discutible explicar la permanencia del autoritarismo por la vigencia transhistórica de formas culturales. Si bien pueden existir elementos de parentesco entre lo que observamos hoy y formas de ejercicio de la autoridad en otros momentos históricos, los fenómenos que enfrentamos no pueden ser entendidos como una mera permanencia sin solución de continuidad de estos modelos. Una aplicación directa lleva a generalizaciones impropias, por ejemplo, del tipo de la tesis del *management* paternalista que no se condicen con la variabilidad de las situaciones y sobre todo con las modificaciones observables a nivel de los ideales.

Para comprender, entonces, la vigencia del autoritarismo es necesario, creemos, movilizar la tesis que aquí defendemos. Lo que da cuenta de su permanencia es la acción continuada de un elemento más o menos fantasmático que, tomando carices muy distintos y por razones muy diversas, vertebra durablemente las relaciones laborales, a saber, el temor a los subordinados. Es la acción de este fantasma el que explica de la mejor manera la permanencia de las modalidades autoritarias de ejercicio de la autoridad y el recurso recurrente a los sostenes estructurales de la jerarquía como herramientas coactivas, muchas veces exclusivas, y en desmedro de toda adhesión normativa, a la hora de ejercer la autoridad.

Un temor que, en toda su diversidad, invita a tomar activamente en cuenta el hecho de que las relaciones de autoridad no se restringen a la sola dualidad empleadores/empleados en la estela de la clásica distinción entre burgueses y obreros. Si esta diferencia es, con certeza, relevante, pues pone en el tapete la importancia de los diferenciales de poder, no obstante, en su compacidad oculta que el ejercicio de la autoridad, en la sociedad en general, pero en el mundo del trabajo también, toma la forma de lugares alternantes en las sociedades modernas. Según las situaciones, todos los individuos, en algún momento, tienen roles de subordinación o de jefatura, y es esto, precisamente, lo que es importante. ¿Por qué? Porque da cuenta del carácter no sólo altamente ambivalente de los discursos, sino también de los efectos generalizados que, en todos, genera, tarde o temprano, el temor hacia los subordinados. Un miedo que, no obstante, no sólo no es homogéneo en todos los ámbitos de la sociedad, sino que se enfrenta desde modalidades muy distintas. Veámoslo con detalle.

IV. ¿Por qué se teme tanto a los subordinados en el mundo del trabajo?

Javier está a comienzos de la cincuentena. Está casado y tiene dos hijos. Aunque en el momento de la entrevista ya no es el caso, porque está recientemente en otro sector, trabajó casi treinta años en el rubro del retail. Los últimos veinte en la misma empresa. En su carrera pasó de vendedor a supervisor y jefe de ventas. Tuvo, desde su perspectiva, una trayectoria exitosa aunque muy costosa en términos de esfuerzo personal. Javier piensa, en efecto, que a pesar de que le gustaba mucho su trabajo y se dedicó con ahínco a él, el momento en el que lo pasó mejor fue cuando era vendedor. Era la época en que sus colegas eran sus amigos, iban a las fiestas organizadas por la empresa y se entretenían mucho.

Luego, fue promovido a jefe. Éste fue un cambio bastante difícil, no sólo por las exigencias y lo tironeado que se sentía por su propio superior inmediato al encontrarse en una jefatura intermedia, sino porque en «el tema de las jefaturas uno tiende a hacerse bastante solitario, nadie se quiere juntar con uno [...] uno en el fondo termina almorzando solo, tomando el café solo, sale a fumar solo». Especialmente, como le pasó a él, cuando uno es promovido y se queda en el mismo lugar trabajando en una posición jerárquica con las personas que antes fueron sus colegas.

La jefatura, dice Javier, lo obligó a poner cierta distancia, porque «si no, no lo iban a terminar tomando en serio nunca a uno». Lo intentó conversando con ellos y diciéndoles: «oye hoy día tengo otro rol, fíjate que cuando estemos acá dentro de la tienda mis funciones son estas y yo sí te puedo pedir estas cosas y tú me tienes que tratar de una manera más respetuosa». Pero no le funcionó. Debió pasar de «ser una persona sociable, amistosa, buen amigo» a «ser hosco, mala persona, no sé, decirles a las personas lo que tienen que hacer, evaluarlos, en el fondo ponerles notas, llamarles la atención y ese tipo de cosas». Para eso desarrolló una estrategia. Por ejemplo cuando alguien venía a decirle «'Eh, hola Javier, ¿cómo estay?'», respondía, «'perdón yo soy don Javier o jefe si quieres'». Él sabe que «esa es una manera, la más desagradable que hay, de poner distancia, o sea, lo hicieron conmigo antes y me pareció horrible [...] pero funciona». Gracias a su estrategia él consiguió ser «el jefe, pero era el gallo pesado». Pero, bueno, lo más importante era conseguir las metas que le ponían, porque la presión era muy alta, y «la piedra de tope siempre era los vendedores: la falta de cooperación, etc.».

Con el tiempo, Javier se fue dando cuenta de que los jefes que cumplían las metas «eran las personas más desatentas, los más descorteses, los más mal educados con sus vendedores, eran unos ogros en realidad». Entonces, y a pesar de toda la energía que debía invertir y que quizá hubiese tenido mejores destinos, admite que tuvo que fabricarse «como un personaje». Le costó, e incluso en algún punto sigue expresando reticencias hacia esa estrategia, pero, al mismo tiempo, aprendió con los años que «muchas veces, o la gran mayoría de las personas responden sólo cuando las presionan y les exigen en demasía [...] Cuando es por persuasión, por acuerdo, por conversación y todo, se relajan, y de eso sí estoy seguro... eso me pasó todo el tiempo». Y es que, continúa, «acá en Chile estamos acostumbrados al maltrato. Cuando alguien me empieza a tratar bien, (...alguien...) que en la escala está más arriba mío, es un superior de verdad, yo pienso que hay un signo de debilidad y como veo eso, tiendo sin querer queriendo a aprovecharme de alguna manera [...] Entonces se va produciendo esta pérdida de autoridad».

Por supuesto, él entiende que la autoridad no tiene que ver con que «el gallo hable más fuerte o grite o trate mal». Él mismo quería «matar» a uno de sus jefes que hacía estas cosas con él. Por supuesto, también, ha conocido otro tipo de jefe, alguien que se ganaba el respeto y el cariño «natural», porque «tenía un gran conocimiento y una gran capacidad [...] era una muy buena persona, y tenía una capacidad también de reconocer a cada persona que tenía al frente, sabía cómo era esa persona», tanto en sus debilidades como en sus fortalezas. Un tipo de jefe que tiene, según él, algo que le es «natural», y a los que hay que catalogar como excepcionales. Por supuesto, sabe esto, pero también sabe que normalmente todos tienden a funcionar de la «otra» manera.

El relato de Javier es extremadamente expresivo de la cuestión central en el ejercicio de la autoridad en el trabajo. Si se puede estar de acuerdo con que hay otro tipo de ejercicio que no se apoya en la fuerza y en la imposición, si incluso se le puede reconocer como más aceptable y hasta muy eficiente, lo cierto es que una tal modalidad de ejercicio de la autoridad encuentra un impedimento central en la acción fantasmática del temor a los subordinados. El miedo aparece como una muralla insuperable. El miedo a que quienes están en posición subalterna tomen ventajas o represalias diversas, las que terminarían por producir la pérdida de la autoridad y, por tanto, el fracaso en el ejercicio de la tarea encomendada. Un temor tanto más agudo cuanto que todos, como lo venimos de indicar, y como la trayectoria de Javier lo condensa con fuerza, ocupan alternativa y simultáneamente lugares de mando y de obediencia. La división atraviesa a cada individuo: *lo que hacen en situación de subordinación desestabiliza a lo que tienen que hacer en función de jefatura.* Es este temor, social e individualmente retroalimentado, el que va a ordenar, así, en definitiva, en buena parte de los casos, los modos de ejercicio de la autoridad.

Esta modalidad autoritaria tiene en la figura del patrón de fundo la imagen más reiteradamente convocada en nuestras entrevistas. Pero es una modalidad que, en parte a semejanza y en parte a diferencia de lo que estipula el ideal-tipo hacendal, se sostiene a través de un conjunto de estrategias que persiguen, más o menos explícitamente, lograr evitar el aprovechamiento de aquellos sobre los que debe ejercerse la autoridad. Para quien está en el lugar de «jefe», por más transitorio que ello sea, la situación se percibe como enfrentando a un conjunto de amenazas concretas que vienen de los subordinados. A ellas deben oponérseles diversas tácticas de contención. El universo del ejercicio de la autoridad en el trabajo oscila así, incansablemente, entre amenazas y sanciones. Empecemos por las primeras.

1. El temor, las amenazas y la obediencia no conciliada

Como ya vimos, los soportes estructurales de la autoridad en el trabajo afianzan la dimensión coactiva de la misma. Como consecuencia, si ello explica en buena medida que la autoridad en el trabajo en términos globales no se perciba amenazada, desde un punto de vista organizacional, por otro lado, ello aporta a hacer aún más problemática la gestión individual de la autoridad. Si en términos globales los soportes estructurales aportan al control, en términos singulares agudizan la dificultad de este ejercicio. ¿Por qué?

Porque el tipo de soportes estructurales de la autoridad en el mundo del trabajo apunta a reforzar la coacción por el miedo de manera casi exclusivamente unilateral y con ello termina por profundizar una obediencia meramente consentida, pero no conciliada. La reflexión de Irene, una mujer de los sectores populares, es explícita: «porque la necesidad tiene cara de hereje. Porque yo tengo detrás de mí una responsabilidad. Hay familia, hay hijo, hay deuda, hay compromiso [...] Entonce' te sometes y lamentablemente cuando uno cae en ese vicio del sometimiento no avanzas como persona». En el mismo sentido va el testimonio de Rubén, también de estos sectores. «La autoridad es la autoridad y uno tiene que asumir no más el rol que le corresponde [...] igual necesito la plata, tengo una mujer que es dueña de casa, pero si no fuera por eso me hubiera dado el lujo de poner en su lugar a estas personas, y haberles dicho todo lo que mi corazón sentía». No puede hacerlo ahora pero, se alegra Rubén, un día, él va a jubilarse y, por fin, se va a ir... Es ésta una obediencia no conciliada en el trabajo, es preciso decirlo, que no sólo se restringe a estos sectores, sino que puede encontrarse en términos similares aunque quizás con una carga emocional algo menor en los sectores medios.

En ausencia de esta conciliación, los apoyos estructurales no alcanzan para promover la implicación en el trabajo. La anuencia a la autoridad no es resultado sólo de un consentimiento obtenido por coacción, como se ha planteado a partir de Weber (1964), sino que depende de la auto-conciliación con los mandatos organizacionales que tienen quienes están en posición de subordinación. Celia, una socióloga entrevistada, traza la diferencia distinguiendo entre «jefe» y «líder» de esta manera: «yo comparto la idea de que los jefes no siempre están legitimados, o sea te lo ponen y en realidad el tipo puede ser un idiota, o ella puede ser una idiota, y puede saber mucho menos que tú incluso, y es tu jefe y estás sonado [...] En cambio un líder es alguien que tú, que logra cautivarte, alguien que logra convencerte y que logra un objetivo común».

Con extremada frecuencia los entrevistados interpretan la obediencia como un acto en el que lo que prima es la imposición del otro y, al hacerlo, terminan por asociar acatamiento con humillación. Lo que se pone en evidencia, así, es la violencia con la que es percibida esta situación de forzamiento estructural al consentimiento. La obediencia cuando es sólo consentida pero no conciliada es vivida como una amenaza a la dignidad personal, un tipo de violencia, a la que, al menos imaginariamente, se responde o desearía responder.

El soporte a la fuerza de los lugares de jerarquía pero no a la conciliación con su autoridad, es lo que precisamente determina que su gestión cotidiana en las interacciones interpersonales se convierta en una cuestión espinosa y desgastante. Si estructuralmente se inviste de fuerza a quien debe ejercer autoridad, por otro lado, y en el mismo acto, se lo despoja de justificación a ojos de quienes obedecen. Consecuentemente, se refuerza la obediencia consentida y maquinal, y se hace cada vez más problemática la obediencia conciliada. La fuerza, asociada a una modalidad coactiva, es mayoritariamente rechazada, aunque este rechazo adquiera formas pasivas o sinuosas de expresión: «Tienes el jefe dictatorial –dice Juan Carlos, un técnico diseñador gráfico de los sectores populares– el que dice 'no, ¡aquí se hacen las cosas así!' Y uno ve y dice 'está mal, no sirve, pero, si, bueno, el jefe quiere que deje la cagada, la cagá' dejo, así trabajo».

El ejercicio autoritario de la autoridad al generar formas de obediencia no conciliadas, alimenta estrategias de resistencia varias, desde formas sutiles (y no tanto) de desautorización y descalificación (como llamar al jefe colectivamente y a sus espaldas «piojo resucitado» o denunciar incansablemente con violencia y sorna las historias de sus abusos) hasta acciones lesivas directas (robar), pasando por formas múltiples de oposición pasiva (hacer la tarea lo más lento posible). Por supuesto, como la sociología del trabajo lo ha mostrado, las actitudes y acciones de resistencia se dan en toda organización social y cualquiera que sea el reconocimiento institucional de la autoridad (Crozier y Friedberg 1978). Pero ello no debe impedir reconocer lo que estas estrategias tienen de particular en contextos marcados por la impronta masiva de obediencias no conciliadas, y ello más aún cuando el nivel de los salarios participa en incrementar este sentimiento vía una frustración de ingresos (Espinosa y Morris 2002).

2. La potencia de los subordinados

El miedo a los subordinados está también basado en la suposición de su potencia. Su magnitud es directamente proporcional al grado de poder que se adjudica al subordinado. Un temor sorprendente en su intensidad si se toma en cuenta que ni los recursos estructurales a disposición de las jerarquías para ejercer el control ni la obediencia aquiescente de los trabajadores logran calmarlo. ¿Cómo explicarlo? Una distinción resulta indispensable para permitirnos dar una respuesta.

En el mundo del trabajo, las relaciones de jerarquía, el modelo del superior o la imagen de la jefatura están fuertemente asociados al par dominio-sumisión. En este registro, la presencia de una obediencia meramente consentida y no conciliada hace que el acatamiento sea rápidamente interpretado como sumisión, y que, en todo caso, la situación sea interpretada si no como violenta al menos como inmodificable. Las posiciones se dotan de rigidez. Sin embargo, es indispensable percibir que además de por este par, las escenas de autoridad también están marcadas por el par víctima-victimario. Aquí, y a diferencia del par anterior, los roles pueden ser modificados, aunque el lugar ocupado en la relación de jerarquía reste inmutable. El individuo puede estar del lado del que obedece y mantenerse allí, pero colocado en ese lugar puede jugar el rol tanto de víctima como de victimario. A la inversa, el jefe, aunque sostenido en su jerarquía, puede perder, por la acción del subordinado, la «prerrogativa» de colocarse en el lugar de victimario sin verdaderamente poder permitirse, a menos que deba pagar un costo muy alto, el de víctima. Pero es el temor a este desliz lo que es permanente. Cierto, este «riesgo», más o menos real, no es en absoluto específico a la sociedad chilena y la literatura especializada ha mostrado experiencias de este tipo por doquier (Scott 2000). Aun cuando ello sólo sea realizado de manera puntual (una sonrisa irónica, una mala cara, un silencio malhumorado...), todas estas situaciones son vividas por quien las recibe no sólo como una afrenta, sino como un debilitamiento de la autoridad, y, por tanto, una herida relevante a su capacidad para ocupar ese lugar.

Sin embargo, y aquí aparece la especificidad de la situación chilena, estas actitudes tienden a ser leídas en otras sociedades −«desde arriba» y «desde abajo»−, como lo explicitaremos en el capítulo 5, en una clave propiamente institucional. Por real que sea la precaución individualizada del jefe o el desafío personalizado del subalterno, en los dos casos, por lo general, lo que termina por estar en entredicho es, finalmente, la autoridad de la institución. Es ella, más que los individuos, la que es percibida como desprovista de legitimidad; es ella más que los jefes, el blanco de las estrategias que efectúan los subalternos para ganar espacios de autonomía.

Un ejemplo nos permitirá expresar este punto con mayor claridad. En las últimas décadas se ha afirmado en la sociología de los países noroccidentales, sobre todo en el marco de la crisis de las instituciones y de su poder simbólico, inquietudes juzgadas como históricamente inéditas en lo que respecta al ejercicio de la autoridad en estas sociedades. La crisis de legitimidad institucional, al producir nuevas exigencias sobre los actores, daría cuenta de la dificultad y del malestar actual en el ejercicio de la autoridad. Un caso por excelencia de esta tesis se observa en el dominio escolar. Como algunos estudios lo han mostrado, el rol social ya no transmitiría más a los profesores la autoridad necesaria para ejercer su oficio (Dubet y Martuccelli 1998). Cuando un profesor entra en un aula, por ejemplo, el silencio no se obtiene inmediatamente porque los alumnos no reconocen espontáneamente su autoridad. Como consecuencia de lo anterior, antes de poder dictar su clase, el profesor tiene que construir las condiciones de su ejercicio. Para ello, y puesto que el sostén institucional al rol social es insuficiente, es preciso que el individuo encuentre otros recursos para ejercer su profesión. La crisis estaría dada porque la autoridad no reposaría más en los sistemas o las instituciones, sino en las capacidades individuales.

En este contexto, puesto que el rol no transmite más, de manera inmediata, la autoridad que el oficio necesita para poder ser ejercido, esta capacidad va a tener que ser producida diferencialmente en función de los atributos de cada profesor, engendrando, así, temores vividos como altamente personalizados. El paso se da entre un sistema de roles institucionalizados en donde la autoridad que es reconocida –o cuestionada– es de índole institucional, y una situación en donde lo que se cuestiona –o acata– son modalidades de autoridad «encarnadas» y depositadas en la «persona» del actor. Esto es, es un rasgo altamente personal el que debe apuntar el ejercicio del rol, y no es, a la inversa, la adhesión normativa a una institución la que produce los insumos colectivos para ejercer un rol (Martuccelli 2009).

La situación chilena no es una variante de esta situación porque, como lo explicaremos en el próximo capítulo, el marco del ejercicio de la autoridad es de otra índole. Si hemos traído a colación este ejemplo es porque ayuda a comprender situaciones en las cuales, como en el caso chileno, los individuos, incluso cuando disponen de importantes recursos estructurales entregados institucionalmente para ejercer su jerarquía, no pueden nunca, enteramente, desprenderse de un temor difuso y polifacético ante ese ejercicio. En verdad, más que de miedo, en este preciso registro, más vale hablar de una dimensión propiamente fantasmática. Lo que asalta individualmente a los actores es menos un temor en el sentido exacto del término (un aspecto que sin duda negarían muchos actores en situación de jefatura), que un fantasma, más o menos irreal, pero no por ello menos activo, bajo la forma de una serie de consejos o precauciones respecto de la indispensable desconfianza que es preciso tenerles a los subalternos.

Lo que se afirma, entonces, es el sentimiento de estar solo a la hora de ejercer la autoridad. A pesar de los recursos jerárquicos de los que se dispone, para todos, en última instancia, el ejercicio de la autoridad es una cuestión que se juega entre individuos. En esta arena, todos se viven como estando muy solos: si las organizaciones exigen el ejercicio de la autoridad, no producen, sin embargo, la adhesión normativa de los subalternos. La insuficiencia de la satisfacción salarial en compensación de la obediencia demandada, de las protecciones dadas por el derecho del trabajo, o de la legitimidad instalada por las negociaciones sindicales, aportan en este sentido. Para compensar cada una de ellas, se impone, entonces, el recurso al autoritarismo, el que en las exigencias inevitablemente personalizadas que entraña («hay que saber ser el jefe») produce un constante sentimiento, si no necesariamente de agobio, por lo menos de presión. Hay que hacer, una y otra vez, la prueba de que se *es*, realmente, un jefe.

Por supuesto, es excesivo reducir la importancia del abuso, y su presencia tan generalizada, a un mero recurso paliativo de este temor[44]. Sin embargo, resultaría erróneo no leerlo *también* desde esta dimensión. En el fondo, el miedo con el que se amenaza es muchas veces simétrico al miedo que se siente. Éste se siente más cuanto menos poder institucional y distancia con los subordinados se tenga. Ser jefe, y no hay que olvidar que en un momento o en otro todos ocupan u ocuparon el lugar de «jefes», implica estar lo suficientemente alerta como para evitar los «abusos» de los trabajadores, o, más exactamente, el aprovechamiento abusivo de los mismos —ya sea con los permisos, las licencias, con la energía que le ponen al trabajo o con el cumplimiento de los horarios, para dar algunos ejemplos.

---

44 El abuso no es exclusivo del trabajo. Es uno de los asuntos centrales que ordenan la imaginería en torno a las relaciones sociales en Chile en todos los sectores sociales (Araujo 2009).

Presos en este contexto y asaltados por este fantasma, la desconfianza constante se alza como una actitud indispensable para el buen ejercicio de la autoridad. Si no se la pone por delante cuando enfrentamos cualquier situación, la probabilidad de que los otros se aprovechen de uno es muy alta. «Porque el formato del jefe en la organización y en la […] idiosincrasia chilena… es este perfil del guatón cabeza 'e chancho, es decir, el tipo que, que, que regaña, que exige, que golpea la mesa», dice Rodrigo, un ingeniero civil que trabaja en el área de vialidad, y continúa: «al parecer, eso da resultado». Es que, explica, hay muchos que «burlan muy bien» o «amagan muy bien el trabajo». Por supuesto, él también sabe que hay veces que «efectivamente la gente trabaja, a veces se esfuerza, eh, a veces…» Pero, insiste, «a veces». El carácter de caso aislado que le otorga a esta actitud lo lleva a decidirse por una respuesta más o menos única a «lo que motiva al final» a los trabajadores. Con sequedad se responde a sí mismo: «el grito».

Para Rodrigo, como para muchos otros de nuestros entrevistados, la principal representación del trabajador es la de alguien que se aprovecha y abusa. Es ella la que sostiene la estrategia del «cabeza de chancho», o de la «jefe latigadora». Estrategias necesarias dado que las instituciones, más allá de ciertos discursos retóricos, no tratan en verdad, o muy marginalmente, de producir la adhesión normativa de los trabajadores. Se piense lo que se piense sobre el ideal participativo, en última instancia, sólo se tiene confianza a la desconfianza.

Se trata de una actitud tan transparente y extendida que sus «buenas razones» son incluso reconocidas por quienes se ubican en el lugar de quien debe obedecer. Daniel, junior, luego de afirmar con vehemencia que las personas no sólo son obedientes sino sumisas, agrega, casi al pasar que «cuando los tratan mal, tratan de sacar la vuelta», exactamente los mismos términos que usa Rubén, trabajador administrativo auxiliar del área de salud, y varios más. Pero, al mismo tiempo, el «buen trato» puede ser riesgoso para quienes ejercen la autoridad, pues, como lo hemos visto muchas veces, es concebido como un posible mensaje de debilidad a los subordinados. Sólo queda entonces, más allá de lo que se crea o espere, la «mano dura». «Y no solamente jefes, dueños de empresas también, iguales. Entonces, como ellos son negreros, sus jefes tienen que ser negreros, o sea, es 'ta, ta, ta' (imita el sonido de latigazos), volver a las épocas antiguas, así, que la gente funcionaba a latigazos, vamos construyendo las pirámides» sostiene, sin mucha ilusión, Jaime, contador.

Vale la pena subrayar lo esencial: en el origen de miedo a los subordinados en el mundo del trabajo reside la certidumbre, más o menos fantasmática, pero inamovible, de la renuencia de los subalternos a reconocer la autoridad. El relato de Javier que hemos presentado al comenzar esta sección lo muestra de manera transparente, pero ello también está condensado en un dicho de amplia difusión en la sociedad, y en nuestro material: «el que sabe, sabe, y el que no, es jefe». Cierto, las prácticas de deslegitimación y descalificación son muchas veces, para quienes están en posición de subordinación, un simple desahogo. Como dice Isidora, una cajera, luego de contar los diálogos de contenido agresivo sobre su jefe que circulan entre sus compañeros en las pausas de trabajo, «uno dice todo lo que tiene que decir y de allí se olvida». Pero, para quienes se encuentran en posición de ejercer la autoridad, estas actitudes adquieren una significación muy distinta. En la medida en que la institución no engendra una adhesión capaz de compensar las críticas o las quejas que se dirigen a los superiores, éstos desarrollan una sensibilidad muy alta hacia las palabras que los deslegitiman. Mantener a raya los efectos de la descalificación, aunque sea velada, supone una inversión de energía constante así como una tolerancia al malestar muy importante, porque la falta de conciliación con la autoridad exige una atención permanente a todo potencial desborde. Todos saben, claro, que todos chaquetean pero el chaqueteo tiene que permanecer constantemente oculto. Mantenerlo a raya —o sea subterráneo— es el nivel cero del poder. «La gente… Bueno dicen que el chileno es… es… ¿cómo dicen que es? Pelador (risas), que claro hablan de los jefes, pero saben con quién, ahora toman más… más resguardo [...] Pero, no son así abiertamente, no dicen las cosas abiertamente [...] porque siempre tiene el temor de perder su trabajo po'» (José, vendedor, sectores populares). Ni la crítica, ni la burla, ni la risa pueden ser consentidas en el trabajo. La única certidumbre es la desconfianza.

La desconfianza es especialmente necesaria dado que las potenciales descalificaciones susceptibles de filtrarse a través de rumores o chaqueteos entre subordinados son muchas veces percibidas como verdaderas amenazas narcisísticas. Ataca la imagen de sí. Pone en cuestión el valor personal en cuanto se es convertido en «tonto», «insuficiente» o «ineficiente». En verdad, en un ser «blando». La magnitud de esta amenaza se revela con fuerza en la suspicacia que manifiesta un jefe en el siguiente relato de Gabriela, una profesora. Cuenta que un jefe autoritario que tenía «un día dijo que la gente se estaba riendo mucho y que eso parecía que no trabajaban… ¡porque nos estábamos riendo en la oficina!»… En rigor, en un mundo jerárquico y piramidal, cuya dinámica es concebida en términos de un chorreo de arriba hacia abajo, los daños concretos y materiales para uno pueden ser múltiples si la tarea, sea del tipo que ésta sea, no llega a ser cumplida.

V. ¿Cómo enfrentar el miedo a los subordinados?

Frente a todas estas amenazas tan activas en el imaginario de los actores, es necesario desplegar una serie de tácticas de protección y de fortalecimiento del propio lugar de mando. Entre ellas, sin duda, el uso de la fuerza y del autoritarismo (imposición, grito, maltrato), como lo hemos visto a lo largo de este capítulo y los anteriores, es, y de lejos, el más importante. El abuso es omnipresente en el mundo laboral. Su denuncia atraviesa a todos los sectores y grupos sociales. «Sí, hay muchos (que abusan/KA) porque, además, hay muchos winner [...] hay gente que [...] desde que te pueden decir que te van a contratar por una pega que implica tantas horas y al final la pega son el triple de veces de la hora y... eh... y bueno, así es la vida. Eh, cosas como esa. O: 'flaco no hay plata, todavía no pagan' eh... 90 días... Que 'oye quiero a sacar la boleta', 'no'... eso, ese tipo de cosas digamos» cuenta Andrés, un profesional de los sectores medios. O, como en el caso de las mujeres en donde a veces el abuso incluye una dimensión sexual, Elena, una ejecutiva administrativa, relata: «Bueno tuve un jefe que era un abusador... eh, había una chica que, cuando estuve en ventas, había una chica que acababa de tener guagua y le decía 'ya venga para que me dé papa', eh... no sé mira 'estay rica, tenís ricas las piernas' y algunas le seguían el juego y otras no».

Debido que a lo largo de lo hasta ahora expuesto hemos presentado de manera reiterada las maneras por las que el abuso se constituye en un erosivo y desgastante factor paliativo del temor a los subordinados, en lo que sigue nos detendremos en dos otras grandes tácticas en el ejercicio de la autoridad que pueden ser entendidas en relación con el temor a los subordinados: la gestión de las distancias interpersonales y la de la presencia.

1. Distancias interpersonales

Una táctica importante en el ejercicio de la autoridad por efecto del temor a los subordinados pasa por una minuciosa gestión de la distancia en las relaciones interpersonales. En rigor, ésta es una cuestión ordinaria en la vida social en todas las sociedades, pero en nuestro caso hay un rasgo que la particulariza. Lo esencial aquí no es adquirir la buena distancia con el otro según las situaciones o respetar la distancia prescrita según los status, sino que lo que resulta vital es establecer, de entrada, de manera masiva y enérgica, una distancia que mantenga al otro a raya. Es una distancia que aparece como efecto de una imposición ostentativa en la que el recurso a la violencia, del gesto o la palabra, no es una excepción.

Para muchos es casi una evidencia. A mayor distancia directa con los subordinados menos conflicto y mayor preservación de la autoridad. Esto explica por qué, incluso, el problema se agudiza en las jefaturas intermedias, las que, como dice uno de nuestros entrevistados, son las mandadas a «*ladrarle a la gente*» (Gerardo, profesional en el área de seguros), preservando así la imagen y la distancia, muchas veces, de las jefaturas más altas. En todo caso, la presión en estos puestos es extremadamente alta, tanto desde las otras jefaturas como de los que están a su cargo, lo que impone una escrupulosa gestión de las distancias con los subordinados tanto más necesaria que, después de todo, como continúa Gerardo, como «el perro y el coyote de los dibujos animados»[45]... una vez que suena la campana hay que almorzar juntos...

Que la gestión de la distancia exija una atención tan prolija es resultado de la función que ésta cumple: la de dique, aunque sea imaginario, a la certidumbre del desborde de los otros. En efecto, ella aparece como una táctica indispensable en el ejercicio de la autoridad en el trabajo, en cuya ausencia todos los límites y barreras serían traspasados, lo que el dicho «les das la mano y se van hasta el codo» revela con transparencia. En este marco, pocas cosas suscitan tanta reprobación como un ejercicio de la autoridad del tipo «jefes amigos», y ello a pesar de que se pueda reconocer que el «látigo» no es la manera más deseable de ejercer la autoridad. En palabras de Jaime, «para mí los jefes amigos existen en muchas empresas, son los que salen a tomar con la gente, pasan en comilonas... lamentablemente, eh, se tergiversa la función laboral [...] porque si son amigos, difícil que uno le pueda exigir, ¿por qué?, porque a la otra persona uno lo va a mandar a hacer algo y la otra persona lo va a tapar a garabatos y uno 'bueno ya po' si somos amigos'». La presunción de que se perdería toda capacidad de mando o ascendencia si se admiten formas de acercamiento, porque los subalternos serían incapaces en este contexto de respetar las jerarquías, hace que la imposición de la distancia justifique incluso el recurso a la violencia para establecerla. Para la mayoría, la distancia no es solamente un instrumento de regulación del poder; su vulneración es una prueba incuestionable de su desregulación.

Todas las sociedades están atravesadas por el problema del poder. Por eso, todas ellas deben enfrentar su gestión: quién lo posee o cómo se distribuye; cuáles son las modalidades en los que éste puede ser utilizado por un individuo o grupo; en qué circunstancias, qué tipo de cuotas de poder y en cuáles magnitudes pueden ser movilizadas para afectar a

---

45   Se refiere a la serie de dibujos animados «El coyote y el correcaminos».

otros individuos o grupos. Una sociedad, una comunidad o un grupo pueden ser entendidos, desde una cierta perspectiva, como mecanismos colectivos de tratamiento del poder, tratamiento que incluye el desarrollo de estrategias de regulación así como de instrumentos para la pacificación de las relaciones sociales. La ineficiencia de estos tratamientos puede expresarse en los casos más graves en una generalización de la violencia (situaciones en las que una de las partes o ambas hacen un uso no regulado de todos los medios al alcance para someter la voluntad del otro), o, en casos menos graves pero igualmente insidiosos, en situaciones en las que se asiste a una movilización ostensible, visible y constante de los signos de poder en todas las relaciones sociales. Éste es el caso en la sociedad chilena. Si la dificultad en la gestión del poder no se traduce en la presencia masiva de violencia explícita, el poder, su movilización y su exhibición detentan un papel central en el imaginario colectivo en tanto que mecanismos indispensables para la gestión de las jerarquías sociales. La sociedad es vista espontáneamente como un tejido vívido de relaciones de poder y un campo de permanente confrontación de poderes ciertamente colectivos pero también y masivamente individuales (Araujo 2009). La importancia de este aspecto para comprender la vida social es ya nuclear, pero su magnitud se multiplica en las interacciones en el mundo del trabajo, en donde el problema de las jerarquías y del mando-obediencia está colocado en primera línea.

Si la movilización ostentosa del poder busca eliminar toda proximidad excesiva, en la realidad, y dada la pluralidad de las interacciones sociales, es preciso manifestar un sigilo y un tino prácticos bien calibrados. Si se está demasiado cerca del subordinado, el fantasma, inmediato o mediato, es que uno terminará inevitablemente, tarde o temprano, siendo desbordado por el otro. Por ello, hay que mantener la distancia. Hay que marcarla incluso de maneras violentas, especialmente cuando el lugar no tiene sostenes suficientemente claros, como cuando, por ejemplo, el lugar de la jefatura ha sido ganado debido a una promoción interna que pone al actor en un lugar diferenciado con respecto a colegas con los que ocupaba, anteriormente, lugares simétricos. El relato de Román es transparente: «Porque es difícil igual, me imagino pasar a un rol de jefatura así, sin soportar la presión de arriba, administrar hacia abajo sin que se pierda el respeto porque antes eras par y ahora soy jefe [...] Lo que yo experimenté en el poco tiempo que trabajé en una imprenta es [...] que es curioso que el dueño que es multimillonario de una empresa gigante, pasaba, estabas tú, y saludaba, y pasaba el gerente que era empleado de muy alta categoría, pero empleado al fin y al cabo, y no saludaba. Eso nos sorprendía a todos, y 'oye el huevón agrandado'. Y pasa con los jefes eso, que por imponer respeto pasan a hacer unas distancias con los que antes eran sus pares o incluso amigos o compañeros…».

El sentimiento de exposición a los subordinados es más agudo en la medida en que se cuente con menos soportes institucionales que permitan mantener la distancia, garantía, aunque incierta, del ejercicio de la autoridad. Lo anterior explica, sin duda, la percepción tan generalizada acerca de la propagación de prácticas autoritarias en las jefaturas intermedias; o del hecho que quien tiene la cuota de poder más pequeña se revela –siente que debe revelarse– como el más brutal al momento de ejercerla. Aldo, un empresario, lo pone de esta manera: «creo que la mano de abajo es más dura, pero lo entiendo por un lado […] porque cuando uno es jefe o dueño es bastante, de repente, más fácil ser simpático». Abajo, continúa, hay que poner la cara, pero también, piensa, se trata en esos casos de «la autoridad con poder». Rubén, un auxiliar en el área de salud, expresará esta tentación al autoritarismo en quienes tienen menos distancia estructural con los subordinados, con extrema virulencia. «El perro», dice, «no necesita decir que es perro, todos saben que es un perro ¿y por qué saben que es perro? Porque ladra. Pero, no tiene que ladrar más fuerte, porque es perro nomás, es su naturaleza». Los otros, los que no siempre han estado en ese lugar están obligados a ladrar… y mucho más fuerte.

Por supuesto, la exigencia de esta distancia entra en contradicción con una concepción de una buena jefatura que implica, por lo general, si no necesariamente cercanía, como dicen muchos actores, por lo menos, como lo hemos visto, una preocupación personal por los subalternos, reconocer sus aportes, dar un buen trato, en fin, no hacer pesar su jerarquía. La horizontalidad, que no es más entendida como una relación paternalista con el trabajador (excepto en algunas mujeres de sectores populares), sino como una forma distinta de relación laboral que se basa en el reconocimiento propio y el respeto mutuo, se ve pues obstaculizada por el miedo a los subordinados. Bajo su influjo, la «cercanía» que promueve la horizontalidad puede ser entrevista como una fuente de confusión, terreno fértil para el abuso, amenaza para la propia autoridad. El desequilibrio no tarda en manifestarse. Por mediación del «temor a no ser obedecido» se adopta la consigna «el temor hace obedecer».

El establecimiento de nuevas formas de gestión de las jerarquías, más horizontales, choca así con la fuerza del fantasma del desborde de los subordinados. Es esto lo que lleva a posiciones claramente jerárquicas como la de Belén (profesora): «creo, y a lo mejor soy un poco tajante en eso, yo creo que el jefe es jefe; el subordinado, subordinado, y ambos tienen que estar en sus terrenos, haciendo excelentemente bien los trabajos desde sus distintos escenarios». O las de Rodolfo, un obrero calificado, quien insiste en que «hay que ser pesado, confunden mucho la amistad con el trabajo, pero sí, siendo pesado, se tiene resultados». O incluso las de María, empleada en una carnicería: «Yo pienso que son, eh, como que te distancia las relaciones cuando tú te pones autoritaria, y no es que… y yo encuentro que es fome, pero lamentablemente a veces hay que hacerlo así, po'»… sobre todo cuando se es mujer, entre quienes al desborde relacional se le suma el acoso o la descalificación por razones de género. No es un asunto menor. De hecho, María piensa que la gestión forzada y cautelosa de la distancia es la cosa más importante que ha aprendido en su vida laboral.

2. La obligación de la presencia

Una segunda táctica en el ejercicio de la autoridad que se encuentra directamente vinculada al temor a los subordinados es la vigilancia constante sobre ellos. Con el fin de asegurarse de su implicación en el trabajo, el «jefe» debe permanentemente estar presente, controlando, supervisando. Esta «lógica de la presencia» (Araujo y Martuccelli 2012, t-1) refiere, así, a la percepción que tienen los individuos de ser constantemente evaluados por el número de horas pasadas en el trabajo. Un diálogo extraído de uno de los grupos de nuestro estudio es expresivo:

Gerardo: «'Van a tener que venir todos los viernes hasta las seis de la tarde porque para eso les están pagando', así dicen».

Celia: «Es tu deber venir igual, tú tienes que ir igual. A mí ahora me pasó con la posta. Tuve que ir el sábado y a hacer nada porque en realidad…»

Magdalena: «Por presencia».

Celia: «Claro. Es el deber de ir».

Ésta es una lógica que se contrapone en sus formas a la reportada, por ciertos estudios, para otras sociedades en las cuales lo que estaría en juego sería más bien una lógica de la eficiencia, la que al buscar tener permanentemente ocupados a los trabajadores cancelaría el futuro y produciría el sentimiento de un presente extendido (Nowotny 1989). En la lógica de la presencia, lo que se extiende es un sentimiento de absurdo respecto a los tiempos obligatorios de permanencia en el trabajo debido a que ellos no son percibidos primariamente como vinculados con la productividad, e incluso son a veces juzgados sin vínculo con la intensidad de su uso. Es decir, se trata de una demanda que no se encuentra justificada y que tiene como una imagen frecuente de su absurdo, en los que desarrollan labores de oficina, las largas horas frente a la pantalla de la computadora en compañía de algún juego hasta que llegue la hora de partir...

Esta lógica puede ser asociada con una modalidad de gestión de las organizaciones que privilegia el control y la vigilancia, ambos rasgos implícitos en los paradigmas de gestión burocrático y pesimista-fatalista, los que, según Rodríguez y Ríos (2009), serían los más extendidos en el caso de Chile. Pero todavía hay más. Según nuestros resultados, lo que se esconde tras la lógica de la presencia, más que un mero exceso burocrático, es un insidioso mecanismo de control que tiene de manera especial la función de reasegurar a quienes ejercen el mando o las jefaturas.

La supervisión es constante y debe ser presencial. Que te hagan venir aunque no haya necesidad. Que no tengan confianza en uno. Que estén «mirando por el hombro» lo que haces. Es lo usual. ¿Por qué? Porque, como lo pone Gabriela, «llegar a un liderazgo democrático» que incluiría tener confianza en los otros y en que harán su tarea «es un proceso que desgasta harto porque hay mucha gente que se aprovecha del pánico, o que llega tarde, o que no hace lo que tiene que hacer o que saca la vuelta en el fondo»,

La presencia del «jefe» es un arma para la vigilancia, claro, pero es también una obligación que se le impone. Es una exigencia en la medida en que la delegación se hace imposible. No hay que descuidarse, porque si no, como dicen nuestros entrevistados, no sólo pueden abusar de ti, sino que *«te hacen la cama»*, es decir, pueden indisponerte frente a otros, estimular a que se retire la confianza de ti, impedir u obstaculizar gravemente tu trayecto laboral. Para ejercer la autoridad, es, por tanto, indispensable estar allí. Pero, al mismo tiempo, es de rigor obligar a que los subordinados estén allí, siempre, para ejercer y salvaguardar a la propia autoridad. Hay que tenerlos en toda la medida de lo posible bajo permanente observación... Pero, ¿no es esto un rasgo común a todo sistema de vigilancia, tan bien resumido por Foucault en torno a la figura del Panóptico de Bentham? ¿No es lo propio de la dominación controlar en todo instante a los subordinados? ¿No fue esto acaso la gran lógica del taylorismo? Sin duda. Pero la diferencia salta a la vista. Mientras que en todos estos sistemas de dominación el control tiende a ser depositado en las estructuras o por lo menos ampliamente delegado en capataces o supervisores, bajo la impronta fantasmática del miedo a los subordinados es el «jefe», él mismo, el que debe, por su presencia, y sólo a través de su presencia, incluso en desmedro de consideraciones de eficiencia laboral, asegurar –y asegurarse a sí mismo– del control efectivo de «sus» subordinados.

En el mundo laboral actual, el sostén –y el «costo»– corporal de la autoridad, a diferencia, entonces, como lo hemos avanzado en el capítulo 1, de una interpretación histórica que puso el acento en la co-presencialidad del vínculo propia del viejo universo hacendal (Cousiño y Valenzuela 2012, Morandé 1984), no testimonia de una proximidad, sino de la profunda desconfianza de quienes ejercen la autoridad respecto a los subordinados. No es la reciprocidad, como lo sostuvo esta tesis, sino el miedo el que organiza la gestión de las jerarquías. Lo que se subraya en esta lógica es la necesidad de estar ahí, presente, para evitar que los subordinados se «aprovechen».

* * *

La gestión de las jerarquías en el ámbito del trabajo es un campo minado. Quienes deben ejercerla ordinariamente, y esto designa a un gran número de personas dada la alternancia que la caracteriza en nuestra época, están constantemente asaltados por el fantasma de ser desbordados «desde abajo». Por supuesto, como lo hemos indicado, este fantasma no siempre da lugar a un temor que sea consciente, pero no por ello está menos presente. En cada momento. En cada interacción. La gran certidumbre compartida por todos es la necesidad de la desconfianza constante.

El fantasma del temor a los subordinados es una imagen de la realidad que enfrenta, así, constantemente, a la idea de sufrir una destitución real o simbólica del lugar de autoridad. Un temor de esta índole constituye el obstáculo principal para un nuevo tipo de gestión de las jerarquías y de ejercicio de lugares de autoridad en el mundo del trabajo, más horizontal, más respetuoso, más participativo. Se convierte en tal porque en la medida en que este fantasma es fuente de inseguridad y desconfianza, alimenta muchas veces un uso instrumental excesivo, unilateral, o en todo caso desmedido de los sostenes estructurales coactivos de la autoridad, en detrimento de la búsqueda de formas más conciliadas de obediencia.

El ejercicio de la autoridad sostenida en recursos institucionales y legales ha calmado de manera artificial el miedo a los subordinados (desincentivo de la negociación colectiva, debilitamiento de los sindicatos...), y quizás, incluso, haya facilitado de manera general la obediencia maquinal y coactiva, pero lo ha hecho aumentando grandemente el grado de conflictividad, por latente que éste sea en las relaciones laborales[46]. Este mantenimiento artificial y coactivo de la obediencia ha facilitado una «adaptación trunca» (Tironi 2014) de las instituciones del mundo del trabajo. Al evitarse una auténtica confrontación y elaboración colectiva y explícita de estos temores, se ha mantenido una cultura empresarial y organizacional controladora, represiva respecto al conflicto, escasamente dialogante, y renuente a la participación de otras voces y actores. Una cultura que entra en directa contradicción con las nuevas expectativas de una sociabilidad más horizontal, así como, incluso, con los ideales particulares de gestión que el propio discurso managerial no ha dejado él mismo de expandir.

El miedo a los subordinados atraviesa el mundo laboral. Frente a este temor, las tácticas para el ejercicio ordinario de la autoridad, el uso de la fuerza y la imposición, pero también la distancia y la presencia, no son, más allá de sus eficacias organizacionales, sino una manera de responder, pero sobre todo de calmar, esta ansiedad. Para todos, la respuesta correcta debería ser otra: la que encarna el «líder» o el «buen jefe». Pero estas figuras aparecen como un camino imposible. Tanto más que, más allá de las consideraciones factuales evocadas a lo largo de este capítulo, la imagen del «buen jefe» está en verdad fuertemente anclada en características altamente personales. El «buen jefe» es siempre una figura de la excepcionalidad que se desdice de las condiciones de ejercicio ordinario de la autoridad. El «buen jefe» posee competencias en la tarea, por supuesto, pero posee también una capacidad de atracción personal innata, un «carisma» excepcional. El «buen jefe» es siempre un fuera de serie. Pero ahí donde la figura del líder carismático, en sus dimensiones propiamente políticas de Weber a Monod (2012), hace de la excepcionalidad de su liderazgo un insumo funcional para el mando político, nada de ello se vislumbra en el ámbito laboral. Por el contrario, la excepcionalidad del «buen jefe» se contradice siempre con la realidad ordinaria de los innumerables «pequeños» jefes que ejercen la autoridad en las empresas u organizaciones. El «buen jefe» es siempre una «joya rara». Sebastián, un ingeniero, lo resumió con inteligencia a partir de su propia experiencia: «yo muchas veces ascendía a un buen operario para ser un buen líder del grupo o jefe de un grupo o supervisor [...] hacía muy bien su trabajo, pero era muy mal jefe [...] no tenía capacidad de mandar

---

46   Esta conflictividad latente pero muy activa hace considerar a algunos especialistas (Undurraga 2014), y a nosotros con ellos, que éste es un campo en que grados muy altos de confrontación social son probables en el futuro próximo.

a los otros [...] porque para poder salir de su entorno y subirse a él (al nuevo puesto/KA...) en algún minuto fueron pares e hicieron las buenas y las malas juntos. Les cuesta mucho salirse de eso, porque el operario al cual tú luego vas a dirigir te conoce tus cosas buenas y tus cosas malas». Demasiado cerca para que la creencia en su excepcionalidad pudiera convencer a la obediencia. Ejercer jefaturas ordinarias para personas ordinarias en condiciones ordinarias resulta una tarea problemática y desgastante en Chile hoy.

Capítulo 5
Pensar la autoridad desde el Sur

I. La autoridad, cuestiones teóricas

Es el momento, ahora, de dar cuenta, desde una interpretación teórica, de lo que la especificidad que tiene el ejercicio de la autoridad en una sociedad latinoamericana como la chilena permite dilucidar con respecto a la tesis habitual sobre la autoridad en la teoría social europea y norteamericana.

Resumamos, antes de entrar en materia, lo que a lo largo de este libro hemos ido articulando en el contraste entre la discusión teórica y nuestros resultados empíricos acerca de la noción de autoridad.

Teóricamente, la autoridad es un fenómeno que permite un tipo de ejercicio del poder. La noción remite a una posición estructuralmente designada, a una investidura en forma de atributo individualizado (un aura), y a una modalidad de ejercicio. Ella puede identificarse actuando tanto en situaciones de mando-obediencia como de reconocimiento-aceptación. Actúa como mecanismo de gestión de las jerarquías constitutivas de la vida social, el que, lejos de lecturas que abogan por su compacidad, se transforma históricamente y se especifica según sociedades, pero también en función de ámbitos y grupos sociales. La autoridad siempre implica una forma de dominio, pero aunque puede estar asociada con la dominación no puede ser restringida a esta. El fenómeno de la autoridad explica la aceptación voluntaria, pero, y esto es esencial incluirlo en la reflexión, no siempre necesariamente conciliada de la influencia de otro(s) en los propios actos. Está caracterizada por ser constitutivamente provisional y, en las sociedades modernas, cuestión extremadamente importante, por su alternancia.

Aunque esta definición implica en algunos casos diferencias con las formas en que ella ha sido tratada por la discusión corriente, las que hemos explicado en los momentos pertinentes, el asunto más importante que quisiéramos discutir en este capítulo es el carácter divergente que ella toma en función de las realidades sociohistóricas en las que se despliega. En efecto, el marco en que se ha presentado el problema de la autoridad y las formas de enfocarlo no han sido, es lo que este trabajo muestra, similares en todas las sociedades o regiones. Sin embargo, este hecho ha sido oscurecido por la hegemonía de los modelos teóricos del «Norte». Por supuesto, no hay aquí ninguna pretensión de negar la validez de estos para las sociedades que intentaron explicar, pero sí la hay de interrogar su alcance para explicar sociedades como la chilena y presumiblemente las latinoamericanas. Es desde esta perspectiva que este capítulo se propone hacer una revisión de la lógica que subyace a la discusión noroccidental sobre autoridad y ponerla en tensión con aquella que a partir de nuestro trabajo empírico es posible construir, para mostrar los caminos divergentes que toma *teóricamente* la autoridad. La cuestión teórica que abordamos en este capítulo va, así, más allá de la sola pregunta acerca de la diferencia histórica entre diversas formas de autoridad o de sus variantes funcionales dentro de una misma sociedad. *Lo que nos interesa abordar es el porqué de la divergencia de las inquietudes que, incluso en la larga duración histórica, organizan el quehacer de las diferentes sociedades alrededor de la autoridad.*

Esta interrogante no anula, por supuesto, la crítica que hemos hecho a la tendencia a entender la autoridad dotándola de homogeneidad y compacidad, como lo hacen las tesis que tratan a la autoridad en equivalencia con formas abstractas y generales de lo simbólico y su poder (Zizek 2001, Bourdieu 2000), pero también aquellas que asocian la variabilidad de la autoridad con grandes momentos históricos, algo visible en los trabajos de Max Weber o Hannah Arendt, o las que consideran su variación a lo sumo en términos de grados (Schneider 2004). No incorporar de manera consistente la variabilidad de la autoridad conduce a la conclusión tendenciosa de que un modelo hegemónico de autoridad en una época sería compacto y homogéneo a lo largo de toda la sociedad y las relaciones que la componen. Éste es un supuesto que nuestro trabajo rebate al mostrar que ella se transforma diferencialmente según ámbitos sociales (la familia o el trabajo)[47], así como según las determinaciones de la posición social

---

47 Gadamer (1997) es un buen apoyo teórico para explicar esta última variabilidad desde la perspectiva del reconocimiento. Si puedo reconocer a alguien por su superioridad respecto a mí, pongamos, en lo que respecta a los conocimientos en una disciplina compartida, por ejemplo la química, eso, sin duda, lo autoriza a juzgar mi trabajo en esa área. Pero, de otro lado, este reconocimiento no lo autoriza a definir mis regímenes alimentarios. La noción de reconocimiento agrega a la idea weberiana, más centrada en la construcción de modelos tipo de dominio, en buena medida debido a las aspiraciones de generalización que caracterizan su obra, la posibilidad de pensar un ejercicio del poder consustancialmente limitado a esferas.

o condición social (lo que puede ser dotado de autoridad, por ejemplo, puede variar según sector socioeconómico o el sexo al que se pertenezca) (Araujo 2012b). Dicho todavía de otro modo, la autoridad, en tanto que realidad social e histórica, puede tener, dentro de una sociedad y en un mismo momento, fuerzas y formas distintas en función de los diferentes dominios sociales o actores[48]. Sin embargo, esta diversidad empíricamente demostrable de la autoridad no pone en cuestión el hecho de que haya formas particularmente destacadas en que se organizan las inquietudes en torno a la autoridad en cada tipo de sociedad. Es esta diferencia la que es preciso aprehender y explicar teóricamente.

La tesis que se quiere defender en este marco es que el debate europeo y norteamericano ha dado una explicación de la noción de autoridad en la cual le ha atribuido una función decisiva y hegemónica a la legitimidad, y por tanto se concentra en la cuestión de la obediencia consentida, lo que, y esto es esencial, hace eco y es consistente con el proyecto político moderno. Una explicación teórica de la autoridad con una vocación de generalización que el estudio de otras realidades, sostenemos, no permite confirmar.

En efecto, la gran característica de un autor tan central como Max Weber (1964) es responder a la pregunta sobre las formas de mando y obediencia, distinguiendo, al mismo tiempo que articulando, poder y autoridad. Los distingue pues reconoce la diferencia entre formas de poder puramente impositivas y formas de ejercicio de poder aceptadas por quienes obedecen. Esta distinción recae en una noción central en su edificio teórico, la que ha permeado con creces la discusión en la teoría social: la legitimidad. Es decir, que existen dominios (formas de gobierno o regencia sobre otros) que son legítimos. La legitimidad subyace a la atribución por parte de quien obedece a quien manda de lo justificado de su acción; y, a su vez, la autoridad es el fenómeno por el cual un ejercicio de poder resulta legítimo. El foco está puesto así en quien obedece (porque es la obediencia la que sostiene a la autoridad). El que obedece debe «creer» en la legitimidad de quien manda porque ese es el fundamento de la autoridad de este último. Desde esta perspectiva, por tanto, lo central, social y políticamente, son los procesos de legitimación (Habermas 1999). Weber, al igual que Durkheim (2002), considerará que la autoridad es la garantía más sólida de la estabilidad de todo orden social, y, sobre todo, que en este trabajo una función decisiva les cabe a las *instituciones* a la hora de instaurar su *legitimidad*.

---

48 De lo contrario tiende a proponerse una geografía exageradamente uniforme del declive de la institución y de los problemas de autoridad presentes en cada una de ellas (Dubet 2002).

En contraste con ello, en una sociedad latinoamericana como la chilena, el tema de la autoridad se plantea bajo otra modalidad. La cuestión del gobierno o la regencia sobre los otros está menos basada en las condiciones para alcanzar una obediencia conciliada, como en el modelo weberiano, y mucho más en las formas prácticas y eficaces de alcanzar esta obediencia. Más que la creencia en lo bien fundado de las razones por las que alguien pueda ejercer su voluntad sobre la de otros, como en el modelo «clásico» de la legitimidad, lo que sostiene la autoridad en este caso es que quien la ejerce se muestre capaz de demostrar prácticamente que es capaz de conseguir ser obedecido. Son las habilidades prácticas de quien la ejerce y sus pruebas múltiples de eficacia en la tarea lo que en última instancia constituye el corazón de las inquietudes sociales en lo relativo a la autoridad[49].

Para argumentar esta tesis se empezará haciendo un recorrido por los desarrollos en las ciencias sociales sobre autoridad y la tesis de la legitimidad que les subyace. En un segundo momento nos detendremos en la otra modalidad de la autoridad, la sostenida en un mando eficaz y, por tanto, con un enfoque privilegiado en su ejercicio, así como en las dimensiones que la explicarían. Finalmente, nos abocaremos a, brevemente, discutir la filiación histórica de estos caminos divergentes.

II. La autoridad y la legitimidad

1. ¿Por qué se obedece?

Para la sociología y las ciencias sociales ha sido siempre una evidencia que las sociedades funcionan porque los individuos acatan órdenes, principios o normas, o, para decirlo en otros términos, porque hay algunas voluntades que se someten a otras[50]. La pregunta principal que ha surgido a partir de esta evidencia ha sido ¿cuál es la razón para este

---

49 Por supuesto, cada una de estas modalidades no es exclusiva de un tipo de sociedad. En sociedades modernas noroccidentales la pregunta por los modos de ejercicio de la autoridad (bajo la forma de estrategias de poder) no ha estado en absoluto ausente como, por ejemplo, la vasta discusión en el ámbito de la gestión empresarial o la sociología de las organizaciones lo demuestra (Crozier, Friedberg 1978). Tampoco en una sociedad como la chilena está ausente la cuestión de la legitimidad. Sin embargo, y éste es nuestro punto, el corazón de las incitaciones a las que deben responder en lo que concierne a las formas que toma la autoridad no es el mismo para cada caso. Una diferencia que, veremos, encuentra su explicación en las especificidades de los caminos históricos seguidos.

50 Las ideas desarrolladas en este primer acápite fueron presentadas en forma parcial y en el contexto de una argumentación distinta en Araujo (2012b).

sometimiento? A riesgo de cierta simplificación, la teoría social ha dado dos grandes respuestas.

La primera respuesta es: por *coerción* pura u objetiva[51]. Se trata en este caso de coerciones de naturaleza material caracterizadas por un alto grado de exterioridad que se imponen a la acción humana (Martuccelli 2005, 61). Los individuos actúan porque son forzados a hacerlo, ya sea por imposición directa (coacción física inmediata), ya sea por temor a las consecuencias de la no obediencia. Obedezco porque soy físicamente obligado a hacerlo o porque de no hacerlo recibiré una sanción, como, por ejemplo, verme expulsado de un empleo. Por supuesto, estos dos últimos casos no son asimilables. El grado de libertad en ambos casos es diferencial, pero está presente en los dos, como ha señalado Simmel. Se trata de un diferencial de grado de libertad, debido a la magnitud del costo de la misma. En el fondo, no hay aniquilación completa de la libertad, sino que la situación exige «costos» diferentes que no siempre estamos dispuestos a pagar por ella (Simmel 1986, 148). A pesar de lo anterior, en estos casos lo que es central es que ya sea en razón de constreñimientos de tipo físico o sistémicos la acción aparece como forzada, es decir, con bajísimos grados de conciliación entre la voluntad del individuo y la acción.

Desde una perspectiva sociológica, esta coerción ha sido abordada a partir de una concepción de tipo propiamente funcionalista. Del hecho de que toda sociedad necesita, para poder funcionar, de la autoridad, se concluye, como en todo razonamiento funcionalista (donde las consecuencias de la acción se toman como sus causas - Giddens 1977), que los sistemas sociales engendran, por sí mismos, la autoridad que necesitan. El fundamento último de la influencia en una conducta se encuentra en el funcionamiento mismo de la vida social. Es la integración sistémica en sí misma, y a lo más la expansión de principios técnicos y científicos, lo que engendra esta forma de autoridad (para una crítica de esta visión: Habermas 2005). No se trataría, así, de una obediencia a la autoridad de alguien, sino del acatamiento obediente a un conjunto de reglas indispensables para el funcionamiento de una relación. Por ejemplo, si se «obedece», si se acata las reglas de funcionamiento de una computadora, ello no se explica por una adhesión normativa, sino por una necesidad factual (Martuccelli 2015). Desde estas perspectivas, en el mundo moderno cada vez más habría un desplazamiento de la autoridad

---

51   Para una discusión de los diferentes tipos de coerciones, objetiva, simbólica, interactiva e interior, ver Martuccelli (2005, 61-71).

fundada en normas hacia una autoridad inscrita en el funcionamiento mismo de los objetos. La técnica se convierte en el mejor soporte de la autoridad. Esta autoridad desestima la reflexividad como fundamento, y la asienta en la técnica, constituyéndola en tácita y pragmática. Las nociones de «confianza» de Luhmann (1996), pero sobre todo de los «sistemas expertos» de Giddens (1990), reflejan esta evolución. En todos los casos, se obedece a la autoridad por razones utilitarias. Esta perspectiva apunta a una dimensión esencial del funcionamiento social, es decir la coacción estructural, la dimensión latente que se encuentra fijada en un sistema de normas y reglas respetado (Habermas 1998). Vale la pena notarlo: en esta concepción, el tema de la legitimidad, sin ser abandonado, se encuentra, sin embargo, ampliamente desplazado por coerciones factuales o sistémicas.

La segunda respuesta a la pregunta por las razones del sometimiento es: *por consentimiento*. Se obedece a una norma o a una orden porque se la acepta. Pago mis impuestos porque estoy de acuerdo con el principio de solidaridad social, por ejemplo. Por cierto, las dos respuestas, coerción y consentimiento, no necesariamente se excluyen, sino que constituyen muchas veces modalidades complementarias de relación de una conducta con una norma, una orden o una influencia, dependiendo del contexto. Sin embargo, es la cuestión del consentimiento la que ha concentrado de manera mayoritaria el interés de los teóricos sociales y también filósofos políticos. Una razón evidente para este interés diferencial es que la obediencia forzada aparece como un fenómeno mucho más fácil de entender y explicar que la obediencia voluntaria. Pero, todavía más, porque acercarse a entender una obediencia no forzada requiere responder a una pregunta compleja y fundamental que ha movido a buena parte de la reflexión occidental en la modernidad: ¿por qué alguien, un ciudadano considerado libre e igual, concedería someterse conciliada y voluntariamente a un poder externo y obedecerle o dejarse influir por él? Es ésta una inquietud central, porque toca el problema nuclear de la autonomía supuesta a los individuos por el debate noroccidental moderno. *Si los individuos son autónomos, como los ha imaginado la modernidad, entonces se deben explicar las razones por las que sacrifican esa autonomía. En última instancia, es este debate, y esta interrogante, lo que estructura el telón de fondo en las sociedades modernas noroccidentales de la cuestión de la autoridad.*

2. El enigma de la autoridad

La pregunta, en el marco de las ciencias sociales noroccidentales, se precisa. El enigma de la autoridad reside en la conciliación que ella debe lograr entre autonomía individual y acatamiento de las normas. Si son diversos los acercamientos que se han ensayado en torno a esta interrogante, es posible agruparlos en dos grandes conjuntos.

Para un primer grupo de teóricos sociales, el acatamiento ha sido pensado como resultado él mismo de un tipo particular de coacción, se trata de un *consentimiento coaccionado*. Desde estas perspectivas, consentimiento y dominación (en el sentido de sujeción) son elaborados en asociación y conjunto. Dicho de otro modo, para estos autores, se adhiere a la norma o la orden con el convencimiento de hacerlo por voluntad propia cuando ello es en realidad efecto de un sometimiento no consciente resultado de mecanismos de reproducción social: «habitus» en el caso de Bourdieu (1980); el par subjetivación-sujeción en Foucault (2003); o la «alienación» en sus múltiples vertientes en el debate marxista «clásico» (Lukács 1969, Gramsci 1984, Marcuse 1993, Althusser 1992) y «tardío» (Jameson 2010, Zizek 1992, 2010). En todos estos casos, incluso reconociendo sus claras divergencias, se trata de dar cuenta de mecanismos que hacen que una obediencia ciega aparezca como voluntaria. En estos autores, el interés analítico está colocado en el funcionamiento del poder.

El principal efecto de estas posiciones es *la disolución de las fronteras entre dominación y autoridad*. Ahora bien, si se diluye esta distinción, la autoridad se convierte en una mera máscara de la dominación, una manera por la cual gracias a la disimulación ideológica (Marx-Engels 2005) o a la ignorancia del habitus (Bourdieu 1980) se obtiene el consentimiento de los dominados. En la versión más extrema de este caso, la autoridad, en el sentido preciso del término, no existe. Sólo hay formas de dominación y lo esencial es desenmascarar los procesos por los cuales se perpetúa la servidumbre voluntaria. Lo que se elimina como campo de reflexión, de este modo, es una problemática esencial a la autoridad en las sociedades modernas —el hecho de que individuos jurídicamente iguales puedan racional y libremente consentir u obedecer ciertas reglas—. Esto no es menor. Al hacerlo, por ejemplo, todo el derecho del trabajo, esto es, el proyecto de enmarcar jurídicamente el hecho de que dentro de las relaciones de mercado un individuo ponga a disposición de otro una parte de su tiempo, desaparece analíticamente como problema.

La segunda manera de acercarse al tema del acatamiento, ha involucrado, con mucha mayor consistencia, el problema de los individuos y las razones o fundamentos que tienen los mismos para su aceptación (Weber 1964, Durkheim 2002, Parsons 1949, Habermas 1999, Gadamer, 1997, Kojève 2005). El consentimiento aquí es pensado, cierto que de maneras distintas, considerando un respetable, aunque variable según autores, grado de libertad y, sobre todo, autonomía individual. En consecuencia, el problema de la motivación se convierte en la cuestión más relevante para comprender la aceptación de una norma[52]. Esta perspectiva, por cierto, ha estado incorporada de manera muy temprana en el debate, especialmente en la filosofía política (Hobbes y Locke, notablemente), pero las razones de su interés e importancia no han dejado de estar vigentes desde entonces. Por un lado, ella resulta importante, porque, a diferencia de las posiciones fuertemente ancladas al problema de la sujeción, recién aludidas, procura dar cuenta de modelos de gobierno no tiránicos y, por tanto, es base para una reflexión sobre la democracia y sobre formas de regulación y control social en sintonía con sus principios. Así, desde esta mirada se ha privilegiado acercarse al ejercicio de poder legítimo (de una persona o de una entidad abstracta como la norma). En consecuencia, establece de entrada un aspecto especialmente importante: la diferencia entre el ejercicio de poder en cuanto pura dominación y el ejercicio de poder que posee un dominio no asociado necesariamente a la sujeción.

La fortaleza de esta mirada, con respecto a las tesis que asocian directamente el consentimiento a la sujeción, es que si bien no pierde necesariamente de vista el primer tipo de figuración del poder, esto es, como pura dominación, la atención se centra, principalmente, en los mecanismos que garantizan, partiendo desde el principio de la autonomía, su acatamiento. De esta manera, las explicaciones que dan de la subordinación no hacen de ella necesariamente un equivalente al sometimiento. Esto es, a partir del análisis de este tipo de consentimiento de lo que se trata es de imaginar o explicar formas de ejercicio de poder que no tengan como contraparte necesariamente la anulación de la voluntad y la libertad de los individuos –su autonomía–, una cuestión, como dijimos, agudizada en la era moderna (Höffe 2008, Blumemberg 1966).

En esta medida, la cuestión de la adhesión normativa a la autoridad no debe ser considerada como una problemática meramente europea o estadounidense, sino que debe ser vista como una preocupación propiamente moderna que se consolida cuando se erosiona el valor

52 Es precisamente esta arista la que vemos desarrollarse en contribuciones contemporáneas que han otorgado un espacio mayor a la variabilidad de las razones y la agencia de los individuos en su relación con la norma (Boltanski y Thévenot 1991, Walzer 1983).

dado a la tradición y lo que se pone en juego es la puesta en obra de un entramado institucional específico. Que no sea solamente europea sino moderna lo muestra claramente el ejemplo de Maquiavelo (2010), para quien el problema, en el siglo XVI y en una época de turbulencia política, era menos el de instaurar la legitimidad del gobernante que de expandir el miedo al gobernante en su ejercicio del poder. Para Maquiavelo, desde coordenadas independientes del pensamiento moderno, ninguna duda era posible. Puesto que el amor depende de los otros y el miedo de uno mismo, el gobernante tenía que aprender a atemorizar a sus súbditos.

Es posible, así, extraer una primera conclusión ampliamente común a todos los estudios aunados por la cuestión del consentimiento. La mayor parte de autores que se han abocado al estudio de la autoridad han hecho de la *legitimidad* un elemento explicativo mayor, aunque ella haya recibido formas y grados de explicitación distintos en sus trabajos. El que la conducta sea influida desde el exterior, ya sea en forma de obediencia (Weber 1964) o de reconocimiento (Gadamer 1997), supone, en cualquier caso, una condición de legitimación de esa instancia externa. Es la *legitimidad*, que en algunos casos aparece incluso como una premisa implícita no discutible porque es consustancial a la definición misma de la autoridad (Kojève 2005), la que explicaría el consentimiento. Es la legitimidad la que permite la diferenciación de lo que es o no autoridad, porque es en ella en la que recae la función de poner a distancia la idea de forzamiento violento.

La legitimidad es, pues, lo que permite que el rasgo de autonomía que la modernidad ha otorgado a los individuos resulte en cierta forma garantizado, sin que ello impida el mantenimiento del orden social. La ficción subyacente se puede, entonces, formular de la siguiente manera: continúo manteniendo mi libertad, porque aunque me someta a las órdenes o la influencia de otro, ello es un efecto −una decisión− de mi libertad. Lo que la autoridad autoriza, desde estas perspectivas, y a pesar de todas sus diferencias, así, es el hecho de que individuos se preserven como individuos autónomos en la medida en que pueden adherir a una posición de obediencia basados en su consideración de lo bien fundado de las atribuciones de aquel a quien se obedece. Es ésta la razón por la cual desde estas posiciones no hay posibilidad de pensar que estamos en presencia del fenómeno de la autoridad cada vez que un individuo está obligado, sin posibilidad de juicio, a hacer una acción. En estos casos, hay ejercicio de poder, hay dominación, pero no hay autoridad. Es por intermedio del fenómeno de la autoridad que es posible, entonces, conciliar, por muy ficcional que pueda parecer, y con razón, a la luz de ciertos análisis críticos, el ejercicio del poder social y político con la autonomía individual[53]. Es ésta relación la que sin duda subtiende a la afirmación de Simmel (1986, 149): «Eso que llamamos 'autoridad' supone, en mucho mayor grado del que suele creerse, la libertad del sometido».

3. La tesis weberiana de la autoridad

Sin duda, el autor más influyente en esta línea de pensamiento –la autoridad por consentimiento– ha sido Max Weber (1964). Es permisible afirmar que, directa o indirectamente, buena parte de los estudios que se han hecho en las ciencias sociales sobre esta temática, sobre todo en sociología, trabajan el tema desde sus supuestos (Eisenstadt 1992). Es él quien es considerado como la referencia obligada acerca de la cuestión de la legitimidad en la comprensión de la autoridad. Por este motivo, es, quizás, la obra que permite de manera más transparente revelar las razones de la importancia adquirida por esta noción.

Entendida en el marco de la sociología weberiana, la autoridad posee más de un vínculo con la dominación. Sin embargo, y a pesar de la relación existente entre ambas realidades, el principal mérito de la distinción de Weber es el de llamar la atención sobre el hecho de que resulta improcedente disociar enteramente una de otra al mismo tiempo que subrayar que es imposible identificar la autoridad con la dominación[54]. Una diferencia ésta última, entre poder y dominación, que subtiende también a una postura como la de Arendt (1996). En todo caso, para Weber, en una definición que mantiene plena vigencia en el debate actual, *la autoridad es un fenómeno que permite una modalidad de ejercicio del poder legítimo*. Desde esta perspectiva, sí, es cierto que puede estar asociada a fenómenos de dominación, pero ella no puede ser restringida a ésta .

---

53 Cuestión contenida en la problemática weberiana de cómo entender el ejercicio político del poder y el mando o dominio que él implica (*Herrschaft*).

54 Una algo extensa cita de Horkheimer expresa bien esta dualidad: «La autoridad como dependencia afirmada puede significar tanto relaciones beneficiosas, progresistas, que respondan a los intereses de los participantes, al desarrollo de las fuerzas humanas, como también la síntesis de relaciones e ideas sociales mantenidas artificiosamente, que hace tiempo han dejado de ser verdaderas y que van contra los intereses reales de la comunidad. En la autoridad descansan tanto la entrega ciega y esclava, fruto en lo subjetivo de la pereza mental y de la incapacidad para tomar decisiones, y que contribuye objetivamente a la persistencia de situaciones opresoras e indignas, como también la consciente disciplina de trabajo en una sociedad floreciente» (2001, 177).

En efecto, Weber parte del de hecho que la imposición es un hecho consustancial a todo orden y relación humana (Abellán 2007,17). En este contexto, el autor se interesa por un tipo de dominio (*Herrschaft*) que a diferencia del puro poder (*Macht*) cuenta con otros medios que la violencia. Puesto en otros términos, Weber se interesa por un tipo de ejercicio del poder que se expresa en dominio (gobierno, regencia) pero que no implica en ningún caso imposición, aunque pueda suponer dominación. El camino que encuentra para explicar esta diferencia es la obediencia basada en el consentimiento. Sólo se puede entender que haya formas de acción de una voluntad sobre otra que no implique uso de la fuerza si es que se toma en consideración la existencia de una obediencia consentida.

Pero, si esto es así, quiere decir que lo que se pone en el centro de la escena es el problema de lo que hace obedecer consentidamente. Weber debe responder, entonces, de qué manera es posible explicar la existencia de este tipo de obediencia. La respuesta que Weber da es: por medio de la legitimidad. Consiento obedecer, y hay que entender que este consentimiento tiene que ser conciliado porque esto último es central, si considero que esta imposición de la voluntad de otro sobre mí es legítima. Es esta legitimidad la que es el fundamento con el que se inviste a aquel que ejerce su influencia o voluntad sobre mi voluntad.

Para que alguien obedezca consentidamente, quien la ejerce (sea una persona o un procedimiento impersonal) debe estar investido de autoridad, que es lo mismo que decir que debe tener legitimidad a sus ojos. La autoridad aparece así, en la teoría weberiana, como un fenómeno *relacional* y por lo tanto no puede separase el estudio de quien la ejerce de aquel sobre el que es ejercida. Pero el foco principal, y esto es esencial, *está puesto no en el ejercicio sino en la obediencia.* La autoridad se sostiene en la obediencia consentida (y conciliada), pues ella es la que la sanciona en cuanto tal.

Para entender con claridad lo anterior, resulta sustancial remarcar lo que Weber entiende por legitimidad. No se trata para él simplemente del conjunto de justificaciones que acompañan el ejercicio del poder. Su concepción es mucho más relacional y le da un papel central al subordinado. Para Weber, la legitimidad de un poder tiene su fundamento en la *creencia* que tiene quien obedece en esa legitimidad. La obediencia voluntaria es indisociable de la creencia en la legitimidad. Hay una distancia mayor, desde una lectura como ésta entre justificar interesadamente un ejercicio de poder y la creencia en la legitimidad del mismo.

Lo anterior implica, para empezar, que la creencia en la autoridad es el fundamento de la capacidad que tiene un poder de ser ejercido eficientemente, es decir, de ser obedecido. Quiere decir, por otro lado, que es precisamente el carácter que toma esta creencia lo que define cuál es el potencial de justificaciones de ciertos ordenamientos. Si creo que la legitimidad de una autoridad reside, por ejemplo, en que tiene una superioridad respecto a mí debido a sus dones extraordinarios, y lo admito, entonces, el potencial de las justificaciones de esa autoridad incluirá, para poner un caso, que esta figura pueda solucionar una situación basada en sus propias inclinaciones sin necesariamente respetar el sistema de normas establecido, es decir, que puede actuar basándose en su discrecionalidad. El tipo de creencia en la legitimidad establece, pues, las coordenadas para las formas de ejercicio legítimas del poder. Una atribución de legitimidad personal como en el ejemplo que hemos puesto (de tipo carismático en la tipología de Weber) supone que el ejercicio de poder reside en la figura de la persona porque es en ella que se sostiene la creencia, lo que puede implicar que en este caso no sea transferible a modos impersonales de ejercicio de autoridad.

Al ser articuladas por mediación de la legitimidad, resulta que las formas de ejercicio del poder, pueden variar en función de diferentes criterios de legitimidad. El fenómeno de la autoridad y el despliegue efectivo del dominio (*Herrschaft*) están íntimamente entretejidos[55]. En lo esencial, según Weber, la creencia en la legitimidad no sólo asegura la eficiencia en el mando, sino que, además, en función del tipo de legitimidad del que se trate, limita el campo de justificaciones y también de las acciones. Es este entrelazamiento el que hace que los tres tipos de dominio legítimo sean al mismo tiempo, ideales-tipo de autoridad, y que, de otro lado, cada ideal-tipo esté sostenido en un tipo de creencia en la legitimidad. Weber reconoce tres de estos ideales-tipo: tradicional, carismático y racional-legal. El par modalidad de dominio/modalidad de autoridad tradicional se sostiene en la creencia en el carácter sagrado de

---

55 Weber formula un problema histórico político, y lo hace desde una perspectiva diacrónica y macro. Es por eso que se centra en las formas de la *Herrschaft*. Sin embargo, su reflexión no puede ser comprendida si no se entiende que está obligado a explicar las maneras en que este dominio consigue ser sustentado. Abordar esta pregunta lo conduce a la cuestión del individuo, pues su solución es que es él quien en última instancia la sostendría, vía la obediencia, lo que pone en escena, así, a la autoridad, y lleva a entenderla como el reverso gemelo de la *Herrschaft*. Es esto lo que explica que siendo infiel a la traducción −traduciendo su discusión sobre *Herrschaft* (dominio) como una teoría sobre la autoridad−, se sea quizás inexacto en la literalidad pero, paradojalmente, extremadamente fiel a las propuestas del autor.

las tradiciones; la modalidad carismática, en la confianza en los rasgos considerados excepcionales de una persona; la racional-legal está sostenida en la creencia en el valor de los procedimientos jurídicos legales (Weber 1964, 328). Ciertamente, más allá de las diferencias entre estos tres tipos, todos ellos reposan sobre experiencias de consentimiento conciliado.

Ahora bien, una consecuencia central de este modelo es que, en la medida en que hay una equivalencia entre autoridad y formas de dominio, el problema concreto del ejercicio de la autoridad aparece como si estuviera resuelto. En cambio, la cuestión de la obediencia es central, porque ella siempre es, como lo reconoce Weber, sólo una posibilidad, es decir, constitutivamente provisional, a pesar de que es justamente la regularidad de la subordinación consentida lo que garantiza los principios de legitimación de la autoridad que ordenan la relación entre los que mandan y los que obedecen.

Es esta importancia central de la obediencia consentida y conciliada la que explica que el peso de la legitimidad para el ejercicio de la autoridad, por intermediación de la creencia, sea abrumador en esta teoría. Es el caso, para dar un ejemplo, de lo que Weber considera como el tipo de dominio más extendido en la modernidad, aquel de tipo procedimental. Lo esencial aquí, y en última instancia, y esto es central, es que en él la autoridad se encuentra sostenida en un sistema de normas o reglas que es respetado porque se cree en él[56].

Sin embargo, vale la pena reiterarlo para evitar malentendidos, que haya consentimiento no quiere decir que la visión de este autor no incorpore la cuestión de la dominación. El consentimiento supone legitimidad, pero la legitimidad se sostiene en la creencia, la cual, a su vez, puede tener fuentes muy diferentes[57]. La creencia es el vértice profundamente irracional de la teoría weberiana y lo que aleja la cuestión de la autoridad de un simple ejercicio racional o de cálculo de intereses[58]. Para Weber, es

---

56 Una tensión entre lo sistémico y lo normativo que será recogida y elaborada tanto por Giddens (1979) como por Habermas(1998), cada cual en su peculiar manera.

57 Aunque Weber reconoce tres ideales-tipo de autoridad, establece cuatro fuentes en las que se sostiene y conforma la creencia de la legitimidad: (1) la fuerza de la tradición –la validez (*Geltung*) de lo que siempre existió–; (2) la fuerza afectiva, en especial emocional (la validez de lo nuevo revelado o de lo ejemplar); (3) la fuerza de lo racional con arreglo a valores (validez de algo que se tiene como valor absoluto); (4) la fuerza de lo estatuido positivamente, en cuya legalidad se cree (lo que pudo haberse establecido mediante acuerdo de los interesados o por imposición de un poder considerado legítimo) (Weber 1984, 62).

58 Como ha señalado Ricoeur de manera crítica, Weber mismo no sacó todas las consecuencias de esta noción. Para Ricoeur (2001, 165) «la creencia en la legitimidad indica algo más, y es este más el que debe intrigarnos».

indispensable recordarlo, la creencia es el fundamento de la legitimación lo que puede ser al mismo tiempo sostén de la dominación, tal como lo muestra su análisis de los trabajadores, a quienes ve actuando como partes de una maquinaria gracias a la creencia en los principios de las instituciones.

No obstante, la concepción de la autoridad desarrollada por Weber, fundada en la creencia en la legitimidad, debe ser por sobre todo leída desde el marco histórico de la modernidad que se ha construido poniendo en el centro al individuo y su autonomía, y a una visión fuertemente contractual de la gestión de las jerarquías y el poder. La autoridad weberiana es una fórmula, en su estructura básica, de mantenimiento del dominio, cierto, pero cuyos componentes se ajustan a las nuevas exigencias de las ficciones formativas propias de las sociedades modernas.

III. Autoridad, eficacia y ejercicio

1. Otras realidades

Partiendo, implícita o explícitamente, desde esta conceptualización, las ciencias sociales latinoamericanas han tenido y tienen necesariamente dificultades a la hora de analizar las especificidades del ejercicio de la autoridad en la región. A partir de este prisma, fenómenos políticos como los populismos o la adhesión de la población a las dictaduras, por ejemplo, pero también las formas verticalistas que toman las relaciones en la vida social entre actores situados en posiciones asimétricas, han tendido a ser reducidos a explicaciones que se fundamentan en la «desviación», el «primitivismo», la «tradicionalidad» o la «inmadurez», y en particular, a una interpretación, cara a las ciencias políticas, que la asocia a la figura del líder carismático[59]. Nuestros hallazgos, discutidos a lo largo de este libro, conducen a afirmar que es posible dar a estos fenómenos de la autoridad en la vida social explicaciones más ricas y comprensivas en la medida en que se realice una corrección al aparato conceptual con el que habitualmente ha sido abordado el problema de la autoridad. La modalidad de autoridad con la que nos encontramos

---

[59]   Una explicación que si bien eventualmente podría ser articulada para la esfera política, resulta imposible de ser generalizada para el conjunto de la vida social. Resulta un contrasentido considerar la acción de la autoridad en las interacciones ordinarias y cotidianas a partir del modelo de la autoridad carismática tal como está sostenida en el modelo weberiano, porque implicaría considerar la existencia de una miríada de actores excepcionales, lo que, en rigor, anularía el carácter excepcional de los mismos.

aquí exige entender teóricamente que *no es la creencia en la legitimidad de quien ejerce la autoridad el factor decisivo que asegura la eficiencia del mando, sino que es la eficacia en el mando, el «mando eficaz», lo que permite la autoridad y la función de quien la ejerce.*

Existe una distancia sensible entre esta manera de concebir la autoridad y una en la que se considera que la creencia en la legitimidad tiene un nexo directo con la validez fáctica (el hecho de que se sea obedecido), con el potencial de justificaciones (Habermas 1999, 118) o con las modalidades en que el poder se ejerce (los medios escogidos –Weber 1964). Mientras que en esta última concepción la creencia en la autoridad es el fundamento ella misma de la capacidad factual que tiene un poder de ser ejercido eficientemente, es decir, de ser obedecido, en la modalidad que presentamos para el caso chileno la validez fáctica se sostiene más bien desde la pura modalidad de ejercicio del poder. Si la creencia en la legitimidad es un elemento indispensable en la noción hegemónica noroccidental, no lo es en absoluto en la segunda. En esta, la obediencia no es concebida como dependiendo ni única ni principalmente en la creencia en la legitimidad.

Como lo hemos visto, en efecto, lo que prima en el caso chileno es una preocupación por el ejercicio de la autoridad. Lo anterior se revela en el hecho de que no nos encontramos en la percepción de nuestros entrevistados primordialmente frente una crisis de la autoridad, si por ello entendemos el socavamiento generalizado de la misma. Esto no significa que los individuos no interpreten ciertos fenómenos sociales como resultado de «falta de autoridad», como por ejemplo, cuando enjuician las conductas cívicas de los adolescentes o fenómenos como la violencia urbana o la delincuencia. Por supuesto lo hacen. Pero en estos juicios lo que prima no es una evaluación que concierne al grado de legitimidad de quien debería ejercitar la autoridad, sino que ella se detiene más bien a denunciar las falencias en las formas prácticas de ejercitarla.

Encuadrado de esta manera el problema, al contrario, más que por su debilidad, para muchos la autoridad en la sociedad chilena se caracteriza por su exceso. En efecto, la experiencia común es sentirse enfrentados y empujados (pues las padecen y las ejecutan) a formas de ejercicio de la autoridad que engloban bajo el término genérico de autoritarismo. El ejercicio de la autoridad es autoritario. Pero lo que es esencial situar aquí es que a pesar de las críticas normativas que puedan eventualmente hacerse a esta modalidad de ejercicio, la inmensa mayoría reconoce que debe hacer uso de ella porque resulta la más adecuada para obtener la obediencia. Lo que se revela con lo anterior es la forma particular que toma la interrogante acerca de la autoridad en esta realidad social. A diferencia de interpretaciones que surgidas desde la experiencia noroccidental subrayan el debilitamiento o desaparición de la autoridad por el desfallecimiento de lo que la legitimaba (Renaut 2004), aquí lo que resulta problemático es cómo obtener de manera práctica la obediencia del otro. Esto es, cómo se desarrolla un eficaz ejercicio de la autoridad en sociedades en donde ésta siempre es agónica. Es esto lo que explica que si bien pueden ser críticos del autoritarismo, en la medida en que lo sufren o lo juzgan a distancia, en cuanto se encuentran en situaciones de jerarquía es este «autoritarismo» el que aceptan y practican de manera explícita y abrumadora. Lo explica, también, porque en su experiencia es esta modalidad autoritaria la que de mejor manera les permite cumplir con las distintas tareas sociales que les son asignadas, sean las de padres o madres de adolescentes o las de jefes de un taller, por ejemplo, y es eso lo que, al final, cuenta. La tensión se especifica, así, entre la conciencia de lo inadecuado del «autoritarismo» y la convicción asentada de que sólo un ejercicio discrecional y «fuerte», o sea «autoritario», permitiría garantizar de manera efectiva el ejercicio de la autoridad. Aun cuando no esté justificado normativamente, la adhesión a formas consideradas autoritarias prima. En última instancia, que no sea legítimo normativamente no afecta su primacía factual, porque lo que cuenta es el mando eficaz en lo que concierne a la autoridad.

Vale la pena subrayarlo otra vez: en rigor, lo central a entender aquí es la importancia que se atribuye a la cuestión del puro mando eficaz a la hora de permitir el ejercicio de la autoridad. Es este común horizonte de inquietud lo que explica que la visión de la autoridad se organice *in fine* desde la identificación imaginaria con el lugar de aquel que debe ejercer la autoridad. Lo que los individuos revelan, así, es que más que la cuestión de la garantía de consentimiento que da el lugar ocupado institucionalmente o simbólicamente, lo esencial es que en el ejercicio *concreto* de la autoridad se den pruebas de ser capaz de producir la obediencia. Esto es, en última instancia, lo que permite entender la profunda dualidad de miradas hacia el autoritarismo.

Pero es esto también lo que permite entender que en este contexto la obediencia consentida y conciliada no resulte un criterio evaluativo central de la autoridad. La obediencia aparece principalmente como prueba de la eficacia factual de una modalidad de ejercicio, por lo cual el que sea «maquinal» no resulta una dificultad y, por el contrario, termina constituyéndose en la forma de obediencia esperada, como lo muestran con claridad las relaciones en el mundo laboral.

Hasta aquí, entonces, y para resumir: *la cuestión de la eficacia factual en el mando prima por sobre la cuestión de la creencia en la legitimidad de la autoridad*. Estamos, de este modo, lejos de una noción de autoridad que al tener como objetivo la obediencia consentida hace de la legitimidad su núcleo. Se trata aquí de una noción de autoridad que hace de su ejercicio factual, *y sin garantías de legitimidad*, el corazón de las inquietudes sociales.

Esta importancia constitutiva de la eficacia y el ejercicio en la cuestión de la autoridad va a encontrar declinaciones particulares. En el caso chileno específicamente, esta importancia, como lo hemos visto, tiene como consecuencia esencial la presencia extendida de un fantasma social generalizado y transversal a todos los ámbitos sociales: *el miedo a los subordinados*. La cuestión del ejercicio de la autoridad se asocia con un temor constante a ser desbordados por aquellos sobre quienes se debería ejercer la autoridad, en particular en situaciones de mando-obediencia (como en el trabajo), pero también en aquellas constelaciones más ordenadas por el reconocimiento (como en la familia). Se trata del temor a ser puestos en cuestión respecto a sus capacidades efectivas para conseguir la obediencia de otros, de ser puestos en evidencia en su debilidad para realizar la función encomendada, o para decirlo con una imagen que hemos movilizado ya, que el «subordinado» haga notar que el rey está desnudo. El autoritarismo respecto a este fantasma debe ser entendido, entonces, como una herramienta conocida y de larga data que sirve para paliar el temor.

De esta manera, y volviendo al hilo argumental central en este capítulo, si en la teoría social noroccidental el problema de la autoridad ha terminado siendo elaborado fundamentalmente desde el lugar imaginario del subordinado y alrededor de las razones de su consentimiento, porque en él reside la capacidad fáctica de la autoridad, *en el modelo estudiado en la sociedad chilena lo que prima es una interrogante que se organiza desde la identificación imaginaria con aquél que debe ejercer la autoridad*. La cuestión fundamental que interpela a los individuos en torno al enigma de la autoridad es mucho menos saber cómo obtener una obediencia conciliada que cómo lograr un ejercicio eficaz del mando. Por supuesto, este ejercicio eficaz puede funcionar *en algunos casos* como eventual elemento de legitimación de un ejercicio de poder, pero lo que es esencial es que su ejercicio eficaz no presupone *por lo general* como sostén la creencia en su legitimidad. Por supuesto, en ambos casos la autoridad es abordada en su doble realidad –mandar u obedecer–, pero lo que queremos subrayar es que ello se realiza desde acentos y miradas diferentes.

2. Otra teoría: el peso diferencial de la autonomía

Como venimos de ver, un modelo analítico basado únicamente en la legitimidad está lejos de dar cuenta de las formas concretas que toma este fenómeno en sociedades distintas a las sociedades modernas noroccidentales. Esta diferencia puede ser explicada vinculándola con dos cuestiones complementarias que veremos a continuación. La primera, su relación con el lugar diferencial que se otorga a la cuestión de la autonomía individual según sociedades. La segunda, por el diferente peso que les cabe a las instituciones, su trabajo de interpelación y de sostén en las formas que toma la autoridad.

Detengámonos en este acápite en el primer punto, la autonomía. Como venimos de ver, lejos del modelo moderno noroccidental, la cuestión de la autoridad se organiza en un país latinoamericano como Chile menos en relación a la adhesión de los actores a la legitimidad de sus manifestaciones que a la eficiencia del mando. Ello supone que la autoridad está menos sostenida en una obediencia *consentida y conciliada*, que en una pretensión de obediencia maquinal. Esto es, se encuentra mucho menos concernida con la tarea de sostener la ficción de la autonomía de los actores-subordinados (elemento central del modelo de sujeto noroccidental) que en poner a prueba la potencia del actor-«jefe».

Hay que entender con precisión lo anterior. No se trata aquí de sostener la superioridad de un tipo de sociedad o modelo sobre otro. En absoluto. No hay que olvidar que el modelo de la legitimidad y la obediencia consentida no sólo es fundamento de formas pacificadas y positivas de ejercicio de la autoridad, como reclamara especialmente Gadamer (1997) a partir de la idea de reconocimiento y aceptación. Este modelo es también sostén de formas de dominación como lo recuerdan Weber o Freud a su manera, pero, sobre todo, los estudios que mostraron la faz problemática de una obediencia que puede llevar, por ejemplo, a las expresiones más altas de crueldad, a causa justamente de la legitimidad otorgada a quien está en el lugar de ejercerla (Milgram 1980, Guéguen 2010, Zimbardo 2008).

Lo importante es así entender, sin juicio de valor, la especificidad de una experiencia histórica *distinta* de la autoridad. Un modelo que pone el acento en el ejercicio de la autoridad y que se asienta en una obediencia que no busca la autoconciliación del subordinado con el consentimiento que acuerda a la autoridad. En este modelo lo importante es «hacer obedecer». Es decir, mantener pragmáticamente el acatamiento. Lo que está en el corazón de este modelo es, así, la habilidad para movilizar los recursos para conseguir la obediencia. Sostener la autoridad exige, sobre todo, dar pruebas constantes de la eficiencia de su ejercicio. De aquí, sin duda, la fascinación, largamente discutida por los historiadores, que podemos encontrar por la cuestión del orden en el caso chileno (Stuven 1997, 267, Pinto 2008, 3, Jocelyn-Holt 1999, entre otros muchos). El orden no es sino una prueba, como otras, de la obtención de la obediencia, es cierto, pero, sobre todo, el orden es solamente una prueba del poder y la habilidad de quien está en la posición de mando[60]. El orden es una prueba de la eficacia y, por tanto, sostén primario y puro, en esta sociedad, de la autoridad.

Correlativamente a esta menor importancia de la legitimación, el hecho de mantener la ficción de la autonomía individual del subordinado –la capacidad para dictarse a sí mismo sus propias normas tras un libre examen– no es una cuestión prioritaria. Las modalidades poco participativas en el trabajo o una tradición de elitismo político que no toma en consideración a los gobernados excepto en términos pragmáticos para la implementación de sus decisiones, son buenos ejemplos de lo anterior. La autonomía de los subordinados puede, al contrario, hasta constituirse en una amenaza. ¿Por qué? Porque en este modelo de la autoridad que no recurre de manera principal a la legitimación, no se cuenta con un mecanismo de «domesticación» relativamente durable y consensual de la voluntad sobre la que se influye o se impone –lo que abre al abismo de la resistencia– al problema del poder reactivo del otro y, en última instancia, al miedo generalizado al subordinado. Es esto, y no puramente la falta de adhesión conciliada del subordinado –después de todo no es algo que se espere, importa la obediencia no la adhesión[61] –,

---

60   Es en esta línea que se puede entender el reconocimiento que tienen dos discutidas figuras de la historia nacional en Chile como Diego Portales o Augusto Pinochet, como auténticas figuras de autoridad para un porcentaje relativamente alto de nuestros entrevistados. Esto es especialmente decidor si se toma en cuenta que, en muchos casos, quienes los reconocen como tales son las mismas personas que defienden formas nuevas y más democráticas de gestión de las jerarquías, de la autoridad en Chile. Para una reflexión sobre autoridad y autoritarismo y los ideales-tipo en Chile, cf. Araujo y Beyer 2013.

61   Aunque se exija masivamente la lealtad. No es lo mismo lealtad que adhesión consentida basada en la legitimidad.

lo que se teme podría minar la eficiencia y, por tanto, la autoridad. En este modelo, la libertad supuesta al subordinado, más que del lado de su conciencia respecto a lo normativo, está colocada en el campo de su acción concreta.

Resulta evidente, entonces, que éste es un modelo de la autoridad en el que su ejercicio está fuertemente vinculado con los recursos de poder que se puedan movilizar. Si en el otro modelo, el de la autoridad weberiana basada primariamente en la legitimidad, la movilización de recursos de poder es siempre, también, en última instancia un factor decisivo, ello es mediado, y hasta velado, por un trabajo dirigido a conseguir la adhesión: la legitimación. Un trabajo que puede tomar la forma de la ideología, incluida la más sanguinaria, o, también, por ejemplo, la más disimulada, pero no menos perniciosa, de la manipulación contemporánea de la información.

La autoridad en el modelo que presentamos aquí, se desenvuelve en un escenario en el que, por el contrario, las relaciones de poder se transparentan constantemente, en el que los signos de poder tienden –porque tienen que serlo– a ser mostrados ostentosamente y de manera permanente. Pero, y esto es importante, en esta situación no sólo se transparenta el poder del «jefe», sino, también, el poder del subordinado en la medida en que éste no está «domesticado» por una creencia que sostiene la adhesión y una cesión, por temporaria que sea, de su voluntad a favor del jefe. *El jefe y el subordinado miden, así, constantemente su poder en los topes, empujes, coerciones o espacios de juego concretos que se activan en su encuentro.* La cuestión de la autoridad pasa menos del lado de la creencia y de la influencia como en la legitimidad, y más, mucho más, del lado de las habilidades y de los recursos para mantener la escena a favor de uno de los dos protagonistas. El poder del subordinado, así, se expresa concretamente en su posibilidad, no de dejar de creer (como lo sostuvo Weber, porque su creencia no ha sido en absoluto lo esencial), sino en el de cometer actos de desobediencia disimulada, quebrar lealtades o adherir provisionalmente en función de sus intereses transitorios. En este sentido, «hecha la ley, hecha la trampa», el extendido dicho en América Latina, no es sino una manera de nombrar el poder subterráneo del «subordinado» y el poder sólo virtual del «jefe»; un poder que tiene entonces que dar las pruebas de su fuerza a través de su ejercicio. A distancia de Weber, al que está en el lugar de mando no le interesa principalmente el «amor» de los subordinados, sino lograr su acatamiento. Pero en este contexto societal, a distancia de Maquiavelo (2010), producir el temor no sólo es la prerrogativa del «príncipe», sino, y esto es lo más importante, también, y especialmente, un recurso de los «súbditos».

3. Otra teoría: el papel divergente de las instituciones

Pero hay una segunda dimensión que da cuenta de este otro modelo de
la autoridad. La centralidad de la cuestión del ejercicio es reveladora no
sólo de la importancia diferencial que tiene la cuestión de la autonomía en
distintas sociedades, sino también, del peso dispar que recibe la cuestión
de la agencia del actor. Una cuestión, esta última, que aconseja leer este
modelo de autoridad teóricamente a partir de las especificidades del
individualismo latinoamericano y de las características de los procesos
de individuación que les son propios.

Para logarlo, es preciso disociar el estudio de la individuación de
la problemática de la modernidad noroccidental, o, para ser más
precisos, cesar de privilegiar en su estudio exclusivamente la tesis del
individualismo institucional. La tesis del individualismo institucional
(Parsons 1951 y 1964, Bourricaud 1977), basada en las experiencias de
sociedades europeas y norteamericanas, sugirió por mucho tiempo que
los individuos se constituyen como tales basados en sus capacidades
para adherir a un programa institucional prescriptivo. Según esta tesis,
las principales instituciones de la sociedad (el trabajo, el empleo, la
escuela, la familia, etc.) estarían en las sociedades modernas orientadas
de manera específica y explícita hacia los individuos, obligando a cada
persona a desarrollarse en cada uno de estos ámbitos en acuerdo con
modelos institucionales preestablecidos que lo conminan a constituirse
como sujeto.

Aun cuando la sociología clásica describió la emergencia del individuo
en Occidente a partir de varios factores estructurales de individuación
(diferenciación social, secularización, urbanización, racionalismo,
industrialización, entre otras), finalmente todos estos rasgos fueron
subordinados, en lo que a la producción de individuos se refiere, al modelo
del individualismo institucional. En el corazón de esta tesis, así, y más
allá de las maneras en que se ha declinado en autores diversos como
Beck y Beck-Gernsheim (2002) o Castel (1995), la institución adquiere un
rol principal, pero con ello, y al mismo tiempo, lo que se pone de relieve
es una concepción en la que lo esencial es la relación del individuo con
la prescripción. El individuo deja de ser percibido como una desviación
singular en referencia a un modelo general, y se convierte él mismo
en el modelo institucional a realizar. A pesar de la importancia de las
diferencias nacionales observables dentro del individualismo (Lukes
1973, Dumont 1991, Kalupner 2003, Martuccelli y Singly 2012), del
reconocimiento de la existencia de una pluralidad de modelos históricos

de sujeto (Macpherson 1962, Weintraub 1978, Taylor 1989, Bodei 2002) o de la diversidad de tradiciones político-culturales presentes en una misma sociedad (Bellah 1985), e incluso de la emergencia, desde hace décadas, de nuevas modalidades de individualismo (Riesman at al. 1950, Sennett 2011, Lasch 1979, Lipovetsky 1983, Elliott y Lemert 2006), la primacía de la tesis del individualismo institucional resulta nuclear. Es desde la transformación producida por la aparición del individualismo institucional en el marco de la modernidad occidental como mejor se comprende los rasgos que distinguen a la autoridad en la teoría social en Europa y Norteamérica. Es también, y precisamente, la permanencia del influjo del individualismo institucional lo que explica la manera en que se discute el problema de la erosión de la autoridad hoy. Es desde la crisis de las instituciones y de su poder simbólico o de su consistencia normativa con respecto a nuevos principios emergentes, como ya lo hemos visto (ver capítulo 2), que se expresa, en este marco, lo esencial de la inquietud en lo que respecta a la autoridad. Sería la crisis de legitimidad de las instituciones las que darían cuenta de su dificultad y malestar actual. La lectura, a partir de estos marcos y sociedades, aparece siempre en términos de crisis, subrayando las deficiencias institucionales observables a nivel de la autoridad. En cualquier caso, y esto es lo esencial, en todas estas interpretaciones *la autoridad es indisociable de la legitimidad de las instituciones y, tras ello, de la fuerza del individualismo institucional.*

A partir de evidencia empírica, es posible sostener que esta tesis no permite cernir con la acuidad necesaria la experiencia de una sociedad latinoamericana como la chilena (Araujo y Martuccelli 2012). Obviamente existen instituciones en Chile como en toda otra sociedad, si se opta por una definición amplia de este término[62]. Pero, no es desde sus particulares programas institucionales que se puede abordar sociológicamente el problema de la individuación. Lo que se pone en evidencia, en lo encontrado, es que el individuo se constituye, más bien, a partir de sus habilidades intrínsecas para lidiar con la vida social así como de una específica gestión relacional. O sea, los individuos, desde

---

62 La noción de institución es polisémica. Si bien algunos autores dan una caracterización tan amplia de ellas que todo fenómeno social (maneras de hacer, pensar, sentir) que se reproduce se convierte en una institución, aquí se la usa ateniéndose a una concepción, que en consonancia con la tesis del weindividualismo institucional, es más restringida: la institución designa un número reducido de principios legítimos por lo general encarnados en organizaciones sociales específicas bajo la forma de un verdadero y explícito programa institucional (Dubet 2002).

la representación que dan de ellos, se «producen» desde el primado compulsivo de tener que enfrentar, más o menos solos, un alto número de vicisitudes. Por supuesto, todo individuo es un actor, o sea, alguien que transforma y reacciona a su entorno. Pero, en la tradición occidental, esta dimensión del individuo fue subordinada, en el marco del individualismo institucional, a la noción de sujeto dada la fuerte impronta de dispositivos que interpelaron justamente a los individuos para que se constituyan en sujetos (desde el mercado hasta la ciudadanía, pasando por la escuela o los sentimientos), y fue en las instituciones donde, en última instancia, encontraron los principales recursos para constituirse en tanto tales. En este punto la coincidencia analítica es profunda entre Durkheim y Weber, Parsons y Bourdieu, Elias y Foucault, Althusser o Touraine.

No es éste el proceso central que nuestras investigaciones han mostrado para el caso chileno. Lo esencial aquí es que el individuo se presenta y se concibe prioritariamente como un híper-actor relacional. Si las instituciones cuentan, y por cierto lo hacen, son básicamente como un elemento más, un recurso o una amenaza, a tomar en cuenta al lidiar con la vida social, y no como la fuente básica de la producción de individuos, eje de las formas que adquiere una sociedad como en el modelo noroccidental. Un individuo que tiene que hacerse cargo de sí mismo, contando constantemente, por un lado, con sus propias habilidades; por el otro, tomando apoyo en sus relaciones interpersonales, aunque, al mismo tiempo, sintiendo que puede ser activamente desestabilizado por ellas. La dimensión relacional es vivida como un recurso básico y fuente de soporte, si bien sometida a fuertes tensiones y contradicciones. Lo relacional posee claros rasgos individuales e incluso individualistas. Se trata de una habilidad o un conjunto de habilidades que el individuo debe poseer para movilizar recursos sociales (relacionales) con el fin de lidiar con los desafíos de la vida social. Es esto lo que lo lleva a temperar constantemente sus intereses con formas diversas de compromisos, responsabilidades, reciprocidades, dones. Es esto lo que explica, por lo demás, el carácter indisociablemente afectivo e instrumental de muchas relaciones sociales. En breve, el trabajo de individuación sigue un camino distinto: el del individualismo agéntico (Araujo y Martuccelli 2014).

Ahora bien, en una modalidad de individuación que pone en su centro la agencia del actor, es evidente que la institución no garantiza por sí misma ni soluciona el conjunto significativo de acciones y de problemas con los que se enfrentan los individuos a la hora de ejercer la autoridad. Lo que el modelo del individualismo institucional intenta resolver, gracias a la legitimidad, a nivel de las instituciones es, en el marco del individualismo agéntico, transferido al individuo mismo, y a sus habilidades. Resultado: como lo muestra nuestra investigación, son los escollos prácticos y los temores múltiples que los individuos enfrentan al ejercer la autoridad los que concitan la atención.

El individuo se percibe en su ejercicio de la autoridad como constituyéndose más desde sus habilidades intrínsecas para afrontar situaciones concretas que desde sus capacidades para adherir normativamente al programa institucional prescrito. Si en la sociedad chilena la presión por el cumplimiento del rol en el caso de la autoridad puede ser alta, y lo es, ello hay que entenderlo más como la exigencia por el cumplimiento de la tarea que el rol implica que como una prescripción clara y generalizada de los modos de desempeño. El caso del ejercicio de la autoridad en el trabajo da un buen ejemplo. Para muchos, como lo muestran nuestros resultados, lo que se destaca es la soledad de su acción en un ejercicio en el que más que adherir a una prescripción institucional e incluso obtener sostenes de la parte de la institución se trata de responder (actuar) de cara a demandas y exigencias no sólo diversas sino contradictorias en el ejercicio del mando: ideales de gestión participativos que se contradicen con presiones pragmáticas de rendimiento y logros acelerados; expectativas de sociabilidad horizontales en las que el reconocimiento a la dignidad es central que colisionan con los temores a ver el propio mando desbordado. Si la institución no está ausente, la prescripción o prescripciones que puedan emanar de ella son vividas, como mucho, como un elemento *más*, entre tantos otros, a tomar en cuenta en el momento de orientar la acción. Las instituciones siendo activas e imprescindibles, no parecen en este caso tener el mismo papel básico, primario y hegemónico para asegurar la vida social que el debate noroccidental les atribuyó. Las instituciones no son el eje del sostén del individuo.

En consecuencia, el peso de la legitimidad de las instituciones en la estructuración de la autoridad no puede sino ser diferencial. En el universo noroccidental, y dado el peso de los programas institucionales, tarde o temprano es la legitimidad de las instituciones la que debe ser reafirmada y de la que se espera las soluciones durables al problema del consentimiento. Tanto es así que, para poner un caso, el debate acerca de la «crisis de la autoridad» tiende por lo general a articular estrechamente las razones de la obediencia individual con la legitimidad de las instituciones. Incluso cuando obedecer a la autoridad es una decisión utilitaria, beneficiosa para todos, racional y calculadora (Coleman 1990), es la legitimidad de la institución lo que la hace factible. Es desde aquí que se entiende que en la discusión sobre la autoridad en la escuela, por ejemplo, se haya puesto el acento en la falta de legitimidad de la institución escolar y, en consecuencia, su dificultad para «autorizar» al maestro y en esa medida sostener el ejercicio concreto de su tarea en el aula (Dubet y Martuccelli 1998).

En cambio, cuando, al contrario, es la mera eficacia en el ejercicio lo que da cuenta de la realidad de la autoridad, la pregnancia de la institución como surtidora de legitimidad a partir de procesos de trasvase resulta bastante aminorada. Incluso, en muchos casos, es la legitimidad de las organizaciones la que termina dependiendo de la agencia de un individuo o un conjunto de individuos particulares. La figura del líder cobra todo su sentido e impacto en este marco. Un líder con su acción puede hacer remontar a una institución desacreditada, como puede, también, aportar a desacreditarla a partir de su sola acción, como lo muestra la historia política latinoamericana y su accidentada secuencia de golpes de Estado o corrupción.

4. Historias divergentes

Esta experiencia particular e *histórica* de la autoridad no puede considerarse inscrita en la «naturaleza» de los actores, como tampoco puede ser leída como efecto directo de una difusa herencia cultural. Ella, sin duda, hunde sus raíces en una larga trayectoria histórica pero sólo toma forma en cuanto cristalizada en modelos colectivos concretos.

Es cierto, que un estudio diacrónico y crítico de la autoridad en América Latina es aún un trabajo pendiente para las ciencias sociales. Sin embargo, es posible al menos considerar algunas grandes pistas que se desprenden de la discusión historiográfica y que podrían permitir construir hipótesis explicativas de los trayectos disímiles que toma la autoridad.

Por un lado, este modelo se puede retrotraer, sin duda, a las marcas de una tradición de ejercicio de la autoridad, ya activa en la época colonial, en donde la pesantez de la administración colonial se condecía con su ineficiencia cotidiana. Pero, también, de una ley imaginada en la Metrópolis distante de las realidades sociales de las colonias. Una distancia cuyo efecto resultó en formas particulares de interpretación resueltas en las interacciones concretas entre las autoridades y una población con una laxa relación a los corpus normativos, como, sólo para poner un caso, la historia de la sexualidad, el matrimonio y la ilegitimidad lo muestran con creces (Lavrin 1991, Mannarelli 1993).

Por otro lado, y de manera central, el advenimiento de las repúblicas independientes a comienzos del siglo XIX, en el respeto por las delimitaciones geográficas establecidas por los españoles, definió lo que aún hoy en día constituye la matriz de la cuestión de la autoridad en esta área geográfica y cultural. A saber, la consolidación de clases dominantes débiles y de Estados postindependentistas que se vieron inmediatamente envueltos en el problema del mantenimiento del orden social ante la aparición de una serie de caudillos que, en su incursión y pretensión políticas, no venían sino a indicar la extraterritorialidad de facto que se vivía en las grandes propiedades agrícolas.

Este proceso es en parte similar al que se dio en otros lugares –y sobre todo en Europa– cuando la soberanía monárquica fue remplazada por la soberanía popular, y luego, paulatinamente, por la constitución de la República durante el decimonono. Sin embargo, la historia tomó un camino distinto en América Latina. Como lo ha discutido François-Xavier Guerra, el principio de legitimidad basado en la soberanía popular moderna entró en contradicción con un mundo social caracterizado por otros principios, valores e imaginarios. Ante lo que se representó como la fuerza indómita de las «masas», el doble ideario de la modernidad noroccidental, la autonomía de los sujetos y la institucionalización de la vida social, fueron a la vez adoptados como principios y desestimados en los hechos. Una contradicción que hace que deban construirse diversos tipos de «ficciones democráticas». De este modo, el pueblo soberano terminó siendo constituido únicamente por una minoría ilustrada, con lo cual toda legitimidad resultó siempre frágil, como los diversos golpes de Estado o levantamientos lo testimoniaron durante mucho tiempo. De otro lado, dada esta restricción, el resto de la población no pudo sino ser vista no sólo como un obstáculo, sino también como una amenaza. Un conglomerado siempre potencialmente dispuesto a las resistencias (Guerra 2001, 52-53). No se trata, por cierto, de que la desconfianza –el temor– que las clases dominantes, económicas y políticas expresaron hacia el «pueblo» pudiera haber sido necesariamente mayor en este lado del Atlántico (muchos estudios acreditan de la fuerza de este temor en Europa –Chevalier 1958), sino que en su voluntad de someterlas a su dictado las élites latinoamericanas escogieron históricamente –ciertamente impulsadas por una serie de coerciones– una estrategia diferente. Si el temor a la barbarie fue paulatinamente neutralizada en la Europa decimonónica, en muchos países de América Latina, por razones sociales, económicas, étnicas o políticas, este temor nunca desapareció del todo (Flores Galindo 1987, Svampa 1994).

En Europa, no sin sobresaltos mayores (basta pensar en el conjunto de frondas populares y revoluciones que recorren su historia), las clases dirigentes terminaron integrando a los sectores populares en la nación a través de la guerra, el Estado y más tarde los derechos sociales, lo que permitió construir el tema de la legitimidad de las instituciones y poner el consentimiento y la adhesión en el centro de la cuestión de la autoridad. Partiendo del contraste entre la civilización y la barbarie, del temor al populacho, de la condenación conservadora a los excesos y crímenes de la Revolución francesa, de la conciencia del espectro –comunista– que atravesaba Europa, sin olvidar, un largo siglo de jaques institucionales, se terminaron construyendo instituciones capaces de mantener la ficción de la *legitimidad* del orden social y, por cierto, de las desigualdades de clases. Son estos procesos de educación del soberano y de exigencia al consentimiento los que, de Marx a Weber, sin olvidar, por supuesto, las muy importantes reflexiones de Gramsci y luego de la sociología crítica o funcionalista, estructuran la percepción y la definición de la cuestión de la autoridad en Europa y Estados Unidos.

En América Latina, las clases dominantes escogieron un modelo de autoridad distinto: más factual y eficientista que contractual y consentido. Si la clave de la legitimación en el caso europeo implicó un arduo trabajo sobre la creencia y, por tanto, una focalización sobre las conciencias, en el caso latinoamericano la clave factual puso el peso en el propio ejercicio de la autoridad y sus resultados; esto es, implicó una focalización sobre las prácticas. La dimensión interactiva se convirtió, como lo muestra la presencia del individualismo agéntico, en esencial. Los «jefes», históricamente, no creyeron necesario o no pudieron o no quisieron asociar a los subordinados al ejercicio de su autoridad a través de la legitimidad de esta. Es decir, vinculándolos por medio de un consentimiento que se basara en la creencia en la legitimidad de quien la ejerciera, como lo muestra bien, por ejemplo, el debate historiográfico chileno (ver capítulo 1). Por el contrario, lo que primó, como lo muestran sus rastros en la actualidad, fue un modelo de autoridad que, encarnado en tradiciones nacionales en parte disímiles, por sobre todo privilegió las estrategias prácticas para conseguir la obediencia ya fuera por la vía de la coacción por la fuerza, por la mediación de las dependencias (como en la hacienda y el poder hacendal, cfr. Bengoa 1988), o en otros casos por un ejercicio de la autoridad política que no se resolvió en el espacio público cívico de todos, sino en espacios sociales de interacción y entremezclamiento fuera de las reglas de lo político (Murilo de Carvallo 2012). Por cierto, si es imposible en una lectura de la historia chilena y latinoamericana sostener que los asuntos relativos a la legitimidad hayan estado completamente ausentes, es indispensable reconocer que los ejercicios de legitimación han estado siempre subordinados a las pruebas fácticas de poder en el ejercicio de la autoridad.

* * *

Durante mucho tiempo y al calor de la tesis del individualismo institucional se entronizó el imaginario del sujeto latinoamericano transgresor y se fundaron en ello las insuficiencias de la autoridad en América Latina (Waldman 2006, Mendez, O'Donnel y Pinheiro 2002). Como lo escribió de manera contundente Octavio Paz (1979), el individuo en la región no habría jamás alcanzado el pleno ejercicio de su autonomía, y ello a causa, entre otras cosas, de la tendencia de las instituciones pilares (como la Iglesia o el Ejército) a imponer un orden tutelar sobre los individuos (Nugent 2010). No es éste el tenor de la interpretación que venimos de presentar.

La teoría de la autoridad desarrollada aquí no debe entenderse como una «anomalía» o una expresión de «retraso» en la evolución histórica, sino como *otra* manera social e histórica, más o menos paralela a la tesis de la legitimidad, de plantear el problema de la autoridad, una en la cual lo dirimente no son ni los consentimientos normativos ni el rol de las instituciones. *Se trata, pues, de dos teorías de la autoridad. La primera –que se constituye desde el individualismo institucional y la autonomía– hace de la legitimidad y de la obediencia consentida y conciliada el eje de la perspectiva. La segunda, por el contrario –que se constituye desde el individualismo agéntico y la habilidad interactiva de los actores–, hace de la cuestión del mando eficaz y del ejercicio concreto los elementos articuladores de la cuestión de la autoridad.*

Tener claridad sobre esta diferencia teórica permite entender que si es posible que la autoridad se constituya en nuestros días en un problema común a diferentes sociedades, estas modalidades no son necesariamente las mismas. Mientras que en las sociedades modernas noroccidentales el problema principal sería una autoridad que se debilitaría en la misma medida en que las instituciones pierden su legitimidad, en otras sociedades, como la sociedad chilena contemporánea, este debilitamiento institucional es menos relevante para entender los desafíos actuales de la autoridad. Lo sustancial son más bien los procesos que ponen bajo tensión las prácticas efectivas de ejercicio de la autoridad. Estos procesos, en las últimas décadas, por una vía u otra, han generado nuevas imágenes y expectativas relacionales y de esa manera han puesto en entredicho fórmulas sobre las que se basaba el ejercicio «verticalista» de la autoridad. Lentamente, una exigencia de mayor respeto interactivo se introduce normativamente, cambiando los términos de lo que se espera, al menos retóricamente. Al mismo tiempo, los diversos procesos estructurales que hemos discutido a lo largo de este libro han dotado de novedosas cuotas de poder a quienes están en la posición de subordinados. Son estos cambios, y los nuevos recursos de los que gozan los «subordinados», más que el debilitamiento de las instituciones, lo que recompone la escena del ejercicio de la autoridad e incrementa el temor y la zozobra de aquellos que, en el contexto del individualismo agéntico, deben ejercer la autoridad.

Conclusión
La autoridad, mañana

En las discusiones actuales sobre el destino de la autoridad todo parecería resolverse en una tensión, tan clásica como inmóvil, entre la tradición y la modernidad. Para algunos, su único futuro se encuentra en el pasado, en la vigencia de la herencia cultural de un autoritarismo bien encarnado en nuestro país en los ideales-tipo de la hacienda o de Portales. Para otros, exactamente a la inversa, el destino de la autoridad está en su futuro. Éste se encuentra en el tránsito tan anhelado, como muchas veces frustrado, hacia un régimen moderno en donde la legitimidad quedará depositada democráticamente en las instituciones.

No es ello, en rigor, lo que el trayecto que hemos seguido en este libro sugiere. Si estas posiciones están presentes en más de uno de los discursos de los individuos, apenas la atención se detiene en ellos, apenas la escucha se vuelve más atenta, se abre otro universo. La autoridad deja de jugarse entre el autoritarismo cultural y la modernidad institucional. En Chile, la autoridad toma otra forma porque viene de otra historia, porque abre a otras problemáticas y porque, sobre todo, engendra desafíos distintos. Su destino, su pasado y su presente, se organizan alrededor del miedo a los subordinados.

Este temor es la expresión de una manera de hacer sociedad, es la traducción de un modo de composición de la vida social en el cual los colectivos dirigen demandas específicas a los actores individuales. Como fue enunciado por muchos y de tan diversas maneras: de una sociedad en la que los individuos en medio de una honda soledad tienen el sentimiento de que sobre ellos, especialmente sobre ellos, reposa la continuidad de la vida social.

Por supuesto, si el miedo a los subordinados establece una continuidad entre el pasado y el presente, sólo lo hace a través de importantes inflexiones históricas. Entre el antiguo temor que nace en el momento de la fundación de la República y el miedo contemporáneo, los vínculos son tan importantes como lo son las diferencias. Como todo fantasma, el miedo a los subordinados no escapa, así, a las permanencias detrás de las rupturas. Sin el imaginario cristalizado en el siglo XIX, el miedo a los subordinados no habría tomado nunca la importancia que tiene hoy en el país. Pero sin las transformaciones de los últimos cuarenta años con seguridad no tendría las formas y el vigor que ejerce sobre los individuos. Por supuesto, también, el miedo a los subordinados, por compacta que sea su estructura, se difracta en una multiplicidad de variedades según los actores sociales, las funciones y, por cierto, los ámbitos sociales. No obstante, y a pesar de las innumerables diferencias en los desafíos que el temor a los subordinados propone, algo le es profundamente común: los individuos se encuentran en la necesidad de ejercer la autoridad conjurando más o menos secretamente, y por lo general en medio de una gran incertidumbre, la inquietud que suscita en ellos.

Llegados a este punto, resulta preciso y aún obligatorio encarar algunas preguntas: ¿cuál será mañana el futuro del miedo a los subordinados? ¿Cómo se puede individual pero sobre todo colectivamente enfrentar este temor?

Son interrogantes ineludibles. Lo son porque el temor a los subordinados, que es el sostén fantasmático del autoritarismo, debe ser considerado uno de los más importantes obstáculos a la concreción de las cada vez más agudas demandas relacionales presentes en la sociedad chilena: aquellas que presionan por formas más horizontales de trato, y al hacerlo, al mismo tiempo, ponen en jaque las antiguas fórmulas de gestión de las asimetrías en el ejercicio del poder.

Ninguna sociedad puede existir sin autoridad, pero cada una de ellas tiene una modalidad particular de enfrentar esta inquietud, sin lograr, jamás, es cierto, darle una solución definitiva. La sociedad chilena no escapa a este desafío. Éste es visible, hoy, en el debate que se estructura entre el pesimismo de los que creen imposible romper con las sombras del pasado autoritario y los que sólo anhelan el ingreso a una modernidad legitimadora. Entre estos dos caminos es posible, y sobre todo deseable, que un debate de otra índole se produzca en torno a la autoridad. Un debate cuyo objetivo fundamental debe ser facilitar la liberación colectiva de un miedo. Uno en el cual ni se desdeñe la especificidad colectiva del país ni se escamoteen los problemas efectivos. Uno que apunte a conjurar colectivamente los miedos individuales que asaltan a los actores. Que afronte el pasado reconociéndole lo que sus raíces implican en el presente. Una deliberación, especialmente, que abriéndose a las exigencias de la democracia, sepa reinventarlas en el marco de una tradición propia.

Una apuesta para dejar atrás la vitalidad de un autoritarismo largamente erosivo para la convivencia social.

Pensar la autoridad mañana es, así, hacerse cargo de manera minuciosa de lo que plantean las expectativas de horizontalidad en la sociedad y comprender que si este debate se abre, y debe hacerlo, tarde o temprano la autoridad, y lo espinoso de su ejercicio, deberá ser cuestionada también desde las «jefaturas». No será en un formato de confrontación del tipo las «élites» contra «el pueblo» o los» jefes» contra los «subordinados» como se deberá abrir este debate, sino a través de una toma de conciencia transversal y de nuevo cuño. Esto es particularmente necesario en una sociedad en la que a todos les cuesta, a su turno, ejercer la autoridad. Se tratará, si los vientos soplan a favor, de alcanzar una comprensión que permita, tras un debate enérgico, plantearse las maneras por las cuales los individuos pueden facilitarse recíprocamente los ejercicios conmutativos de la autoridad. Una manera colectiva de emanciparnos de nuestros miedos a los subordinados.

Bibliografía

Abellán, J. (2007). Estudio preliminar, en M. Weber. *Sociología del poder. Los tipos de dominación*. Madrid: Alianza Editorial. Pp. 9-50.

Abramo, L., Montero C., Reinecke G. (1997). Cambio tecnológico, encadenamientos productivos y calificaciones del trabajo en Chile: un balance, en Novick M.A. (comp.), *Competitividad, redes productivas y competencias laborales: homogeneidad o segmentación*. Montevideo: Cinterfor/OIT. Pp. 145-191.

Adorno, T. et al. (1965). *La personalidad autoritaria*. Buenos Aires: Proyección.

Agamben, G. (1998). *Homo Sacer. El poder soberano y la nuda vida*. España: Pre-Textos.

Althusser, L. (1992). *Ideología y aparatos ideológicos del Estado*. Argentina: Editorial Nueva Visión.

Araujo, K. (2014a). Artesanía e incertidumbre: el análisis de los datos cualitativos y el oficio de investigar, en Canales, M. (coord.), *Escucha de la escucha. Análisis e interpretación en la investigación cualitativa*. Santiago: LOM ediciones. Pp. 43-73.

__________. (2014b). La Desmesura y sus Sujetos: el Trabajo en el Caso de Chile, en Stecher A., Godoy L. (eds.), *Transformaciones del Trabajo. Subjetividades e Identidades*. Santiago de Chile: RIL. Pp. 277-298.

__________. (2013). La igualdad en el lazo social: procesos sociohistóricos y nuevas percepciones de la desigualdad en la sociedad chilena. *Dados. Revista de Ciencias Sociais* 56 (1), pp. 109-132.

__________. (2012a). La tesis de la individualización en las sociologías alemanas y chilenas: una lectura crítica, en Bodemer K. (ed.), *Cultura, política y sociedad en América Latina*. Madrid/Frankfurt, Iberoamericana Vervuert Verlag. Pp. 229-250.

__________. (2012b). The Belief in Legitimacy: Social Experiences and the Relationship from Individuals to Norms, en Mascareño, A., Araujo, K. (eds.), *Legitimization in the world society*. Londres: Ashgate. Pp. 157–175.

__________. (2009). *Habitar lo social*. Santiago: LOM Ediciones.

__________. (2005). Vida cotidiana y transformaciones de género: la esfera doméstica. *Revista de la Academia* N° 10, pp. 77–117.

ARAUJO, K. y BEYER, N. (2013). Autoridad y autoritarismo en Chile. Reflexiones en torno al ideal-tipo portaliano. *Atenea*, Nº 508 (2013), pp. 171-185.

ARAUJO, K. y MARTUCCELLI, D. (2014). «Beyond Institutional Individualism : agentic individualism and the individuation process in chilean society». *Current Sociology*, January, Vol. 62, n°1, pp. 24-40.

___________. (2013). « Individu et Néolibéralisme: Réflexions à partir de l'expérience chilienne». *Problèmes d' Amérique latine*, n°88, pp 125–143.

___________. (2012). *Desafíos comunes. La sociedad chilena y sus individuos.* 2 Tomos. Santiago: LOM ediciones.

___________. (2011). «La inconsistencia posicional, un nuevo concepto sobre la estratificación social». *Revista de la CEPAL*, n° 103, abril, pp. 165-178.

ARELLANO, J. C. (2012). *Entre la virtud y la fortuna. Portales en los ojos de Maquiavelo.* Temuco: Universidad Católica de Temuco.

ARENDT, H. (1996). *Entre el pasado y el futuro, ocho ejercicios sobre la reflexión política.* Madrid: Península.

___________. (1966). *Eichmann in Jerusalem: a report on the banality of evil.* Nueva York: Viking Press.

ARIÈS, P. y DUBY, G. (1992). *Historia de la vida privada. Tomo VI.* Madrid: Taurus.

ARIÈS, PH. (1987). *El niño y la vida familiar en el Antiguo Régimen.* Madrid: Taurus.

Ariztía, T. (2002). *El consumo y los sectores medios en el Chile de los 90.* Serie de tesis de magíster en sociología, Pontificia Universidad Católica de Chile, Santiago.

___________. *Nueva pobreza, patrimonio y sociedad de consumo. Revista CIS, 4,* 46 - 53.

ARRIAGADA, I. (coord). (2007). *Familias y políticas públicas en América Latina: una historia de desencuentros.* Santiago: CEPAL.

___________. (2005). *Los límites del uso del tiempo: dificultades para las políticas de conciliación familia y trabajo.* Santiago: CEPAL.

ASSAEL, H. et al. (2009). Una Nueva Estrategia Para Chile en el Siglo XXI, en: Infante, R. y Sunkel, O. (eds). *Hacia un desarrollo inclusivo: el caso de Chile.* Santiago de Chile: CEPAL/OIT/Fundación Chile 21. Pp. 21-31.

BACUS, ANNE (2006). *La autoridad. Por qué, cómo.* Barcelona: Medici.

Banco Central de Chile (2010). *Endeudamiento de los hogares en Chile: Análisis e implicancias para la estabilidad Financiera. Informe de estabilidad financiera.* Santiago:

___________. (2013). Encuesta Financiera de Hogares: metodología y principales resultados. EFH 2011-12 <http://www.bcentral.cl/estadisticas-economicas/financiera-hogares/pdf/Resultados_EFH_2011-12.pdf consultada el 2/2/2015>.

BARROS, P. (2009). ¿Tres cuotas, precio contado? Observaciones sobre el endeudamiento de los chilenos, en Fuentes, C. (ed.). *Chile 2008: Percepciones y actitudes sociales. 4º informe de Encuesta Nacional UDP.* Santiago, Universidad Diego Portales. Pp. 81-90.

BAUER, A. (1994). *La Sociedad Rural Chilena. Desde la conquista española a nuestros días.* Santiago de Chile: Editorial Andrés Bello.

BAUMAN Z. (2001). *The Individualized Society,* Oxford: Polity Press.

__________. (2003). *La modernidad líquida.* Buenos Aires: FCE.

BECK, U. (2000). *Un Nuevo mundo feliz.* Barcelona: Paidós.

__________. (1998). *La invención de lo político.* Buenos Aires: FCE.

BECK, U.; BECK-GERNSHEIM, E. (2002). *Individualization.* Londres: Sage.

BECK, U., GIDDENS; A., LASCH, S. (1994). *Reflexive Modernization.* Cambridge: Polity Press

BELLAH R. et al., (1985). *Habits of the Heart.* Berkeley, University of California Press.

BENGOA, J. (1996). *La Comunidad Perdida, ensayos sobre identidad y cultura: los desafíos de la modernización en Chile.* Santiago de Chile: Sur.

__________. (2010). *La Comunidad Fragmentada.* Santiago de Chile: Catalonia.

__________. (2003). 25 Años de Estudios Rurales. *Revista «Sociologías»,* (5) 10, pp. 36-98.

__________. (1996). *La Comunidad Perdida, ensayos sobre identidad y cultura: los desafíos de la modernización en Chile.* Chile: SUR.

__________. (1988). *Historia social de la agricultura chilena.* Tomo I, *El poder y la subordinación.* Santiago de Chile: Sur.

BENJAMIN, J. (1978). Authority and the Family Revisited: Or, a world without Fathers? *New German Critique,* N° 13, Special Feminist Issue (Winter), pp. 35–57.

BERGER, P. y LUCKMANN, T. (1968). La *construcción social de la realidad.* Buenos Aires: Amorrortu.

BERGER, S. (2006). *Made in monde.* París: Seuil.

BLUMEMBERG, H. (1966). *Die Legitimität der Neuzeit.* Frankfurt am Maine: Suhrkamp.

BOAL, A. (2009). *A estética do oprimido.* Rio de Janeiro: Garamond.

BODEI R. (2002). *Destini personali,* Milano: Feltrinelli.

BOLTANSKI, L.; THÉVENOT L. (1991). *De la justification.* París: Gallimard

BOLTANSKI, L. y CHIAPPELLO, E. (2002). *El nuevo espíritu del capitalismo.* Madrid: Akal.

BOURDIEU, P. (2000). Sobre el poder simbólico, en *Intelectuales, política y poder.* Buenos Aires: UBA/EUDEA. Pp. 65 – 73.

__________. (1999). *Razones Prácticas. Sobre la teoría de la acción.* Barcelona: Anagrama.

__________. (1980). *Le sens pratique.* París: Minuit.

BOURRICAUD F. (1977). *L'individualisme institutionnel.* París: P.U.F.

Bravo Lira, B. (1996). El Derecho Indiano después de la independencia en América Española, legislación y doctrina jurídica. *Estudios Públicos*, 61, pp. 5-51.

__________. (1983). La Constitución de 1833. *Revista Chilena de Derecho*, 10, pp. 317-329.

Brunner, J. J. (1981). *La cultura autoritaria en Chile*. Santiago de Chile: Flacso.

Burawoy, M. (1982). *Manufacturing Consent. Changes in the Labor Process under Monopoly Capitalism*. Chicago: University of Chicago Press.

Butler, J. (1997). *Mecanismos Psíquicos del Poder*. Madrid: Editorial Cátedra.

Cancino, H. (2006). La Dominación Oligárquica en la Interpretación del Historiador Julio César Jobet. *Revista Sociedad y Discurso*, N° 10, Chile. En línea: <http://www.memoriachilenaparaciegos.cl/archivos2/pdfs/MC0001798.pdf>.

Castel, R. (2010). *El Ascenso de las incertidumbres. Trabajo, Protecciones y Estatuto del individuo*. Buenos Aires: FCE.

__________. (1995). *La métamorphose de la question sociale*. París: Fayard.

Castel, R.; Haroche, C. (2003) *Propiedad privada, propiedad social, propiedad de sí mismo*. Buenos Aires: Homo Sapiens.

Castells, M. (2006). *La sociedad red: una visión global*. España: Alianza.

__________. (2005). *Globalización, desarrollo y democracia*. Santiago: FCE.

Castoriadis, C. (1975). *La Institución imaginaria de la sociedad*. Barcelona: Editorial Tusquets.

CEPAL. (2004). *La juventud en Iberoamérica. Tendencias y urgencias*. Buenos Aires: CEPAL.

Chaney, E. (1992). *Supermadre. La mujer dentro de la política en América Latina*. México D.F: FCE.

Chevalier L. (1958). *Classes laborieuses, classes dangereuses*. París: Plon.

Clot, I. (1995). *Le travail sans l'homme?* París: La Découverte.

Coleman J. S. (1990) *Foundations of Social Theory*. Cambridge: Belknap Press of Harvard University.

Correa, S. (2004). El pensamiento en Chile en el siglo XX bajo la sombra de Portales, en Terán, O. (Coord.), *Ideas en el siglo. Intelectuales y cultura en el siglo XX latinoamericano*. Buenos Aires: Siglo XXI. Pp. 211-307.

Correa, S.; Figueroa, C.; Jocelyn Holt, A.; Rolle, C.; Vicuña, M. (2001). *Historia del siglo XX chileno*. Santiago de Chile: Editorial Sudamericana.

Courpasson D. (2000). *L'action contrainte*. París: P.U.F.

Cousiño, C. y Valenzuela, E. (2012). *Politización y monetarización en América Latina*. Santiago de Chile: IES.

Crozier, M.; Friedberg, E. (1978). *L'acteur et le système*. París: Seuil.

Cueva, M. (2007). De la gran liberación al fin de la autoridad. *Revista Mexicana de Sociología*. (69)2 (abril-junio), pp. 243-275.

Cumsille, P.; Darling, N.; Flaherty, B.; Martínez L. (2006). Chilean adolescents' beliefs about the legitimacy of parental authority: Individual and age-related differences. *International Journal of Behavioral Development*, 30 (2), pp. 97-106.

Curwin, R. L.; Mendler, A. N.; Mendler, B. D. (2003). *Discipline with dignity*. Alexandria: ASCD.

De la Garza, E. (2010). *Hacia un concepto ampliado de Trabajo*. México: Anthropos.

__________. (coord.) (2006). *Teorías sociales y estudios del trabajo*. Barcelona: Anthropos/UAM.

De la Maza, G. (2002). Los Movimientos Sociales y la Democratización en Chile, en Drake, P. y Jaksic, I. (orgs.). *El Modelo Chileno. Democracia y Desarrollo en los Noventa*. Santiago: LOM ediciones. Pp. 377-405.

De Gaulejac, V. (2007). *Gestão como doença social*. São Paulo: Editora Idéias & Letras.

De Singly, F. (1996). *Le soi, le couple et la famille*. París: Nathan.

Derrida, J. (1997). *Fuerza de ley. El fundamento místico de la autoridad*. Madrid: Tecnos.

Díaz, X.; Godoy, L.; Stecher, A. (2005) *Significado del trabajo, identidad y ciudadanía. Cuadernos de Investigación*, n°3, Santiago, CEDEM.

Dirección del Trabajo (2009). *Negociación colectiva en Chile*. Santiago: Dirección del Trabajo.

__________. (2014). *Compendio de series estadísticas 1990 – 2013* consultado el 3 de febrero 2015 en <http://www.dt.gob.cl/documentacion/1612/w3-propertyvalue-22777.html>.

Domingues, J.M. (2009). *La Modernidad Contemporánea en América Latina*. Buenos Aires: Siglo Veintiuno.

Donald, J (1995), Faros del futuro: enseñanza, sujeción y subjetivación. En J. Larrosa (ed.) *Escuela, poder y subjetivación*. Madrid: La Piqueta. Pp. 21-78.

Donzelot, J. (1977). *La police des familles*. París: Minuit.

Dubet F. (2006). *Injustices*. París: Seuil.

__________. (2002). *Le déclin de l'institution*, París: Seuil.

Dubet, F. y Martuccelli, D. (1998). *En la escuela. Sociología de la experiencia escolar*. Buenos Aires: Losada.

Dumont L. (1991). *Homo Aequalis*, t-II, *L'idéologie allemande*. París: Gallimard.

__________. (1985). *Homo Aequalis*, t. I, París: Gallimard.

__________. (1983). *Essais sur l'Individualisme*. París: Seuil.

Durand, J-P. (2004). *La chêne invisible*. París: Seuil.

Durkheim, E. (2002). *La Educación Moral* [1947]. Madrid: Trotta.

ECHEVERRÍA, F. (2015). *Endeudamiento y pobreza en Chile. Informe Social N° 1.* Santiago: Idea País.

ECHEVERRÍA, M. (2005) Jornada laboral y calidad de vida social, en Ensignia, J. (ed.) *Mitos y realidades en el mercado laboral en Chile.* Santiago: Friedrich Ebert Stiftung. Pp. 83-92.

EDWARDS, A. (1976). *La fronda aristocrática, historia política de Chile.* Santiago: Del Pacífico.

__________. (1945). *Páginas históricas.* Santiago: Difusión Chilena.

EHRENBERG, A. (1991). *Le culte de la performance.* París: Calmann-Lévy.

EISENSTADT, S.N. (1992). Introduction, en M. Weber. *On Charisma and Institution Building.* Chicago: The University of Chicago Press. Pp. IX-LVI.

ELIAS, N. (1990). *La sociedad de los individuos.* Barcelona: Península.

ELIAS, N.; SCOTSON, J. (1994). *The Established and the Outsiders.* Londres: Sage Publications.

ELLIOT, A.; LEMERT, CH. (2006). *The New Individualism.* Londres: Routledge.

Encuesta Bicentenario UC (2013). <http://encuestabicentenario.uc.cl/wp-content/uploads/2013/05/UC-Adimark-2013bajaresolucion.pdf>.

ENGELS, F. (1941). *Sobre el Anarquismo.* Madrid: Editorial Proyecto Espartaco.

ESPINOSA, M.; MORRIS, P. (2002). *Calidad de vida en el trabajo: Percepciones de los trabajadores. Cuadernos de Investigación,* No. 16. Dirección del Trabajo, Santiago de Chile.

ESPINOZA, V. (2012). El Reclamo Chileno contra la Desigualdad de Ingresos. *Revista Izquierdas,* N° 12, pp. 1-25. En línea: <http://www.izquierdas.cl>.

FARGE, A. (1992). Familias. El honor y el secreto, en P. Ariés y G. Duby. *Historia de la vida privada.* Tomo VI. Madrid: Taurus. Pp 184 – 219.

FLORES GALINDO A. (1987). *Buscando un Inca.* Lima: Instituto de Apoyo Agrario.

FLANDRIN, JL. (1979). *Orígenes de la Familia Moderna.* Barcelona: Crítica.

FOUCAULT, M. (2005). *Vigilar y Castigar, nacimiento de la prisión.* Buenos Aires: Siglo XXI.

__________. (2003). *Historia de la sexualidad.* Buenos Aires: Siglo XXI.

__________. (1999). *Obras esenciales. Volumen III. Estética, ética y hermenéutica.* Barcelona: Paidós.

FRASER, N. (2009). El feminismo, el capitalismo y la astucia de la historia. *New left review* n°56, pp. 87–104.

FREUD, S. (1973). Psicología de las masas y análisis del yo, en *Obras Completas,* t-3. Madrid: Biblioteca Nueva.

__________. (1988). *La disolución del Complejo de Edipo.* Buenos Aires: Hyspamerica.

__________. (1999). *El malestar en la cultura.* Madrid: Biblioteca Nueva.

Freyre, G. (2010). *Casa-grande y senzala.* Madrid: Marcial Pons.

Fromm, E. (2008). *El miedo a la libertad.* Barcelona: Paidós - Ibérica.

___________. (1956). *The art of loving.* Nueva York: Harper & Row.

Fundación Sol (2014). *Minuta de Empleo N° 40 Enero-Marzo.* Santiago: Fundación Sol.

Gadamer, H.G. (1997). *Verdad y Método.* Salamanca: Ediciones Sígueme.

García de la Huerta, M. (1987). Nación-Estado y legitimidad en Chile. Reflexiones sobre un libro de Mario Góngora. *Opciones,* 10, pp. 155-167.

García Villegas, M. (2009). *Normas de papel. La cultura del incumplimiento de reglas.* Medellín: Siglo del Hombre Editores.

Garretón, M.A. (2000). *La sociedad en que vivi(re)mos, introducción sociológica al cambio de siglo.* Chile: LOM ediciones.

Garretón, M. A. (1983). *El proceso político chileno.* Santiago de Chile: Flacso.

Garretón, M. A. y Garretón, R. (2010). La Democracia Incompleta en Chile: La Realidad tras los Rankings Internacionales. *Revista de Ciencia Política,* 30(1), pp. 115-148.

Germani, G. (2003). *Autoritarismo, fascismo y populismo nacional.* Buenos Aires: Temas.

___________. (1962). *Política y sociedad en una época de transición.* Buenos Aires: Eudeba.

Giddens, A. (1998). *La transformación de la intimidad.* Madrid: Cátedra.

___________. (1991). *Modernity and Self-Identity.* Cambridge: Polity Press.

___________. (1990). *The Consequences of Modernity.* Cambridge: Polity Press.

___________. (1983). *Profiles and critics in social theory.* Berkeley y Los Angeles: University of California Press.

___________. (1979). *Central Problems in Social Theory: Action, Structure and Contradiction.* Berkeley: University of California Press.

___________. (1977). *Studies in social and political theory.* Nueva York: Basic Books.

Gobierno de Chile. (2012). *4° y 5° Informe consolidado de aplicación de la Convención sobre los Derechos del Niño, y sus protocolos facultativos.* En línea: <http://www.minrel.gob.cl/minrel/site/artic/20080902/asocfile/20080902204316/informe_4to_y_5to_ccr.pdf>.

Góngora, M. (2003). *Ensayo Histórico sobre la noción de Estado en Chile en los siglos XIX y XX.* Santiago de Chile: Sudamericana.

Goody, J. (2010). *Le vol de l'histoire.* París: Gallimard.

Gramsci, A. (1984). *Antología.* Buenos Aires: Siglo XXI.

Grau, O. et al. (1997). *Discurso, Género y Poder. Discursos públicos: Chile 1978-1993.* Santiago: LOM/ Arcis.

Grez, S. (2009). La ausencia de un poder constituyente democrático en la historia de Chile. *Tiempo Histórico,* 1, pp. 15-35.

__________. (2004). Los proyectos nacionales del siglo XIX en Chile. El proyecto popular. Archivo Chile. En línea: <www.archivochile.com/Ideas_Autores/grezs/grezs0004.pdf>.

Grupo Iniciativa Mujeres (2002). *Hacia un nuevo contrato social: balance de una década de democracia en Chile.* Santiago: Grupo Iniciativa de Mujeres.

Gubbins, V.; Browne, F.; Bagnara, A. (2003). Familia: Innovaciones y Desafíos. Las familias chilenas en la última década 1992 – 2002, en INE, *Cuánto y Cómo cambiamos los Chilenos: Balance de una Década.* Santiago: INE. Pp. 191-249.

Guéguen, N. (2010). *Autorité et soumission.* París: Dunod.

Guerra, F-X. (2001). *Modernidad e Independencias. Ensayos sobre las revoluciones hispánicas.* México DF: Editorial MAPFRE / Fondo de Cultura Económica.

Gutiérrez, E. y Osorio, P. (2008). Modernización y transformaciones de las familias como procesos del condicionamiento social de dos generaciones, *Última década,* N°29, pp. 103- 135.

Guzmán, V. y Montaño, S. (2012). *Políticas públicas e institucionalidad de género en América Latina (1985-2010).* Mujer y Desarrollo, 118. Santiago: CEPAL.

Guzmán, V. y Godoy, L. (2009). Individuación y normatividad de género: la construcción de proyectos biográficos de las mujeres, en Araujo, K. (ed), *¿Se acata pero no se cumple? Estudios sobre las normas en América Latina.* Santiago: LOM ediciones. Pp. 175 - 197.

Guzmán, V. y Mauro, A. (2004) Trayectorias laborales masculinas y orden de género, en Todaro, R., Yánez, S. (eds.) *El trabajo se transforma.* Santiago: CEDEM. Pp. 246-280.

Habermas, J. (2005). *Ciencia y técnica como ideología.* Madrid: Tecnos.

__________. (2000). *Aclaraciones a la ética del discurso.* Madrid: Trotta.

__________. (1999). *Problemas de legitimación en el capitalismo tardío.* Madrid: Cátedra.

__________. (1998). *Facticidad y Validez.* Madrid: Trotta.

Harvey D. (2007). *A Brief History of Neoliberalism.* Oxford: Oxford University Press.

Henríquez, H. y Riquelme, V. (2006). *Lejos del trabajo decente: el empleo desprotegido en Chile. Cuaderno de investigación,* n° 30. Santiago: Dirección del trabajo.

Henríquez, H. y Uribe-Echeverría, V. (2004). *Trayectorias laborales: la certeza de la incertidumbre.* Santiago: Departamento de Estudios de la Dirección del Trabajo.

Höffe, O. (2008). ¿La justicia como intercambio? Sobre el proyecto político de la era moderna, en Höffe, O. *El proyecto político de la modernidad.* Buenos Aires: FCE. Pp. 157 - 181.

Hopenhayn, M. (2001). *Repensar el trabajo.* Buenos Aires: Norma.

Horkheimer, M. (2001). *Autoridad y familia.* Barcelona: Paidós.

Hsieh, Nien-he (2007). Workers and Autority. *Journal of Business Ethics,* (71) 4, pp. 347-357.

Hutton, W. (2003). *The World We're In.* Londres: Abacus.

Illouz, E. (2010). *La salvación del alma moderna.* Buenos Aires: Katz Editores.

______________. (2007). *Intimidades congeladas. Las emociones en el capitalismo.* Buenos Aires: Katz.

Infante, Ricardo y Sunkel, Osvaldo (2009b). Chile: hacia un desarrollo inclusivo. Revista *Cepal* 97, abril, pp. 135-164.

Infante, R., Sunkel, G. (2004). *Trabajo decente y calidad de vida familiar 1990 - 2000.* Santiago: OIT.

Inglehart R. (1999). Postmodernization erodes respect for authority but increases support for democracy, in Norris, P. (ed.), *Critical Citizens. Global support for democratic governance.* Oxford: Oxford University Press.

Jameson, F. (2010). *Marxismo tardío: Adorno y la persistencia de la dialéctica.* Buenos Aires: FCE.

Jelin, E. (2007). Las familias latinoamericanas en el marco de las transformaciones globales, en Arriagada, I. (coord.). *Familias y políticas públicas en América Latina: una historia de desencuentros.* Santiago: Cepal. Pp. 93 - 123.

Jocelyn Holt, A. (1999). *El peso de la noche, nuestra frágil fortaleza histórica.* Santiago de Chile: Planeta/Ariel.

Joule, R.V., Beauvois J.L. (1998). *La soumission librement consentie.* París: P.U.F.

Junge M. (2002). *Individualisierung,* Frankfurt am Main: Campus Verlag.

Kalupner, S. (2003). *Die Grenzen der Individualisierung. Handlungstheoretische Grundalgen einer Zeitdiagnose.* Frankfurt am Main: Campus.

Kant, I. (1988). Respuesta a la pregunta: ¿Qué es la Ilustración?, en AA.VV.: *¿Qué es Ilustración?* Madrid: Tecnos. Pp. 9-17.

Kaptani, E.; Yuval-Davis, N. (2008). Participatory theatre as a research methodology: Identity, performance and social action among refugees. *Sociological Research Online.* 13/5.

Kippele, F. (1998). *Was heisst Individualisierung? Die Antworten Soziologischer Klassiker.* Opladen/Wiesbaden: Westdeutscher Verlag.

Kojève, A. (2005). *La noción de autoridad.* Argentina: Nueva Visión.

Könn, C. (2010). *Dinámicas y lógicas de la confianza interpersonal propias de la sociedad chilena actual. El caso de las mujeres jefas de hogares monoparentales pertenecientes a sectores populares de la Región Metropolitana.* Tesis para optar al grado de Magíster en Estudios Latinoamericanos, Santiago, Universidad de Chile.

Kristeva, J. (1995). *Las nuevas enfermedades del alma.* Madrid: Cátedra.

Kron, T. (Hrsg.) (2000). *Individualisierung und soziologische Theorie.* Opladen: Leske und Budrich.

Lacan, J. (2002). *La lógica del fantasma. Seminario 14. 1966-67.* Buenos Aires: Escuela Freudiana de Buenos Aires.

__________. (1995). *Seminario 4. La relación de objeto.* Barcelona: Paidós.

Larraín, J. (2010). Identidad Chilena y Bicentenario. *Estudios Públicos,* N° 120 (Primavera), pp. 5–30.

__________. (2001). *Identidad chilena.* Santiago: LOM ediciones.

__________. (1996). *Modernidad, razón e identidad en América Latina.* Santiago de Chile: Andrés Bello.

Lasch, Ch. (1979). *The Culture of Narcissism.* Nueva York: Norton.

Lastarria, J. (1861). *Don Diego Portales, juicio histórico.* En línea: <http://www.memoriachilena.cl/archivos2/pdfs/MC0001798.pdf>.

Lavrin, A. (2005). *Mujeres, feminismo y cambio social, en Argentina, Chile y Uruguay 1890-1940.* Santiago: Centro de Investigaciones Diego Barros Arana.

__________. (1991). *Sexualidad y matrimonio en América Hispánica, siglos XVI-XVIII.* México: Grijalbo.

Lazzarato, M. (2011). *La fabrique de l'homme endetée.* París: Editions Amsterdam.

Le Bart, Ch. (2009). *L'individualisation,* París: Presses de Sciences Po.

Le Goff, J.-P. (1996). *Les illusions du management.* París: La Découverte.

Lebrun, J.P. (1999). Hipótesis sobre «las nuevas enfermedades del alma». Argumentos para una clínica de lo social, en Aceituno, R. (comp). *Psicoanálisis, Sujeto, Discurso, Cultura.* Santiago: UDP. Pp. 25-56.

Lechner, N. (2002). *Las sombras del mañana. La dimensión subjetiva de la política.* Santiago de Chile: LOM ediciones.

Lévi, G.; Schmitt, JC. (1994). *Histoire des jeunes en occident.* Tomo 2. París: Seuil.

Lipovetsky, G. (1983). *L'air du vide.* París: Gallimard.

Lipset, S.M. (1977). *El hombre político* [1960]. Buenos Aires: Eudeba.

López, D. (2004). Derechos, trabajo y empleo. Santiago de Chile: LOM ediciones.

Lordon, F. (2003). *La politique du capital.* París: Odile Jacob.

Luhmann, N. (1996). *Confianza* [1973]. Madrid: Anthropos/Universidad Iberoamericana.

Lukács, G. (1969). *Historia y conciencia de clase.* México DF: Grijalbo.

Lukes, S. (1987). Perspectives on Authority, en Pennock, J.R., Chapman J.W. (eds.), *Authority Revisited.* Nueva York: New York University Press.

Lukes S. (1973). *Individualism,* Oxford: Basil Blackwell.

Macpherson, C.B. (1962). *The Political Theory of Possessive Individualism.* Oxford: Oxford University Press.

Mannarelli, M. E. (1993). *Pecados públicos: la ilegitimidad en Lima, siglo XVII*. Lima: Ediciones Flora Tristán.

Maquiavelo, N. (2010). *El príncipe*. Madrid: Alianza.

Marcuse, H. (1993). *El hombre unidimensional*. Buenos Aires: Editorial Planeta.

Marino, A.; Matsusaka, J.; Zábojnik, J. (2009). Disobedience and authority. *Journal of law, economics & organization*. En línea: <http://papers.ssrn.com/sol3/papers.cfm?abstract_id=914106>.

Martínez, P. G. (2005). Paternalism as a positive form of leadership in the Latin American Context: leader, benevolence, decision making and human resource management practices, en Elvira, M. and Dávila A. (Eds.), *Managing Human Resources in Latin America*. Oxford: Routlegde publishers. Pp. 75-93.

Martuccelli, D. (2015). Crítica de la autoridad factual. Por la administración de los hombres contra la administración por las cosas. *Revista de la Academia*, Vol. 19, Otoño. Revista en línea.

__________. (2014). *Les sociétés et l'impossible. Les limites imaginaires de la réalité*. París: Armand Colin.

__________. (2010a). *¿Existen individuos en el Sur?* Santiago: LOM ediciones.

__________. (2010b). *La société singulariste*. París: Armand Colin.

__________. (2010c). «Je ne tolère pas un jeune malpoli». En : Singly F. de; Giraud, C.; Martin, O. (eds.), *Nouveau manuel de sociologie*. París: Armand Colin. Pp. 244-252.

__________. (2009). La autoridad en las salas de clase. Problemas estructurales y márgenes de acción. *Diversia Educación y sociedad*, n°1, pp. 99-128.

__________. (2006). *Forgé par l'épreuve*. París: Armand Colin.

__________. (2005*). La consistance du social*. Rennes: PUR.

Martuccelli, D. y Singly, F. de (2012). *Sociologías del Individuo*. Santiago: LOM ediciones.

Marx, K. y Engels, F. (2005). *La ideología alemana* [1844]. Buenos Aires: Enrique Santiago Rueda editor.

Matta, Roberto da (2002). *Carnavales, malandros y héroes*. México DF: FCE.

McMahon, C. (1994). *Authority and Democracy: A General Theory of Government and Management*. Princeton, NJ: Princeton University Press.

Medina Echavarría, J. (1965). *Consideraciones sociológicas sobre el desarrollo económico de América Latina*. Quito: Junta Nacional de Planificación y Coordinacion Económica.

Melman, Ch. (2005). *El hombre sin gravedad: gozar a cualquier precio*. Rosario: UNR.

Mendel, G. (2011). *Una historia de la autoridad. Permanencias y variaciones*. Buenos Aires: Nueva Visión.

Mendez, J. E; O'Donnell, G.; Pinheiro, P.S. (éds.). (2002), *La (in)efectividad de la ley y la exclusión en América Latina.* Buenos Aires: Paidós.

Méndez, M. L. (2009). Clases medias y éticas de la autenticidad. En: Fuentes, C. (ed.), *Informe Encuesta Nacional de Opinión Pública UDP 2008.* Santiago: Ediciones UDP. Pp. 91-100.

__________. (2008). Middle Class Identities in a Neoliberal Age: tensions between contested authenticities. *The Sociological Review,* (56)2, pp. 220-237.

Milgram, S. (1980). *Obediencia a la autoridad.* Bilbao: Desclée de Brouwer.

Miller, J. A. y Laurent, E. (colab.) (2005). *El otro que no existe y sus comités de ética.* Buenos Aires: Paidós.

Mires, L.; Rivas, H. (2003). *Los principales cambios socio-económicos de Chile en la década 1992 – 2002.* Recuperado el 5 de enero de 2015, del sitio web del Instituto Nacional de Estadísticas: <http://www.ine.cl/canales/menu/publicaciones/revistas_economicas/23/lylianmiresyhugorivas23.pdf>.

Mitscherlich, A. (2003). *Auf dem Weg zur vaterlosen Gesellschaft: Ideen zur Sozialpsychologie.* Berlin: Beltz Taschenbuch.

Monod, J.-C. (2012). *Qu'est-ce qu'un chef en démocratie? Politiques su charisme.* París: Seuil.

Montecinos, S. (1996). *Madres y huachos. Alegorías del mestizaje chileno.* Santiago de Chile: Sudamericana.

Montero, C. (1997). *La revolución empresarial en Chile.* Santiago, Chile: Dolmen Ediciones.

Moore, B. (1996). *Social Origins of Dictatorship and Democracy: Lord and Peasant in the Making of the Modern World.* Boston: Beacon Press.

Mora, C. (2006). The meaning of womanhood in the neoliberal age: Class and age-based narratives of Chilean Women. *Gender Issues,* 23 (2), pp. 44–61.

Morandé, P. (1984). *Cultura y modernización en América Latina.* Santiago de Chile: Universidad Católica.

Morlachetti, A. (2013). *Sistemas nacionales de protección integral de la infancia. Fundamentos jurídicos y estado de aplicación en América Latina y el Caribe.* Santiago: CEPAL/UNICEF.

Moulian, T. (2006). *Fracturas. De Pedro Aguirre Cerda a Salvador Allende (1938-1973).* Santiago de Chile: LOM.

__________. (1994). Limitaciones de la transición a la democracia en Chile. *Proposiciones* 25: 25-33.

Murilo de Carvalho, J. (2012) *Os bestializados. O Rio de Janeiro e La Republica que não foi.* Rio de Janeiro: Companhia das Letras.

Neut, P. (2013). *Las lógicas de la violencia contra la escuela. Aproximación desde las modalidades de configuración de la autoridad pedagógica actual.* Tesis para optar al grado de magíster en Educación. Santiago: Universidad de Chile.

Nijnatten, C. van (2000). Authority relations in Families and Child Welfare in the Netherlands and England: new styles of governance. *Journal of Law, Policy and the Family*, n° 14, pp. 107–130.

Nino, C. (2005). *Un país al margen de la ley*. Buenos Aires: Emecé.

Nisbet, R. (1996). *La formación del pensamiento sociológico 1*. Buenos Aires: Amorrortu.

Noddings, N. (2001). *Starting at home. Caring and social policy*. Los Angeles: University of California Press.

Nowotny (1989). *Eigenzeit*. Franfurt am Main: Suhrkamp.

Nugent, J. G. (2010). *El orden tutelar: sobre las formas de autoridad en América Latina*. Lima: CLACSO.

Nugent G. (2001). ¿Cómo pensar en público? Un debate pragmatista con el tutelaje castrense y clerical, in Santiago López Maguiña et al. (ed.) *Estudios culturales*. Lima: Red para el Desarrollo de las Ciencias Sociales en el Perú. Pp.121-143.

O'Donnell, G. (2009). *El Estado burocrático autoritario 1966-1973: triunfos, derrotas y crisis*. Buenos Aires: Prometeo libros.

__________. (2007). *Disonancias*. Buenos Aires: Prometeo.

__________. (1984). *¿Y a mí qué me importa? Notas sobre sociabilidad y política en Argentina y Brasil*. Buenos Aires: CEDES.

OECD (2015). <http://data.oecd.org/emp/hours-worked.htm>, página visitada el 30 de enero.

Offen K. (1991). Definir el feminismo: Un análisis histórico comparativo. *Historia Social*, n° 9 (invierno), pp. 103–135.

Olavarría, J. (2001a). *¿Hombres a la deriva? Poder, trabajo y sexo*. Santiago: Flacso.

__________. (2001b). *Y todos querían ser buenos padres. Varones de Santiago de Chile en conflicto*. Santiago: Flacso.

__________. (1998). *Masculinidades Populares. Varones adultos jóvenes en Santiago*. Santiago: Flacso.

Osorio, Fernando (comp.) (2009). *Ejercer la autoridad. Un problema de padres y maestros*. Buenos Aires: Centro de publicaciones educativas y material didáctico.

Ossandón, J. (Ed.) (2012). *Destapando la caja negra. Sociología de los créditos de consumo en Chile*. Santiago: ICSO - Universidad Diego Portales.

Palma, I. (2005). *Sociedad chilena en cambio, sexualidades en transformación*. Tesis para optar al grado de Doctora en Psicología. Santiago: Universidad de Chile.

Parsons, T. (1970). *La estructura social de la familia*. Barcelona: Península.

__________. (1964). *Social Structure and Personality*. Nueva York: The Free Press.

__________. (1951). *The Social System*. Glencoe, Ill.: The Free Press.

__________. (1949). The structure of social action. Glencoe Illinois: The Free Press.

Paz, O. (1999). *El laberinto de la soledad; Postdata; Vuelta al laberinto de la soledad.* México DF: FCE.

__________. (1979). *El Ogro filantrópico.* México/Barcelona: Seix Barral.

Pécaut, D. (1987). *L'ordre et la violence.* París: Édition d'EHSS.

Perrot, M. (1989). La familia triunfante, en Aries, P. y Duby, G. *Historia de la vida privada*, tomo IV. Madrid: Taurus. Pp 99 - 110.

Pinto, J. (2011). ¿La tendencia de la masa al reposo? El régimen portaliano enfrenta al mundo plebeyo 1830-1851. *Revista de Historia Universidad Católica de Chile,* 44(2), pp. 401-442.

__________. (2008). Proyectos de la elite chilena del siglo XIX. *Alpha,* 27, 123-145.

Pinto, A. (1970). Naturaleza e implicaciones de la «heterogeneidad estructural» de la América Latina. *El Trimestre Económico,* Vol. 37, No. 145(1) (Enero-Marzo), pp. 83-100.

PNUD. (2010). *Desarrollo Humano en Chile. Género: los desafíos de la igualdad.* Santiago: PNUD.

__________. (2004). *El poder: ¿para qué o para quién?* Santiago: Programa de las Naciones Unidas para el Desarrollo.

__________. (2002) *Informe de desarrollo humano en Chile. Nosotros los chilenos.* Santiago: PNUD.

Portales, D. (2004). *Los Mitos de la democracia chilena.* Santiago: Catalonia.

Portales, F. (2000). *Chile: una democracia tutelada.* Santiago de Chile: Sudamericana.

Ramos, Claudio. (2013). Gubernamentalidad y gestión de empresas en Chile: incorporación de conocimientos científico-sociales y tendencias de cambio, en Ossandón, J. y Tironi, E. (eds). *La nueva empresa chilena.* Santiago: UDP. Pp. 167-198.

__________. (2009). *La transformación de la empresa chilena.* Santiago: Universidad Alberto Hurtado.

Ranciére, J. (2007). *El maestro ignorante: cinco lecciones sobre la emancipación intelectual.* Buenos Aires: Libros del Zorzal.

Rebolledo, L. (2009). Del padre ausente al padre próximo. Emergencia de nuevas formas de paternidad en el Chile actual, en Araujo, K. y Prieto, M. (eds.). *Estudios sobre sexualidades en América Latina.* Quito: Flacso Ecuador. Pp. 123-140.

Recabarren, L. E. (1985). *Escritos de prensa, tomo 2 (1906-1913).* Santiago de Chile: Fundación Recabarren.

Renaut, A. (2004). *La fin de l'autorité.* París: Flammarion.

Revault D' Allonnes. M. (2008). *El poder de los comienzos. Ensayo sobre la autoridad.* Buenos Aires: Amorrortu.

Ricoeur, P. (2001). Les catégories fondamentales de la sociologie de Max Weber. En P. Ricoeur. *Le juste 2,* París: Spirit., pp. 155-71.

RIESMAN D. et al., (1950). *The Lonely Crowd*. New Haven: Yale University Press.

ROBLES, F. (2000). *El desaliento inesperado de la modernidad*. Santiago: RIL editores.

RODRÍGUEZ, D.; RÍOS, R. (2005). Paternalism at a crossroads: management in Chile, en Dávila, A. and Elvira, M.M. (Eds.), *Managing Human Resources in Latin America*. Londres y Nueva York: Routledge. Pp. 149-64.

RODRÍGUEZ, D. et al. (2009). Human resource labour relations in Chile in transition. *Employee Relations* Vol. 31 No. 3, 2009, pp. 322-333.

RODRÍGUEZ, J. (2010) «Employment Relations in Chile. Evidence of HRM Practices», en *Département des relations industrielles, Université Laval*, 65-3, pp. 424 - 446.

RODRIGUEZ, J.; GÓMEZ, C. (2009). HRM in Chile: the impact of organisational culture. *Employee Relations*, 31 N° 3, pp. 276-294.

ROJAS, J. (2010). *Historia de la infancia en el Chile Republicano 1810 – 2010*. Santiago de Chile: Ocho libros.

ROSANVALLON, P. (2011). *La Société des Égaux*. París: Seuil.

ROSEMBLATT, K. (1995). Por un hogar bien constituido. El Estado y su política familiar en los Frentes Populares, en Godoy, L. et al,. *Disciplina y desacato. Construcción de identidad en Chile, siglos XIX y XX*. Santiago: SUR/ CEDEM. Pp. 181-222.

ROUQUIÉ, A. (2011). *A la sombra de las dictaduras. La democracia en América Latina*. Buenos Aires: FCE.

SALAZAR, G. (1994). Construcción de Estado en Chile: la historia reversa de la legitimidad. *Proposiciones*, Vol. 24, 92-110.

SALAZAR, G. (2009). *Mercaderes, empresarios y capitalistas (Chile, siglo XIX)*. Santiago de Chile: Sudamericana.

SALAZAR, G. (2006). *La violencia política popular en las grandes alamedas, la violencia en Chile, 1947-1987 (una perspectiva histórico-popular)*. Santiago de Chile: LOM ediciones.

SALAZAR, G. (2005). *Construcción de Estado en Chile, 1800-1837, Democracia de los pueblos, militarismo ciudadano, golpismo oligárquico*. Santiago de Chile: Sudamericana.

SALAZAR, G. (2000). *Labradores, peones y proletarios*. Santiago de Chile: LOM ediciones.

SALAZAR, G. y PINTO, J. (1999). *Historia contemporánea de Chile, tomos I y II*. Santiago de Chile: LOM ediciones.

SANTOS, B. DE SOUSA (1995). *Toward a New Common Sense*. Londres: Routledge.

SCHMITT, C. (2009). *Teología política*. Madrid: Trotta.

SCHNEIDER, A. (2004). The Ideal Type of Authority in the United States and Germany. *Sociological Perspectives*, Vol. 47 No. 3 (Autumn), pp. 313-327.

SCOTT J.C. (2000). *Los dominados y el arte de la resistencia*. México: Ediciones Era.

Sennett R. (2011). *El declive del hombre público.* Barcelona: Anagrama.

__________. (2009). *El Artesano.* Barcelona: Anagrama.

__________. (2000). *La corrosión del carácter.* Barcelona: Anagrama.

__________. (1982). *La Autoridad.* Madrid: Alianza.

Sharim, D.; Araya, C.; Carmona, M.; Riquelme, P. (2011). Relatos de historias de casais no Chile atual: A intimidade como um monólogo coletivo. *Psicologia em Estudo, Maringá,* jul/set, 16(3), pp. 347–358.

Shorter, E. (1975). *The Making of the Modern Family.* Nueva York: Basic Books.

Simmel, G. (1986). *Sociología I. Estudios sobre las formas de socialización.* Madrid: Alianza editorial.

Simonson J. (2004). *Individualisierung und soziale Integration. Zur Entwiclung der Sozialstruktur und iheres Integrationsleistungen.* Wiesbaden: Deutscher Universität-Verlag.

Sisto, V. (2009) Cambios en el trabajo, identidad e inclusión social en Chile: desafíos para la investigación. *Revista Universum,* N°24, Vol.2, II Sem. 2009, pp. 192-216.

Smetana, J. (1995). Parenting styles and conceptions of parental authority during adolescence. *Child Development,* 66(2), pp. 299-316.

Smetana, J. (1994). Adolescents and parents conceptions of parental authority and personal autonomy. *Child Development,* n° 65, pp. 1147–1162.

Soto, A. (2009) Formas y tensiones de los procesos de individualización en el mundo del trabajo. *Revista Psicoperspectivas,* Vol. VIII, n° 2, pp. 102-119.

__________. (2008). *Flexibilidad Laboral y Subjetividades.* Ediciones Universidad Alberto Hurtado: Santiago de Chile.

__________. (2006). La implicación de los trabajadores en la empresa actual. Un estudio de caso en Codelco. *Revista Persona y Sociedad,* vol. XX, n°3, pp.133-155.

Stabili, María Rosaria (2003). *El sentimiento aristocrático. Elites chilenas frente al espejo (1860-1960).* Santiago de Chile: Editorial Andrés Bello.

Stecher, Antonio; Godoy, Lorena (eds.) (2014). *Transformaciones del Trabajo. Subjetividades e Identidades.* Santiago de Chile: RIL.

Stecher, A. (2014). El campo de investigación sobre transformaciones del trabajo, identidades y subjetividad en la modernidad contemporánea. Apuntes desde Chile y América Latina, en Stecher A., Godoy L. (eds.) *Transformaciones del Trabajo. Subjetividades e Identidades.* Santiago de Chile: RIL. Pp. 19-76.

Stecher, Antonio; Godoy, Lorena; Toro, Juan Pablo (2010). Condiciones y experiencias de trabajo en la sala de venta de un supermercado. Explorando los procesos de flexibilización laboral en el sector del retail en Chile, *Polis, Revista de la Universidad Bolivariana,* Volumen 9, N° 27, 2010, pp. 523-550.

Stone, L. (1995). *Familia, sexo y matrimonio en Inglaterra: 1500-1800.* Buenos Aires: FCE.

Stuven, A. (1997). Una aproximación a la cultura política de la elite chilena: concepto de y valoración del orden social (1830-1860). *Estudios Públicos,* N° 66, pp. 259-311.

Sunkel, G. (2006). *El papel de la familia en la protección social en América Latina. Serie políticas sociales 120.* Santiago: Cepal.

____________. (2004). La Familia desde La Cultura ¿qué ha cambiado en América Latina?, en Arriagada, I.; Aranda V. (comp.) *Cambio de las familias en el marco de las transformaciones globales: necesidad de políticas públicas eficaces.* Santiago: CEPAL/UNFPA. Pp. 119–137.

Svampa, M. (2006). *El dilema argentino: civilización o barbarie. De Sarmiento al revisionismo peronista.* Buenos Aires: Taurus.

Taylor, Charles (1989). *Sources of the Self.* Cambridge: Cambridge University Press.

Terestchenko, M. (2007). *Un Si Fragile Vernis d'Humanité – Banalité du Mal, Banalité du Bien.* París: La Découverte/Poche.

Therbörn, G. (2004). *Between Sex and Power: Family in the World, 1900-2000.* Londres: Routledge.

Thoreau, H. D. (1993). Civil Disobedience 1817-1862. Ebook n°71, Project Gutenberg Literary Archive Foundation. Disponible en: <http://www.gutenberg.org/ebooks/71.mobile>.

Tironi, E. (2013). Adaptación sin relato. La empresa chilena ante la democracia y la globalización, en Ossandón, J.; Tironi, E. (eds). *Adaptación. La empresa chilena después de Friedman.* Santiago de Chile: Ediciones UDP. Pp. 379-404.

____________. (2005). *El Sueño Chileno. Comunidad, familia y Nación.* Santiago de Chile: Taurus.

____________. (1990). *Autoritarismo, modernización y marginalidad: el caso de Chile, 1973-1989.* Santiago de Chile: SUR.

Tironi, E.; Ariztía, T. (colab.) (2003). ¿Es Chile un país moderno? Comentario a los resultados del Censo 2002, en Tironi, E.; Larrañaga, O.; Valenzuela, E. et al. (eds.). *Cuánto y cómo cambiamos los chilenos. Balance de una década. Censos 1992-2002,* pp. 15-76. Santiago de Chile: INE.

Todaro, R.; Yánez, S. (eds.) (2004). *El trabajo se transforma.* Santiago de Chile: CEDEM.

Tönnies, F. (2005). *Gemeinschaft und Gesellschaft.* Darmstadt: Wissenschaftliche Buchgesellschaft.

Tort, M. (2005). *La fin du dogme paternal.* París: Aubier/Flammarion.

Touraine, A. (2007). *El mundo de las mujeres.* Barcelona: Paidós.

Tronto, J. (1994). *Moral Boundaries. A political argument for an ethic of care.* Nueva York: Routledge.

Turner, B. (1986). *Equality.* Sussex/Londres: Ellis Horwood/Tavistock.

Ugarte, J. L. (2014). El trabajador en su soledad. El modelo de relaciones laborales chileno y la promesa no cumplida, en Stecher, A.; Godoy, L. (eds.), *Transformaciones del Trabajo. Subjetividades e Identidades*. Santiago de Chile: RIL. pp.103-139.

Undurraga, T. (2014) *Divergencias. Trayectorias Del neoliberalismo en Argentina y Chile*. Santiago de Chile: UDP.

UNICEF CHILE. <http://www.unicef.cl/unicef/index.php/Antecedentes-de-la-Convencion>.

UNICEF CHILE. (2004). *Derechos Niños y Adolescentes*. Chile: UNICEF/ Ministerio de Justicia.

Valdés, X. (2009). El lugar que habita el padre en Chile contemporáneo. Estudio de las representaciones sobre la paternidad en distintos grupos sociales. *Polis*, 8 (23), 385-410.

Valdés, X.; Meunier, C. y Palacios, M. (2006). *Puertas adentro. Femenino y masculino en la familia contemporánea*. Santiago: LOM ediciones.

Valdés, X. y Valdés, T. (eds.) (2005). *Familia y vida privada ¿transformaciones, tensiones, resistencias o nuevos sentidos?* Santiago: CEDEM/FLACSO.

Valdés, X.; Caro, P.; Peña, D. (2001). Género, familia y matrimonio: la visión de las visitadoras sociales católicas entre 1930 y 1950. *Revista de la Academia*, n°6, pp. 177-206.

Valenzuela, S. J.; Tironi, E.; Scully, T. B. (2006). *El eslabón perdido*. Santiago de Chile: Aguilar.

Vergara, E. y Vergara, A. (2012). Representación de la infancia en el discurso publicitario en Chile. *Comunicar*, 38, XIX, pp. 167 - 174.

Villalobos, S. (2005). *Portales: una falsificación histórica*. Santiago: Universitaria.

Wagner, P. (1997). *Sociología de la modernidad*. Barcelona: Herder.

Waldmann, P. (2006). *El estado anómico*. Madrid/Frankfurt: Iberoamericana Vervuert.

Walzer, M. (1983). *Esferas de justicia*. México: FCE.

Weber, M. (1984). *Soziologische Grundbegriffe*. Mohr: Tübingen.

__________. (1964). *Economía y Sociedad*. México: FCE.

Weintraub, K. (1978). *The Value of the Individual*. Chicago: The University of Chicago Press.

Wollheim, R.; Berlin, I. (1956). *Equality. Proceedings of the Aristotelian Society. New Series*, vol. 56, pp. 281-326.

Womack, J.; Jones, D.; Ross, D. (1992). *La máquina que cambió el mundo*. Madrid: Mc Graw- Hill.

Yáñez, S. (2004). *La flexibilidad laboral como nuevo eje de la producción y de la reproducción*, en Todaro, R.; Yáñez, S. (eds.) *El trabajo se transforma. Relaciones de producción y relaciones de género*. Santiago de Chile: CEM Ediciones. Pp. 35-73.

ZIMBARDO, P. (2008). *El efecto Lucifer.* Barcelona: Paidós Ibérica.

ZIZEK, S. (2010). *El acoso de las fantasías.* Buenos Aires: Siglo XXI.

__________. (2001). *El espinoso sujeto* [1999]. Buenos Aires: Paidós.

__________. (1992). *El sublime objeto de la ideología.* Buenos Aires: Siglo XXI.

Anexo
Listado entrevistas individuales

En la presentación de nuestros resultados hemos agrupado a las personas entrevistadas en dos conjuntos bajo la denominación, uno, de sectores medios (SM) y, el otro, de sectores populares (SP). Lo hemos hecho con el fin de facilitar la lectura. Sin embargo y en rigor, en lo que hemos denominado sectores medios se incluyen exclusivamente personas que pertenecen a lo que pueden denominarse los sectores medios altos, pues incluyen a aquellos de la llamada clase media emergente (sector C1b) y de la clase media acomodada (sector C1a). En lo que hemos denominado sectores populares, se considera a quienes pertenecen esencialmente al llamado sector D (vulnerables), pero también a las fronteras del C3 (clase media baja). Para realizar esta distribución nos hemos orientado empleando la clasificación propuesta por la AIM (Asociación de investigadores de Mercado) en el 2015. Sin embargo, a diferencia de esta clasificación, la inserción de un entrevistado en uno u otro grupo tuvo en cuenta, además de los ingresos, el tamaño del hogar, el nivel educativo, trabajo y profesión y lugar de residencia, la auto-percepción de los mismos entrevistados. Cabe señalar, además, que la muestra de las entrevistas individuales contempló como requisito que las personas tuvieran a lo menos un hijo/a, principalmente porque en éstas se trabajó la temática de autoridad tanto desde el trabajo como de la familia. Finalmente, las profesiones aquí mencionadas se relacionan con la actividad laboral desempeñada en el último periodo por quienes fueron entrevistados. Sin embargo, el trayecto laboral, el que en la mayor parte de los casos ha supuesto diferentes empleos y/u ocupaciones fue tomado en cuenta de manera detallada en el análisis del material.

Sector popular (SP)

Nº	Seudónimo	Profesión	Nº hijos	Edad
1	Angélica	Ayudante de cocina	2	36
2	Cecilia	Asesora del hogar	3	32
3	Daniel	Junior	1	35
4	Diego	Matricero (obrero industrial)	2	51
5	Irene	Microempresaria	1	55
6	Isidora	Cajera	1	33
7	José	Trabaja en fotocopiadora	4	47
8	Juan	Obrero fábrica y taxista	3	55
9	María	Secretaria carnicería	2	46
10	Marta	Dueña negocio abarrotes	2	48
11	Mauricio	Comerciante (botillería)	4	48
12	Paola	Personal servicio	2	43
13	Pedro	Gasfíter	1	54
14	Rodolfo	Mecánico	3	39
15	Rosa	Analista de calidad	2	44
16	Rubén	Administrativo hospital	2	55

Sector medio (SM)

Nº	Seudónimo	Profesión	Nº hijos	Edad
1	Aldo	Empresario	3	52
2	Andrés	Comunicador audiovisual	2	46
3	Belén	Profesora Básica	2	48
4	Eduardo	Ingeniero empleado público	4	55
5	Elena	Agente servicio al cliente	5	55
6	Fernanda	Profesora Básica	2	52
7	Jaime	Contador	2	56
8	Javier	Corredor de propiedades	2	53
9	Laura	Secretaria	1	55
10	Luisa	Historiadora	2	47
11	Martín	Psicólogo	2	43
12	Pamela	Periodista	1	37
13	Rodrigo	Ingeniero civil	2	45
14	Sebastián	Ingeniero	2	50
15	Sofía	Cargo administrativo	1	34
16	Ximena	Coordinadora proyecto municipal	2	52

Listado participantes grupos conversación-dramatización (GCD)

Los grupos fueron organizados según sector socioeconómico, sexo y según énfasis temático, en familia o trabajo. De esta manera, se realizaron doce grupos, seis de sectores populares y seis de sectores medios altos. En cada sector, tres grupos fueron con énfasis en familia, y tres en trabajo. Cada uno de este conjunto de tres grupos fue dividido, a su vez, de la siguiente manera: un grupo fue compuesto sólo por mujeres, uno solo por hombres y uno mixto. Aquí también, como en el caso de las entrevistas, se consigna la última actividad laboral declarada. Finalmente, sólo en los grupos dedicados a familia se observó estrictamente el criterio de que las personas entrevistadas tuvieran hijos.

Sectores populares

N°	Seudónimo	Ocupación	Hijos	Edad
1	Andrea	Dueña de casa	4	50
2	Benjamín	Asistente de bodega	2	35
3	Carla	Auxiliar de educación	2	43
4	Carolina	Dueña de casa	1	35
5	Claudia	Vendedora	1	35
6	Constanza	Dueña de casa	2	35
7	Cristóbal	Asistente de bodega	0	40
8	Dante	Obrero	2	36
9	Esteban	Electricista	3	48
10	Gilda	Dueña de casa	2	37
11	Guido	Artista	2	35
12	Isabel	Manipuladora de alimentos	3	46
13	Iván	Electromecánico	3	43
14	Johana	Auxiliar de educación	3	45

N°	Seudónimo	Ocupación	Hijos	Edad
15	Juan Carlos	Diseñador gráfico	2	36
16	Karina	Dueña de casa	4	53
17	Lida	Dueña de casa	3	52
18	Lisette	Temporera	3	55
19	Lorena	Control de calidad	0	45
20	Loreto	Auxiliar de educación	2	42
21	Luis Antonio	Diseñador gráfico	3	46
22	Marco	Tecnólogo médico	1	43
23	Mónica	Dueña de casa	2	35
24	Miguel	Electricista	2	46
25	Nelson	Construcción	3	54
26	Pablo	Cesante	Esposa embarazada	35
27	Patricio	Vendedor	3	44
28	Paula	Etiquetadora	1	39
29	Ramiro	Junior	1	35
30	Ricardo	Vendedor	1	40
31	Rita	Dueña de casa	2	39
32	Rocío	Planchadora	1	57
33	Silvia	Dueña de casa	2	55

Sectores medios

N°	Seudónimo	Ocupación	Hijos	Edad
1	Agustín	Profesor	2	39
2	Agustina	Oficial de carabineros	3	57
3	Amparo	Asistente social	1	35
4	Antonia	Empresaria	1	54
5	Camilo	Profesor filosofía	1	35
6	Catalina	Microempresaria	1	35
7	Celia	Profesional servicio de salud	1	31
8	Cristina	Profesora Estado	3	52
9	Danilo	Antropólogo	1	35
10	Elisa	Docente	1	55
11	Erica	Jefa de área	2	49
12	Felipe	Psicólogo	1	41
13	Florencia	Artesana	2	56

N°	Seudónimo	Ocupación	Hijos	Edad
14	Gabriela	Profesora	1	53
15	Gastón	Analista de sistemas computacionales	1	45
16	Gerardo	Asegurador	4	55
17	Gonzalo	Ingeniero en computación	3	48
18	Jannet	Profesora	2	55
19	Javiera	Profesora	1	43
20	Leandro	Ingeniero de proyectos mineros	0	35
21	Magdalena	Administrativa	3	36
22	Matías	Bailarín	3	43
23	Mercedes	Microempresaria	1	43
24	Osvaldo	Jefe estadística en dependencia del Estado	1	35
25	Román	Investigador ciencias sociales	0	35
26	Sandra	Corredora de propiedades	2	54
27	Santiago	Agente de ventas	4	46
28	Tatiana	Bibliotecaria	3	53
29	Teodoro	Docente universitario	2	35
30	Teresa	Secretaria	2	55
31	Violeta	Realizadora audiovisual	0	35

ESTE LIBRO HA SIDO POSIBLE POR EL TRABAJO DE

COMITÉ EDITORIAL Silvia Aguilera, Mario Garcés, Luis Alberto Mansilla, Tomás Moulian, Naín Nómez, Jorge Guzmán, Julio Pinto, Paulo Slachevsky, Hernán Soto, José Leandro Urbina, Verónica Zondek, Ximena Valdés, Santiago Santa Cruz, María Emilia Tijoux **SECRETARIA EDITORIAL** Marcela Vergara **EDICIÓN** Braulio Olavarría **PRODUCCIÓN EDITORIAL** Guillermo Bustamante **PRENSA** Isabel Machado **PROYECTOS** Ignacio Aguilera **ÁREA EDUCACIÓN** Mauricio Ahumada **DISEÑO Y DIAGRAMACIÓN EDITORIAL** Leonardo Flores, Max Salinas, Gabriela Ávalos **CORRECCIÓN DE PRUEBAS** Raúl Cáceres **COMUNIDAD DE LECTORES** Francisco Miranda **VENTAS** Luis Opazo, Elba Blamey, Olga Herrera, Daniela Núñez **BODEGA** Francisco Cerda, Pedro Morales, Hugo Jiménez, Maikot Calderón, Lionel Diaz **LIBRERÍAS** Nora Carreño, Ernesto Córdova, Luis Cifuentes **COMERCIAL GRÁFICA LOM** Juan Aguilera, Danilo Ramírez, Eduardo Yáñez **SERVICIO AL CLIENTE** José Lizana, Ingrid Rivas **DISEÑO Y DIAGRAMACIÓN COMPUTACIONAL** Luis Ugalde, Marjorie Dotte, Pablo Barraza, Francisco Orellana **SECRETARIA COMERCIAL** María Paz Hernández **PRODUCCIÓN IMPRENTA** Elizardo Aguilera, Carlos Aguilera, Gabriel Muñoz, Rómulo Saavedra **SECRETARIA IMPRENTA** Jasmín Alfaro **PREPRENSA** Daniel Alfaro **IMPRESIÓN DIGITAL** William Tobar, Carolay Saldías, Daniela Farías, Karina Mardones **IMPRESIÓN OFFSET** Rodrigo Véliz **ENCUADERNACIÓN** Ana Escudero, Andrés Rivera, Edith Zapata, Pedro Villagra, Héctor Carrasco, Juan Molina, Rodrigo Flores, Romina Salamanca, Carlos Mendoza, Fernanda Acuña **DESPACHO** Cristóbal Ferrada, Julio Guerra **MANTENCIÓN** Jaime Arel **ADMINISTRACIÓN** Mirtha Ávila, Alejandra Bustos, Andrea Veas, César Delgado, Boris Ibarra.

LOM EDICIONES

www.ingramcontent.com/pod-product-compliance
Lightning Source LLC
Chambersburg PA
CBHW031454160726
47994CB00005B/2024